全国高等教育自学考试指定教材
行政管理专业（专科）

公共关系学

Gonggong Guanxi Xue

（2011年版）

（含：公共关系学自学考试大纲）

全国高等教育自学考试指导委员会　组编

主　编　廖为建

副主编　吴柏林

扫描微信二维码
关注自考教材服务

图书在版编目(CIP)数据

公共关系学:2011年版/廖为建主编.—北京:高等教育出版社,2011.5(2021.1重印)

ISBN 978-7-04-028301-3

Ⅰ.①公… Ⅱ.①廖… Ⅲ.①公共关系学-高等教育-自学考试-教材 Ⅳ.①C912.3

中国版本图书馆 CIP 数据核字(2011)第 066219 号

策划编辑	王小钢	责任编辑	王小钢	版式设计	王艳红	责任校对	刘莉
责任印制	存 怡						

出版发行	高等教育出版社	网 址	http://www.hep.edu.cn
社 址	北京市西城区德外大街4号		http://www.hep.com.cn
邮政编码	100120	网上订购	http://www.hepmall.com.cn
印 刷	北京京师印务有限公司		http://www.hepmall.com
开 本	787 mm×1092 mm 1/16		http://www.hepmall.cn
印 张	14.75		
字 数	360 000	版 次	2011年5月第1版
购书热线	010-58581118	印 次	2021年1月第24次印刷
咨询电话	400-810-0598	定 价	27.00元

本书如有缺页、倒页、脱页等质量问题,请到所购图书销售部门联系调换
版权所有 侵权必究

总 目 录

公共关系学自学考试大纲 ·· 1

   前言 ·· 3
   目录 ·· 5
   Ⅰ．课程性质与课程目标 ·· 7
   Ⅱ．考核目标 ··· 8
   Ⅲ．课程内容与考核要求 ·· 9
   Ⅳ．有关说明与实施要求 ·· 23
   考试题型举例 ··· 26
   对制定《公共关系学自学考试大纲》的几点说明 ······················· 28

公共关系学（指定教材） ·· 29

组编前言 ·· 31
目录 ·· 33
第一章 公共关系概论 ·· 39
第二章 公共关系组织与人员 ·· 62
第三章 公共关系对象 ·· 81
第四章 公众心理与行为 ··· 97
第五章 公共关系传播模式与媒介 ·· 121
第六章 公共关系策划与管理 ·· 142
第七章 新闻、广告与整合营销传播 ··· 160
第八章 公共关系专题活动 ·· 180
第九章 组织形象策划与 CIS 管理 ··· 190
第十章 公共关系危机管理 ·· 207
主要参考文献 ··· 228
后记 ·· 230

全国高等教育自学考试
行政管理专业（专科）

公共关系学自学考试大纲

全国高等教育自学考试指导委员会　制定

前　言

为了适应社会主义现代化建设事业的需要,鼓励自学成才,我国在20世纪80年代初建立了高等教育自学考试制度。高等教育自学考试是个人自学,社会助学和国家考试相结合的一种高等教育形式。应考者通过规定的专业考试课程并经思想品德鉴定达到毕业要求的,可获得毕业证书;国家承认学历并按照规定享有与普通高等学校毕业生同等的有关待遇。经过近30年的发展,高等教育自学考试为国家培养造就了大批专门人才。

课程自学考试大纲是国家规范自学者学习范围、要求和考试标准的文件。它是按照专业考试计划的要求,具体指导个人自学、社会助学、国家考试、编写教材、编写自学辅导书的依据。

随着经济社会的快速发展,新的法律法规不断出台,科技成果不断涌现,原大纲中有些内容过时、知识陈旧。为更新教育观念,深化教学内容和方式、考试制度、质量评价制度改革,使自学考试更好地提高人才培养的质量,各专业委员会按照专业考试计划的要求,对原课程自学考试大纲组织了修订或重编。

修订后的大纲,在层次上,专科参照一般普通高校专科或高职院校的水平,本科参照一般普通高校本科的水平;在内容上,力图反映学科的发展变化,增补了自然科学和社会科学近年来研究的成果,对明显陈旧的内容进行了删改。

全国考委公共管理类专业委员会组织制定了《公共关系学自学考试大纲》,经教育部批准,现颁发施行。各地教育部门、考试机构应认真贯彻执行。

全国高等教育自学考试指导委员会
2010年10月

目 录

Ⅰ 课程性质与课程目标 7
   一、课程性质和特点 7
   二、课程目标 7
Ⅱ 考核目标 8
Ⅲ 课程内容与考核要求 9
  第一章 公共关系概论 9
    一、课程内容 9
    二、自学要求 9
    三、考核知识点及考核要求 10
  第二章 公共关系组织与人员 10
    一、课程内容 10
    二、自学要求 11
    三、考核知识点及考核要求 11
  第三章 公共关系对象 11
    一、课程内容 11
    二、自学要求 12
    三、考核知识点及考核要求 12
  第四章 公众心理与行为 12
    一、课程内容 12
    二、自学要求 13
    三、考核知识点及考核要求 13
  第五章 公共关系传播模式与媒介 14
    一、课程内容 14
    二、自学要求 15
    三、考核知识点及考核要求 15
  第六章 公共关系策划与管理 15
    一、课程内容 15
    二、自学要求 16
    三、考核知识点及考核要求 16
  第七章 新闻、广告与整合营销传播 17
    一、课程内容 17
    二、自学要求 17
    三、考核知识点及考核要求 17
  第八章 公共关系专题活动 18
    一、课程内容 18

二、自学要求 ··· 19
　　三、考核知识点及考核要求 ·· 19
第九章　组织形象策划与 CIS 管理 ·· 19
　　一、课程内容 ··· 19
　　二、自学要求 ··· 20
　　三、考核知识点及考核要求 ·· 20
第十章　公共关系危机管理 ·· 21
　　一、课程内容 ··· 21
　　二、自学要求 ··· 21
　　三、考核知识点及考核要求 ·· 21

Ⅳ　有关说明与实施要求 ··· 23
　　一、制定自学考试大纲的目的及其作用 ··· 23
　　二、课程自学考试大纲与教材的关系 ·· 23
　　三、关于自学教材 ·· 23
　　四、关于自学要求 ·· 23
　　五、自学方法指导 ·· 23
　　六、应考指导 ·· 24
　　七、对社会助学的建议 ·· 25
　　八、关于命题考试的规定 ··· 25

考试题型举例 ·· 26
对制定《公共关系学自学考试大纲》的几点说明 ·· 28

Ⅰ 课程性质与课程目标

一、课程性质和特点

公共关系学是一门研究组织与公众之间传播、沟通的概念、规律、行为和方法的学科,也是当代传播学与管理学研究最活跃的领域之一,是一门集理论与实践为一体的学科。它是管理学、传播学、政治学、行政管理学、市场营销学、消费者行为学、新闻学、广告学、语言学等多学科相互交叉、融合而产生的一门综合性、应用性的新兴学科。公共关系学对于企业、政府、政党、社团等各种社会组织的发展具有重要的实践意义。

公共关系学是全国高等教育自学考试行政管理专业的必考课程,是为培养自学应考者学习和掌握公共关系的基本概念、基本内容和基本技能而设置的一门课程。

如果把政治学、管理学、传播学等看做是宏观性质的课程外,那么,公共关系学是中观性质的课程,是政治学、行政管理学、管理学等的基本理论和方法的具体应用。今日的世界是传播的世界、交流与沟通的世界,公共关系在整个政治、经济与社会生活中有着相当重要的地位。

二、课程目标

公共关系学是一门综合性、应用性学科,在管理类专业设置这门课程的主要目的是:通过本课程的设置,使攻读管理类专业的自学应考者认识公共关系在现代管理中的性质、意义和作用;学习和理解公共关系管理的概念和基本原理;了解和掌握组织与公众沟通的过程、手段和方法。学习这门课程,除了认真阅读和理解教材的内容之外,要密切联系实际,在实践中努力培养现代公共关系意识,完善自身的公共关系素质,提高实际的公共关系能力,将所学的理论知识和操作技能运用到工作实践和社会实践中去。

Ⅱ 考核目标

本大纲在考核目标中,按照识记(Ⅰ)、领会(Ⅱ)、简单应用(Ⅲ)和综合应用(Ⅳ)四个层次规定其应达到的能力层次要求,这四个能力层次是递进等级关系。四个能力层次的含义分别是:

识记(Ⅰ):要求考生能够识别和记忆公共关系学的主要内容,如名词、定义、术语、特点、原则、规律、原理等,并能做出正确的表述、判断和选择。

领会(Ⅱ):要求考生能够全面领悟和理解公共关系学基本概念和基本原理的内涵和外延,能掌握和分析有关概念和原理的区别与联系,并能根据考核的不同要求,对公共关系学的基本问题做出正确的判断、解释和说明。

简单应用(Ⅲ):要求考生能够根据已掌握的公共关系学知识,分析公共关系学的基本问题,得出正确的判断或结论,并能正确地把分析过程表达出来;或者能运用本课程的个别知识点,简要分析和解决我国公共关系中存在的一些简单问题。

综合应用(Ⅳ):要求考生能够综合运用公共关系学的基本概念和基本原理,分析和解决我国公共关系运行过程中存在的一些比较复杂的理论和实际问题;或者能综合运用本课程的多个知识点,综合分析和解决比较复杂的问题。

需要特别指出的是,试题的难易程度与能力层次的高低不是一个概念。试题的难易程度是指思维过程的复杂程度和分析处理的繁简、技巧,能力层次体现的是对公共关系学概念和原理的理解程度,以及对公共关系原理的综合应用能力,在各个能力层次中,有不同难易度的试题,切勿混淆。

Ⅲ 课程内容与考核要求

第一章 公共关系概论

一、课程内容

（一）公共关系的含义
1. 公共关系的定义
2. 公共关系的基本要素

（二）公共关系的相关概念与范畴
1. 公共关系状态、公共关系活动、公共关系观念
2. 组织、公众、传播
3. 关系、舆论、形象
4. 人际关系和人群关系
5. 公共关系操作中的若干范畴：交际、宣传与新闻、广告、营销推广、公共事务、游说、开发、论题处理、危机管理

（三）公共关系的历史与发展
1. 古代时期——公共关系思想的萌芽
2. 巴纳姆时期——神话与欺骗
3. 艾维·李时期——公共关系职业化
4. 爱德华·伯尼斯时期——公共关系学科化
5. 公共关系在我国的发展

（四）公共关系的功能
1. 收集信息
2. 辅助决策
3. 传播推广
4. 协调沟通
5. 提供服务

二、自学要求

（1）了解：公共关系操作中的若干范畴；公共关系的历史与发展的四个阶段；人际关系和人

群关系的概念。

(2) 理解：公共关系的基本要素；公共关系状态、公共关系活动、公共关系观念。
(3) 掌握：公共关系的定义；组织、公众、传播的概念；关系、舆论、形象的概念。
(4) 本章重点：公共关系的定义；公共关系的基本要素；公共关系的五大功能。

三、考核知识点及考核要求

（一）公共关系的含义
(1) 识记：公共关系的定义。
(2) 领会：公共关系的基本要素。
(3) 简单应用：组织、公众、传播；关系、舆论、形象。
（二）公共关系的相关概念与范畴
(1) 识记：公共关系操作中的若干范畴：交际、宣传与新闻、广告、营销推广、公共事务、游说、开发、论题处理、危机管理。
(2) 领会：人际关系和人群关系；公共关系状态、公共关系活动、公共关系观念。
(3) 简单应用：关系、舆论、形象。
(4) 综合应用：组织、公众、传播。
（三）公共关系的历史与发展
(1) 识记：公共关系发展的四个阶段。
(2) 领会：公共关系思想的萌芽；巴纳姆时期的神话与欺骗。
(3) 简单应用：公共关系职业化；公共关系学科化。
(4) 综合应用：公共关系在我国的发展。
（四）公共关系的功能
(1) 识记：公共关系的五大功能：收集信息、辅助决策、传播推广、协调沟通、提供服务。
(2) 领会：公共关系的收集信息、辅助决策、提供服务功能。
(3) 简单应用：公共关系的协调沟通功能。
(4) 综合应用：公共关系的传播推广功能。

第二章　公共关系组织与人员

一、课程内容

（一）公共关系的组织机构
1. 组织内设的公共关系职能部门
2. 公共关系公司
3. 公共关系协会
（二）公共关系人员
1. 公共关系人员的日常工作
2. 公共关系人员的基本素质

3. 公共关系人员的培养
4. 全员 PR 管理

二、自学要求

（1）了解：公共关系公司的类型、组织机构、经营范围与特点；公共关系协会的活动内容；公共关系人员的日常工作；公共关系人员的培养。
（2）理解：组织内设的公共关系职能部门的四种基本模式：部门隶属型、部门并列型、高层领导直属型、公共关系委员会；组织内设的公共关系职能部门的特点。
（3）掌握：公共关系人员的基本素质；全员 PR 管理。
（4）本章重点：公共关系职能部门的四种基本模式；公共关系人员的基本素质；全员 PR 管理。

三、考核知识点及考核要求

（一）公共关系的组织机构
（1）识记：公共关系公司的类型、组织机构、经营范围与特点；公共关系协会的活动内容。
（2）领会：公共关系职能部门的四种基本模式：部门隶属型、部门并列型、高层领导直属型、公共关系委员会。
（3）简单应用：组织内设的公共关系职能部门的特点。
（二）公共关系工作人员
（1）识记：公共关系人员的日常工作。
（2）领会：公共关系人员的培养。
（3）简单应用：公共关系人员的基本素质。
（4）综合应用：全员 PR 管理。

第三章 公共关系对象

一、课程内容

（一）公众概述
1. 公众的定义
2. 公众的特点
（二）公众的分类
1. 内部公众和外部公众
2. 首要公众和次要公众
3. 临时公众、周期公众和稳定公众
4. 顺意公众、逆意公众和边缘公众
5. 受欢迎的公众、不受欢迎的公众和被追求的公众
6. 非公众、潜在公众、知晓公众、行动公众

（三）公众分析举要

1．内部公众

2．社区公众

3．顾客公众

4．媒介公众

5．政府公众

6．名流公众

7．国际公众

二、自学要求

（1）了解：内部公众和外部公众；临时公众、周期公众和稳定公众；社区公众；国际公众。

（2）理解：公众的特点；受欢迎的公众、不受欢迎的公众和被追求的公众；非公众、潜在公众、知晓公众、行动公众；名流公众。

（3）掌握：公众的定义；首要公众和次要公众；顺意公众、逆意公众和边缘公众；媒介公众、顾客公众、政府公众。

（4）本章重点：公众的定义；公众的特点；目标公众分析。

三、考核知识点及考核要求

（一）公众概述

（1）识记：公众的定义。

（2）简单应用：公众的特点。

（二）公众的分类

（1）识记：内部公众和外部公众；临时公众、周期公众和稳定公众。

（2）领会：受欢迎的公众、不受欢迎的公众和被追求的公众；非公众、潜在公众、知晓公众、行动公众。

（3）简单应用：首要公众和次要公众。

（三）目标公众分析

（1）识记：社区公众；国际公众。

（2）领会：内部公众；名流公众。

（3）简单应用：媒介公众。

（4）综合应用：顾客公众；政府公众。

第四章　公众心理与行为

一、课程内容

（一）知觉与公众行为

1．知觉的概念

2．知觉的选择性

3．知觉的偏见

（二）需要与公众行为

1．需要理论的要点

2．需要的五个层级

3．五种需要的排列关系

4．优势需要决定行为

（三）态度与公众行为

1．态度及其结构

2．态度的特性

3．影响和改变态度的因素

4．霍夫兰的说服模式

（四）流行、流言及舆论

1．流行

2．流言

3．舆论

（五）公众心理的其他方面

1．价值观与公众行为

2．团体压力与从众心理

3．逆反心理与公众行为

二、自学要求

（1）了解：知觉的概念；需要理论的要点；态度及其结构；流行、流言、舆论的概念。

（2）理解：知觉的特点；需要的五个层级；态度的特性；流行、流言、舆论的特点；价值观、团体压力、逆反心理的特点。

（3）掌握：知觉的选择性；知觉的偏见；五种需要的排列关系；优势需要决定行为；影响和改变态度的因素；霍夫兰的说服模式。

（4）本章重点：知觉与公众行为；需要与公众行为；态度与公众行为。

三、考核知识点及考核要求

（一）知觉与公众行为

（1）识记：知觉的概念。

（2）领会：知觉的特点。

（3）简单应用：知觉的选择性。

（4）综合应用：知觉的偏见。

（二）需要与公众行为

（1）识记：需要理论的要点。

（2）领会：需要的五个层级。

（3）简单应用:五种需要的排列关系。
（4）综合应用:优势需要决定行为。
（三）态度与公众行为
（1）识记:态度及其结构。
（2）领会:态度的特性。
（3）简单应用:影响和改变态度的因素。
（4）综合应用:霍夫兰的说服模式。
（四）流行、流言及舆论
（1）识记:流行、流言、舆论的概念。
（2）领会:流行、流言、舆论的特点。
（3）简单应用:如何应对流言。
（4）综合应用:针对流行、流言及舆论中的公共关系策略与技巧。
（五）公众心理的其他方面
（1）识记:价值观、团体压力、逆反心理的概念。
（2）领会:价值观、团体压力、逆反心理的特点。
（3）简单应用:针对逆反心理的公共关系对策。
（4）综合应用:针对价值观、团体压力的公共关系技巧。

第五章　公共关系传播模式与媒介

一、课程内容

（一）公共关系传播模式
1．拉斯韦尔的"5W"模式
2．把关人理论
3．两级传播模式
4．受众选择"3S"论
5．议题设置论
（二）媒介发展与演进
1．媒介的含义
2．传播媒介的发展与演变
（三）公共关系的传播媒介
1．印刷媒介:报纸与杂志
2．电子媒介:广播与电视
3．因特网(Internet)
4．非语言传播符号
（四）公共关系的媒介运作
1．传播媒介的选择原则

2．媒体组合策略

二、自学要求

（1）了解：把关人理论；两级传播模式；媒介的含义；传播媒介的发展与演变。
（2）理解：拉斯韦尔的"5W"模式；报纸与杂志的优、缺点；广播与电视的优、缺点；因特网的传播特点；非语言传播符号的特点；媒体组合策略。
（3）掌握：受众选择"3S"论；议题设置论；传播媒介的选择原则。
（4）本章重点：拉斯韦尔的"5W"模式；受众选择"3S"论；议题设置论；传播媒介的选择原则。

三、考核知识点及考核要求

（一）公共关系传播模式
（1）识记：拉斯韦尔的"5W"模式；把关人；两级传播。
（2）领会：5W的含义；把关人的作用；两级传播模式。
（3）简单应用：受众选择"3S"论；议题设置论。
（4）综合应用："5W"模式、"3S"论及在"议题设置"公共关系策划中的运用。

（二）媒介发展与演进
（1）识记：媒介的含义。
（2）领会：传播媒介的发展与演变。

（三）公共关系的传播媒介
（1）识记：印刷媒介的概念；电子媒介的概念。
（2）领会：印刷媒介的特点；电子媒介的特点。
（3）简单应用：因特网的特点；非语言传播符号的特点。
（4）综合应用：报纸与杂志的优点和缺点；广播与电视的优点和缺点。

（四）公共关系的媒介运作
（1）识记：媒体组合的概念；媒体组合的目标。
（2）领会：传播媒介的选择原则；媒体组合。
（3）简单应用：媒体组合的方式。
（4）综合应用：媒体组合的具体策略。

第六章　公共关系策划与管理

一、课程内容

（一）公共关系策划的含义、特征和作用
1．公共关系策划的含义
2．公共关系策划的特征
3．公共关系策划的作用

（二）公共关系策划的原则

1．利益性原则

2．客观性原则

3．系统性原则

4．可行性原则

5．灵活性原则

（三）公共关系策划的管理和方法

1．公共关系策划的管理

2．公共关系策划的方法

3．公共关系策划书

二、自学要求

（1）了解：公共关系策划的含义；公共关系策划的各项原则；公共关系策划管理。

（2）理解：公共关系策划的特征；公共关系策划的利益性原则；公共关系策划管理的"六步工作法"。

（3）掌握：公共关系策划的作用；公共关系策划的客观性原则；公共关系策划的系统性原则；公共关系策划书。

（4）本章重点：公共关系策划的可行性原则；公共关系策划的灵活性原则；公共关系策划的方法。

三、考核知识点及考核要求

（一）公共关系策划的含义、特征和作用

（1）识记：公共关系策划的含义。

（2）领会：公共关系策划的特征。

（3）简单应用：公共关系策划的作用。

（二）公共关系策划的原则

（1）识记：公共关系策划的各项原则。

（2）领会：公共关系策划的利益性原则。

（3）简单应用：公共关系策划的客观性原则、公共关系策划的系统性原则。

（4）综合应用：公共关系策划的可行性原则、公共关系策划的灵活性原则。

（三）公共关系策划的管理和方法

（1）识记：公共关系策划管理。

（2）领会：公共关系策划管理的"六步工作法"。

（3）简单应用：公共关系策划书。

（4）综合应用：公共关系策划的方法。

第七章 新闻、广告与整合营销传播

一、课程内容

（一）新闻传播
1．撰写新闻资料和新闻稿
2．策划具有新闻价值的事件
3．新闻发布会简介

（二）广告与广告策划
1．广告的概念
2．广告的功能
3．广告与公共关系的融合
4．广告策划及其内容
5．产品定位及其策略
6．广告主题策划

（三）整合营销传播
1．整合营销传播及其发展
2．整合营销传播的特性
3．整合营销传播的发展层次
4．整合营销传播的方法

二、自学要求

（1）了解：新闻资料；新闻稿；广告的概念；广告的功能；整合营销传播及其发展。

（2）理解：策划新闻；广告与公共关系的融合；广告策划及其内容；整合营销传播的特性。

（3）掌握：撰写新闻资料和新闻稿；产品定位及其策略；广告主题策划；整合营销传播的发展；整合营销传播的方法。

（4）本章重点：策划新闻；广告策划及其内容；产品定位及其策略；广告主题策划；整合营销传播的方法。

三、考核知识点及考核要求

（一）新闻传播
（1）识记：新闻资料；新闻稿。
（2）领会：策划新闻。
（3）简单应用：撰写新闻资料和新闻稿。
（4）综合应用：新闻发布会。

（二）广告与广告策划
（1）识记：广告的概念；广告的功能。

(2)领会:广告与公共关系的融合;广告策划及其内容。

(3)简单应用:产品定位及其策略。

(4)综合应用:广告主题策划。

(三)整合营销传播

(1)识记:整合营销传播及其发展。

(2)领会:整合营销传播的特性。

(3)简单应用:整合营销传播的发展。

(4)综合应用:整合营销传播的方法。

第八章　公共关系专题活动

一、课程内容

(一)展览活动

1．展览会的类型

2．展览会的特点

3．举办展览会应做的工作

4．展览会吸引观众的技巧

(二)庆典活动

1．开业庆典

2．周年庆典

3．乔迁庆典

4．重大成果庆典

5．受到特殊嘉奖庆典

(三)赞助活动

1．赞助的作用

2．赞助活动的种类

3．赞助活动的实施步骤

(四)对外开放参观

1．目的

2．规模

3．时间

4．人员

5．准备宣传材料

6．选择参观线路

7．做好解说和接待工作

8．对参观者一视同仁

二、自学要求

（1）了解：展览会的类型；庆典活动的类型；赞助活动的种类。
（2）理解：展览会的特点；庆典活动中应该注意的问题；赞助的作用；对外开放参观的目的、规模、时间与人员。
（3）掌握：举办展览会应做的工作；展会吸引观众的技巧；开业庆典；周年庆典；乔迁庆典；重大成果庆典；受到特殊嘉奖庆典；赞助活动的实施方法与步骤；做好对外开放参观工作的方法与技巧。
（4）本章重点：举办展览会应做的工作；赞助活动的实施方法与步骤。

三、考核知识点及考核要求

（一）展览活动
（1）识记：展览会的类型。
（2）领会：展览会的特点。
（3）简单应用：举办展览会应做的工作。
（4）综合应用：展览会吸引观众的技巧。

（二）庆典活动
（1）识记：庆典活动的类型。
（2）领会：庆典活动中应该注意的问题。
（3）简单应用：开业庆典；周年庆典；乔迁庆典。
（4）综合应用：重大成果庆典；受到特殊嘉奖庆典。

（三）赞助活动
（1）识记：赞助活动的种类。
（2）领会：赞助的作用。
（3）简单应用：赞助活动的实施步骤。
（4）综合应用：赞助活动实施的方法。

（四）对外开放参观
（1）识记：对外开放参观。
（2）领会：对外开放参观的目的、规模、时间与人员。
（3）简单应用：准备宣传材料；选择参观线路；做好解说和接待工作。
（4）综合应用：做好对外开放参观工作的方法与技巧。

第九章 组织形象策划与 CIS 管理

一、课程内容

（一）组织形象概论
1. 组织形象的概念

2. 组织形象的分类

3. 组织形象的基本特性

4. CI 战略——塑造组织形象的利器

5. CIS 的基本构成

（二）组织形象调查

1. 组织自我形象分析

2. 组织实际形象分析

3. 组织形象差距分析

（三）组织形象策划

1. 组织形象的构成

2. 组织形象策划的基本特性

3. 如何建立有效的组织形象

（四）CIS 的设计、开发与管理

1. CIS 开发的作业程序

2. VIS 的设计与开发

二、自学要求

（1）了解：组织形象的概念；组织形象的分类；组织自我形象；组织实际形象；组织形象的构成。

（2）理解：组织形象的基本特性；组织形象差距；组织形象策划的基本特性；CIS 开发作业的程序。

（3）掌握：CIS 的基本构成；CI 战略——塑造组织形象的利器；组织自我形象分析；组织实际形象分析；组织形象差距分析；组织形象策划；如何建立有效的组织形象；VIS 的设计与开发。

（4）本章重点：组织形象及其构成；组织形象分析；CIS 的基本构成；CIS 开发作业的程序；VIS 的设计与开发。

三、考核知识点及考核要求

（一）组织形象概论

（1）识记：组织形象的概念；组织形象的分类。

（2）领会：组织形象的基本特性。

（3）简单应用：CIS 的基本构成。

（4）综合应用：CI 战略——塑造组织形象的利器。

（二）组织形象调查

（1）识记：组织自我形象；组织实际形象。

（2）领会：组织形象差距。

（3）简单应用：组织自我形象分析；组织实际形象分析。

（4）综合应用：组织形象差距分析。

（三）组织形象策划

（1）识记：组织形象的构成。
（2）领会：组织形象策划的基本特性。
（3）简单应用：组织形象策划。
（4）综合应用：如何建立有效的组织形象。
（四）CIS 的设计、开发与管理
（1）识记：CIS 开发。
（2）领会：CIS 开发作业的程序。
（3）简单应用：CIS 开发作业的程序。
（4）综合应用：VIS 的设计与开发。

第十章　公共关系危机管理

一、课程内容

（一）公共关系危机管理的概念
1．公共关系危机的定义
2．公共关系危机的特征
3．公共关系危机的类型
（二）公共关系危机管理实务
1．公共关系危机管理的原则
2．公共关系危机管理的操作程序
3．公共关系危机恢复——事后管理
（三）公共关系危机传播管理
1．危机传播模型
2．公共关系危机传播计划

二、自学要求

（1）了解：公共关系危机的定义；公共关系危机管理的原则；危机传播模型。
（2）理解：公共关系危机的特征；公共关系危机后的形象、声誉恢复——事后管理；公共关系危机传播计划。
（3）掌握：公共关系危机管理的操作程序。
（4）本章重点：公共关系危机管理的原则；公共关系危机管理的操作程序。

三、考核知识点及考核要求

（一）公共关系危机管理概念
（1）识记：公共关系危机的定义。
（2）领会：公共关系危机的特征。
（二）公共关系危机管理实务

（1）识记：公共关系危机管理。
（2）领会：公共关系危机管理的原则。
（3）简单应用：公共关系危机管理的操作程序。
（4）综合应用：公共关系危机后的形象、声誉恢复——事后管理。

（三）公共关系危机传播管理

（1）识记：危机传播。
（2）领会：危机传播模型。
（3）简单应用：公共关系危机传播计划。
（4）综合应用：公共关系危机传播。

Ⅳ 有关说明与实施要求

一、制定自学考试大纲的目的及其作用

课程自学考试大纲是根据专业考试计划的要求、结合自学考试的特点制定的,目的是对个人自学、社会助学和课程考试命题进行指导和约定。

课程自学考试大纲明确了课程自学的内容、深度和广度,规定了课程自学考试的范围和标准,是编写自学考试教材的依据,也是进行自学考试命题的依据。

二、课程自学考试大纲与教材的关系

课程自学考试大纲是进行学习和考核的依据,教材是学习掌握课程知识的基本内容与范围,教材的内容是大纲所规定的课程知识和内容的扩展与发挥。课程内容在教材中可以体现一定的深度或难度,但在大纲中对考核的要求一定要适当。

三、关于自学教材

《公共关系学》,全国高等教育自学考试指导委员会组编,廖为建主编、吴柏林副主编,高等教育出版社,2011年版。

四、关于自学要求

自学要求指明了课程的基本内容以及对基本内容应掌握的程度。

属于自学要求中的知识点构成了课程内容的主体部分,因此,自学要求中的内容是自学考试考核的主要内容。自学要求中对内容掌握程度的要求,是依据专业考试计划和专业培养目标确定的。因此,自学考试将按自学要求中提出的掌握程度对基本内容进行考核。

自学要求对各部分内容掌握程度的要求,由低到高分为三个层次,依次为:了解、理解、掌握。为了有效地指导个人自学和社会助学,各章的自学要求明确了自学的重点。

本课程共4学分。

五、自学方法指导

(1) 本课程涉及面广,内容丰富,对自学应考者来说有一定的难度。自学应考者应认识到本门课程对提高自身素质,实现我国公共关系科学化、现代化的必要性和重要性,充分认识公共关系学的生动内容与现代城市的密切联系,在不断学习中逐步提高兴趣。同时要准备付出相当的努力,克服学习中遇到的各种困难,掌握公共关系学的系统知识。

(2)一般知识学习与重点内容深入学习相结合。自学应考者应在全面阅读教材的基础上,掌握公共关系学的一般理论和知识,识记基本概念、名词、知识和观点,并深入理解其内涵。自学应考者在阅读教材时,可以适当做一些读书笔记,在课本上适当做一些标记,标出关键词和主要内容。在全面系统学习公共关系学一般知识的基础上,有目的地深入学习重点内容,以掌握重点、突破难点。切忌在没有全面系统地学习教材的情况下单纯孤立地去抓重点,甚至猜题押题。

(3)为了更好地理解公共关系学的基本概念和原理,自学应考者应注意从基本事实和典型现象形成概念并掌握其规律,重视知识形成的方法、背景和思路,注意总结所学知识的来龙去脉,在理解上下工夫,并在理解的基础上进行记忆,切勿死记硬背。

(4)理论联系实际。本课程阐述的内容来源于公共关系工作的实践,与我国的公共关系工作密切相关。自学应考者在学习中应十分重视理论联系实际,把学习公共关系学理论与分析我国公共关系工作的实践联系起来,特别是对我国现行公共关系中存在的问题以及我国公共关系体制改革的发展趋势应格外注意,以适应我国公共关系体制改革的发展,更深刻地领会教材内容,提高自己分析和解决实际问题的能力。

(5)制定好自学计划,愉快学习。建议自学应考者制定出周密详尽的计划,每天安排好适量的自学任务,定时定量自学,有意识地督促自己在所安排的时间内完成自学任务,这样每天都会感到很充实。

(6)适当做一些典型习题和真题,以加深对公共关系学内容的理解,熟练对公共关系学知识的运用,巩固学习成果;了解公共关系学自考命题的规律。

六、应考指导

(1)养成良好的生活习惯。首先要坚持运动,强身健体。健康的身心是做好任何一件事的前提和基础,每天适量的运动能使人保持积极乐观的心态。如果在考试期间因生病而影响发挥,岂不是得不偿失。其次,规律饮食。要保持良好的饮食习惯和膳食结构,不可偏食挑食,也不可暴饮暴食。再次,保证充足的睡眠,不要熬夜,以保持良好的精神状态。

(2)放松心情,沉着应考。在考前复习阶段,自学应考者往往会产生信心不足、焦躁不安等不良的心理状况,为此,自学应考者可以用听音乐、唱歌、看电影、看小说等娱乐形式放松心情,缓解自己的心理焦虑。自学应考者去参加考试,最好提前半小时到考场,一方面可以熟悉考场周围的环境,放松自己考前心情,另一方面可以再回顾一下所学知识点,做到胸有成竹,增强自己的信心。考前自我激励和做深呼吸是减轻心理压力行之有效的方法。考试中保持一种平和的心态,沉着应考,尽自己所能发挥出最佳水平。当然,积极准备是能够沉着应考的前提条件,只有在考前做了充分准备,才能做到胸有成竹,处变不惊。

(3)合理安排时间,保持卷面整洁。合理安排答题时间,千万不能在某一道题上耗费过多时间,遇到不会做的题目不要心慌,认真看题,读懂题目要考的知识点,实在做不出来,就做下一题。卷面整洁非常重要,特别是对非选择题的回答,字迹要工整、清楚,字距适当,行距不宜过密,不要随意更改答题位置。教师只能为他能看懂的内容打分,卷面赏心悦目有助于教师评分。

(4)采用正确的答题方法和技巧。正确的答题技巧能事半功倍。其中,做选择题有以下三种基本方法:一是回忆法,即直接从记忆库中提取要填空的内容;二是排除错误法,把选择题各选项中错误的答案排除,余下的便是正确答案;三是猜测法,当你会碰到一些拿不准或是超出自己能力范围的题目时,猜测可以为你创造更多的得分机会。对于非选择题,首先答案要重点突出、主次鲜明;其次要分条、分点回答问题,即使题目没有要求分条、分点回答问题,考生也应该有强烈的分条、分点答题的意识;再次,每一道非选择题都有相应的采分点,在每个采分点中,都会有决定得分的关键词,考生在答题时要注意突出这些关键词。对于简答题只要答到要点就行,不要展开论述。对于论述题、材料分析题既要答到要点,还要展开论述,但要把最重要的采分点写在前面,然后再展开论述。

七、对社会助学的建议

(1)社会助学的目的是帮助考生系统地学习本门课程,达到课程大纲规定的各项要求。社会助学者要熟知考试大纲对本课程总的要求和各章的知识点,准确理解各知识点要求达到的认知层次和考核要求,并在辅导过程中切实有效地帮助考生掌握这些要求,引导他们防止自学中的各种偏向,切忌随意增删内容和提高或降低要求。

(2)引导考生着重理解和掌握公共关系学的基本概念及其应用,培养和提高考生认识、分析和解决实际问题的能力,从总体上提高考生的思维能力和综合素质。社会助学者不应引导自学应考者去猜题押题,不应仅仅把通过考试作为辅导的唯一目的。

(3)社会助学辅导可依据本大纲所列的自学教材循序渐进地助学。

八、关于命题考试的规定

(1)考试采用笔试,考试时间为150分钟,用蓝(黑)色圆珠笔或钢笔作答。

(2)本课程命题考试的范围为本大纲各章所列考核知识点规定的内容。命题要注意试题的覆盖面,并适当突出重点章节的内容,加大重点内容的覆盖密度。

(3)合理安排反映不同能力层次的试题。在一份试卷中对不同能力层次要求的分数比例约为:识记占20%,领会占30%,简单应用占30%,综合应用占20%。

(4)合理安排难度结构,做到难易适中。试题难易度分为易、较易、较难、难四个等级。每份试卷中四种难易度试题的分数比例一般为:易占20%,较易占30%,较难占30%,难占20%。

(5)本课程考试采用的题型主要有:单项选择题、多项选择题、简答题、论述题、案例分析题等。

(6)本课程考试满分为100分,达到60分者为合格,合格者得4学分,获得本课程的单科合格证书。

考试题型举例

一、单项选择题
（在每小题列出的四个备选项中只有一个是符合题目要求的,请将其代码填写在题后的括号内。错选、多选或未选均无分。）

1. 公共关系也可称作（　　）。
   A. 团体关系　　　B. 人群关系　　　C. 人际关系　　　D. 公众关系
2. Communication 一词在中文里既可以译作传播,也译作（　　）。
   A. 沟通　　　　　B. 交流　　　　　C. 过程　　　　　D. 结果
3. 提出："说真话"、"公众必须被告知"的命题,将公共利益与诚实带进了公共关系领域的人是（　　）。
   A. 巴纳姆　　　　B. 爱德华·伯尼斯　　C. 艾维·李　　　D. 马斯洛

二、多项选择题
（在每小题列出的五个备选项中有二至五个是符合题目要求的,请将其代码填写在题后的括号内。错选、多选、少选或未选均无分。）

1. 组织内部设置公共关系机构有以下几种基本模式（　　）。
   A. 部门隶属型　　　　　　B. 部门并列型　　　　　C. 部门综合型
   D. 公共关系委员会　　　　E. 高层领导直属型
2. 马斯洛的需要层次理论主要有以下几个方面的内容（　　）。
   A. 人类有五种基本需要　　B. 需要是有层次的　　　C. 生理的需要是最高层次的需要
   D. 优势需要决定行为　　　E. 安全的需要决定优势需要
3. 布林认为,心理抗拒的强弱是由以下因素所决定的（　　）。
   A. 对自由的期望　　　　　B. 对自由剥夺的威胁　　C. 自由的重要性程度
   D. 是否会影响到其他自由　E. 自由是否会伤害到他人

三、简答题
1. 组织内设公共关系部门有哪些特点?
2. 简述流行的特点

四、论述题
1. 试述公共关系与"人际关系"的联系与区别?
2. 组织形象策划的基本特性

五、案例分析题

中美史克"PPA"事件

中美史克天津制药有限公司是一家现代化合资制药企业。自1987年10月投资建厂以来，年生产能力23亿片（粒、支）。其代表产品康泰克、芬必得、康得等在中国已家喻户晓。其中康泰克为支柱性产品，年销售额在6亿人民币左右。

2000年11月6日，美国食品与药物监督管理局（FDA）发出公共健康公告，要求美国生产厂商主动停止销售含"PPA"的产品。中国国家医药监督管理局（SDA）于2000年11月16日发布了《关于暂停使用和销售含苯丙醇胺药品制剂的通知》，以红头文件的形式发至中国各大媒体。在15种被暂停使用和销售的含"PPA"的药品当中，包含了中美史克天津制药有限公司生产的康泰克和康得两种产品。

中国SDA通告一出，顿时引起社会的极大关注。媒体争相报道，经销商纷纷来电，康泰克多年来在消费者心目中的优秀品牌地位陷入困境之中。

阅读以上材料，试回答下列问题：

（1）中美史克目前面临的是一个什么样的公共关系问题？试运用所学的公共关系知识加以解释。

（2）假设你是中美史克天津制药有限公司公共关系部门的负责人，你将如何处理这一难题？

对制定《公共关系学自学考试大纲》的几点说明

《公共关系学自学考试大纲》是全国高等教育自学考试指导委员会根据公共管理类专业考试计划组织制定的。

《公共关系学自学考试大纲》的初稿由廖为建(中山大学教授)、吴柏林(中山大学副教授)、谭昆智(中山大学副教授)、聂静虹(中山大学副教授)具体编写,由吴柏林副教授修改定稿。

2010年9月,全国考委公共管理类专业委员会召开审稿会,对本大纲进行审定。参加本大纲审稿的专家有:钟育赣(广东外语外贸大学教授)、孙亚忠(南京大学政府管理学院教授)、张宁(中山大学副教授)。由钟育赣教授担任主审。

全国高等教育自学考试指导委员会
公共管理类专业委员会
2010年10月

全国高等教育自学考试指定教材
行政管理专业（专科）

公共关系学

全国高等教育自学考试指导委员会　组编
主　编　廖为建
副主编　吴柏林

组编前言

21世纪是一个变幻莫测的世纪,是一个催人奋进的时代。科学技术飞速发展,知识更替日新月异。希望、困惑、机遇、挑战,随时都有可能出现在每一个社会成员的生活之中。抓住机遇,寻求发展,迎接挑战,适应变化的制胜法宝就是学习——依靠自己学习、终身学习。

作为我国高等教育组成部分的自学考试,其职责就是在高等教育这个水平上倡导自学、鼓励自学、帮助自学、推动自学,为每一个自学者铺就成才之路。组织编写供读者学习的教材就是履行这个职责的重要环节。毫无疑问,这种教材应当适合自学,应当有利于学习者了解、掌握新知识和新信息,有利于学习者增强创新意识、培养实践能力、形成自学能力,也有利于学习者学以致用、解决实际工作中所遇到的问题。具有如此特点的书,我们虽然沿用了"教材"这个概念,但它与那种仅供教师讲、学生听,教师不讲、学生不懂,以"教"为中心的教科书相比,在内容安排、编写体例、行文风格等方面已经大不相同了。希望读者对此有所了解,以便从一开始就树立起依靠自己学习的坚定信念,不断探索适合自己的学习方法,充分利用已有的知识基础和实际工作经验,最大限度地发挥自己的潜能,达到学习的目标。

欢迎读者提出意见和建议。

祝每一位读者自学成功。

全国高等教育自学考试指导委员会
2010年10月

目　录

第一章　公共关系概论 39
　第一节　公共关系的含义 39
　　一、公共关系的定义 39
　　二、公共关系的基本要素 41
　第二节　公共关系的相关概念与范畴 42
　　一、公共关系状态、公共关系活动、公共关系观念 42
　　二、组织、公众、传播 44
　　三、关系、舆论、形象 46
　　四、人际关系和人群关系 48
　　五、公共关系操作中的若干范畴 49
　第三节　公共关系的历史与发展 52
　　一、古代时期——公共关系思想的萌芽 52
　　二、巴纳姆时期——神话与欺骗 53
　　三、艾维·李时期——公共关系职业化 54
　　四、爱德华·伯尼斯时期——公共关系学科化 55
　　五、公共关系在我国的发展 56
　第四节　公共关系的功能 57
　　一、收集信息 57
　　二、辅助决策 58
　　三、传播推广 59
　　四、协调沟通 60
　　五、提供服务 60

第二章　公共关系组织与人员 62
　第一节　公共关系的组织机构 62
　　一、组织内设的公共关系职能部门 62
　　二、公共关系公司 66
　　三、公共关系协会 68
　第二节　公共关系人员 69
　　一、公共关系人员的日常工作 69
　　二、公共关系人员的基本素质 70
　　三、公共关系人员的培养 73
　　四、全员 PR 管理 79

第三章　公共关系对象 81
　第一节　公众概述 81
　　一、公众的定义 81
　　二、公众的特点 81

第二节　公众的分类 ··· 83
     一、内部公众和外部公众 ·· 83
     二、首要公众和次要公众 ·· 83
     三、临时公众、周期公众和稳定公众 ·· 84
     四、顺意公众、逆意公众和边缘公众 ·· 84
     五、受欢迎的公众、不受欢迎的公众和被追求的公众 ··· 85
     六、非公众、潜在公众、知晓公众、行动公众 ·· 85
   第三节　公众分析举要 ··· 86
     一、内部公众 ··· 86
     二、社区公众 ··· 88
     三、顾客公众 ··· 89
     四、媒介公众 ··· 91
     五、政府公众 ··· 92
     六、名流公众 ··· 93
     七、国际公众 ··· 95

第四章　公众心理与行为 ··· 97
   第一节　知觉与公众行为 ·· 97
     一、知觉的概念 ·· 97
     二、知觉的选择性 ··· 97
     三、知觉的偏见 ·· 99
   第二节　需要与公众行为 ·· 100
     一、需要理论的要点 ·· 100
     二、需要的五个层级 ·· 101
     三、五种需要的排列关系 ·· 102
     四、优势需要决定行为 ··· 102
   第三节　态度与公众行为 ·· 103
     一、态度及其结构 ··· 103
     二、态度的特性 ·· 104
     三、影响和改变态度的因素 ··· 105
     四、霍夫兰的说服模式 ··· 106
   第四节　流行、流言及舆论 ··· 107
     一、流行 ··· 107
     二、流言 ··· 110
     三、舆论 ··· 112
   第五节　公众心理的其他方面 ·· 116
     一、价值观与公众行为 ··· 116
     二、团体压力与从众心理 ·· 117
     三、逆反心理与公众行为 ·· 118

第五章　公共关系传播模式与媒介 ··· 121
   第一节　公共关系传播模式 ··· 121
     一、拉斯韦尔的"5W"模式 ··· 121

二、把关人理论 ………………………………………………………………… 122
　　三、两级传播模式 ………………………………………………………………… 123
　　四、受众选择"3S"论 ……………………………………………………………… 123
　　五、议题设置论 …………………………………………………………………… 125
　第二节　媒介发展与演进 ……………………………………………………………… 126
　　一、媒介的含义 …………………………………………………………………… 126
　　二、传播媒介的发展与演变 ……………………………………………………… 127
　第三节　公共关系的传播媒介 ………………………………………………………… 130
　　一、印刷媒介：报纸与杂志 ………………………………………………………… 130
　　二、电子媒介：广播与电视 ………………………………………………………… 132
　　三、因特网(Internet) …………………………………………………………… 134
　　四、非语言传播符号 ……………………………………………………………… 136
　第四节　公共关系的媒介运作 ………………………………………………………… 137
　　一、传播媒介的选择原则 ………………………………………………………… 137
　　二、媒体组合 ……………………………………………………………………… 139
　　三、媒体组合的具体策略 ………………………………………………………… 140

第六章　公共关系策划与管理 ……………………………………………………… 142
　第一节　公共关系策划的含义、特征和作用 ………………………………………… 142
　　一、公共关系策划的含义 ………………………………………………………… 142
　　二、公共关系策划的特征 ………………………………………………………… 142
　　三、公共关系策划的作用 ………………………………………………………… 144
　第二节　公共关系策划的原则 ………………………………………………………… 145
　　一、利益性原则 …………………………………………………………………… 145
　　二、客观性原则 …………………………………………………………………… 146
　　三、系统性原则 …………………………………………………………………… 146
　　四、可行性原则 …………………………………………………………………… 146
　　五、灵活性原则 …………………………………………………………………… 147
　第三节　公共关系策划的管理和方法 ………………………………………………… 147
　　一、公共关系策划的管理 ………………………………………………………… 147
　　二、公共关系策划方法 …………………………………………………………… 151
　　三、公共关系策划书 ……………………………………………………………… 158

第七章　新闻、广告与整合营销传播 ……………………………………………… 160
　第一节　新闻传播 ……………………………………………………………………… 160
　　一、撰写新闻资料或新闻稿 ……………………………………………………… 160
　　二、策划具有新闻价值的事件 …………………………………………………… 162
　　三、新闻发布会简介 ……………………………………………………………… 163
　第二节　广告与广告策划 ……………………………………………………………… 164
　　一、广告的概念 …………………………………………………………………… 164
　　二、广告的功能 …………………………………………………………………… 166
　　三、广告与公共关系的融合 ……………………………………………………… 167
　　四、广告策划及其内容 …………………………………………………………… 168

五、产品定位及其策略 ………………………………………………… 169
　　六、广告主题策划 …………………………………………………… 173
　第三节　整合营销传播 …………………………………………………… 176
　　一、整合营销传播及其发展 …………………………………………… 176
　　二、整合营销传播的特性 ……………………………………………… 177
　　三、整合营销传播的发展层次 ………………………………………… 177
　　四、整合营销传播的方法 ……………………………………………… 178

第八章　公共关系专题活动
　第一节　展览活动 ………………………………………………………… 180
　　一、展览会的类型 …………………………………………………… 180
　　二、展览会的特点 …………………………………………………… 181
　　三、举办展览会应做的工作 …………………………………………… 181
　第二节　庆典活动 ………………………………………………………… 182
　　一、开幕(开业)庆典 ………………………………………………… 182
　　二、周年庆典 ………………………………………………………… 183
　　三、乔迁庆典 ………………………………………………………… 184
　　四、重大成果庆典 …………………………………………………… 185
　　五、受到特殊嘉奖庆典 ……………………………………………… 185
　第三节　赞助活动 ………………………………………………………… 185
　　一、赞助的作用 ……………………………………………………… 185
　　二、赞助活动的种类 ………………………………………………… 185
　　三、赞助活动的实施步骤 …………………………………………… 186
　第四节　对外开放参观 …………………………………………………… 187
　　一、目的 ……………………………………………………………… 187
　　二、规模 ……………………………………………………………… 188
　　三、时间 ……………………………………………………………… 188
　　四、人员 ……………………………………………………………… 188
　　五、准备宣传材料 …………………………………………………… 188
　　六、选择参观线路 …………………………………………………… 188
　　七、做好解说和接待工作 …………………………………………… 188
　　八、对参观者一视同仁 ……………………………………………… 189

第九章　组织形象策划与CIS管理
　第一节　组织形象概论 …………………………………………………… 190
　　一、组织形象的概念 ………………………………………………… 190
　　二、组织形象的分类 ………………………………………………… 190
　　三、组织形象的基本特性 …………………………………………… 192
　　四、CI战略——塑造组织形象的利器 ……………………………… 193
　　五、CIS的基本构成 ………………………………………………… 193
　第二节　组织形象调查 …………………………………………………… 194
　　一、组织自我形象分析 ……………………………………………… 195
　　二、组织实际形象分析 ……………………………………………… 195

三、组织形象差距分析 ··· 198
第三节　组织形象策划 ·· 199
　　一、组织形象的构成 ·· 199
　　二、组织形象策划的基本特性 ·· 200
　　三、如何建立有效的组织形象 ·· 202
第四节　CIS 的设计、开发与管理 ·· 202
　　一、CIS 开发的作业程序 ·· 203
　　二、VIS 的设计与开发 ··· 204

第十章　公共关系危机管理 ·· 207
第一节　公共关系危机管理概念 ··· 207
　　一、公共关系危机的定义 ·· 207
　　二、公共关系危机的特征 ·· 214
　　三、公共关系危机的类型 ·· 217
第二节　公共关系危机管理实务 ··· 217
　　一、公共关系危机管理的原则 ·· 217
　　二、公共关系危机管理的操作程序 ·· 221
　　三、公共关系危机后的形象、声誉恢复——事后管理 ······················· 223
第三节　公共关系危机传播管理 ··· 223
　　一、危机传播模型 ··· 223
　　二、公共关系危机传播计划 ··· 224

主要参考文献 ·· 228
后记 ··· 230

第一章 公共关系概论

本章的学习要点包括:了解公共关系的定义、特征和关联概念,理解公共关系的本质及完整含义;了解公共关系的历史和现实意义。

第一节 公共关系的含义

"公共关系"一词源自英文的 Public Relations。Public 一词可译作"公共的"、"公开的",也可译作"公众的";Relations 则宜译作"关系"。因此,中文表述可称为"公共关系",也可称为"公众关系"。译作"公众关系"在含义上更为直接,因为这个词的本义就是指一个组织与公众之间的关系。但"公共关系"一词已经在国内广为流传,为大多数人所接受,而且"公共"一词与"私人"一词相对应,准确地表达了"公共关系"与"私人关系"的不同性质,因此本教材仍使用"公共关系"的译法。

一、公共关系的定义

公共关系作为一门综合性的应用学科,其定义众说纷纭。其中有代表性的定义包括:

(一)管理论

管理论强调公共关系的管理属性。比如,美国学者雷克斯·哈罗博士(Rex L. Harlow)认为:"公共关系是一种独特的管理职能。它帮助一个组织建立并维持与公众之间双向的交流、理解、认可与合作;它参与处理各种问题与事件;它帮助管理者及时了解公众舆论,并对之作出反映;它明确并强调管理部门为公众利益服务的责任;它作为社会变化趋势的监视系统,帮助管理者及时掌握并有效地利用社会变化,保持与社会变动同步;它运用健全的、正当的传播技能和研究方法作为主要的工具。"美国学者卡特利普和森特(Scott M. Cutlip & Ailen H. Center)认为:"公共关系是确定、建立和维持一个组织与决定其成败的各类公众之间的互益关系的一种管理功能。"

(二)传播论

传播论侧重于公共关系的传播属性。比如:英国学者弗兰克·杰夫金斯(Frank Jefkins)认为:"公共关系就是一个组织为了达到与它的公众之间相互了解的确定目标,而有计划地采用一切向内和向外的传播沟通方式的总和。"

(三)传播管理论

传播管理论将管理论和传播论结合起来,明确界定公共关系是组织一种特定的传播管理行为和职能。当代美国公共关系学术权威、马里兰大学的詹姆斯·格鲁尼格教授(James E. Grunig)认为:"公共关系是一个组织与其相关公众之间的传播管理。"

（四）咨询论

咨询论侧重于公共关系的决策咨询功能,最有代表性的是国际公共关系协会于1978年8月发表的《墨西哥宣言》:"公共关系是一门艺术和社会科学。它分析趋势,预测后果,向机构领导人提供意见,履行一系列有计划的行动,以服务于本机构和公众的共同利益。"

（五）社会关系论

社会关系论强调公共关系是一种公众性、社会性的关系或活动。比如,美国普林斯顿大学的蔡尔滋教授(H. L. Chils)认为:"公共关系是我们所从事的各种活动、所发生的各种关系的通称,这些活动与关系都是公众性的,并且都有其社会意义。"

另外,有些定义将公共关系主要的特性综合起来,力图全面地表述公共关系的含义。例如,中国劳动与社会保障部编印的《中国职业大词典》对公共关系的定义是:"公共关系是从事组织机构公众信息传播、关系协调与形象管理事务的调查、咨询、策划和实施的一种实践活动。"[1]

对一种复杂的社会现象和社会行为下定义是一件困难的事情,难免抓住了某个主要属性而又忽略了其他的特征。鉴于此,美国《公共关系季刊》详细罗列了公共关系的14个特征[2]:

（1）公共关系是一个完整的职能,目的在于增进公司利益和达成其他整体的目标。

（2）公共关系并不制定政策,但是可以帮助管理当局表白公司的政策。

（3）对于受公司措施影响的人们,公共关系人员注意他们的印象和可能的反应,因此,重大的措施虽然表面上与公共关系无关,也应先向公共关系部门咨询。

（4）行动比空言有力,所有信誉都建立在行动而非语言文字之上,但如果要让他人知悉并了解公司的行动,就得借助于语言文字。

（5）公共关系虽然是管理部门的职责,却仍然有其明确的责任范围,如果要实行这种责任,就必须配备适当的预算及人员,至于所担负的任务必须限于公司公共关系范围以内的工作。

（6）公共关系人人有责,公共关系部门的最终目标是使人人了解传播对于良好的管理是必要而不可分割的。

（7）关于公司的形象是相对的,要依据某种公众对于公司的具体要求和兴趣而定,例如股东、金融界、政府、教育家和舆论界,就会各有各的看法。

（8）人们经常根据不完全的证据形成对公司的印象,例如公司的名称、与某一位员工通信或偶然的会晤,虽然这些都是小事,但应尽力注意为公司争取良好的印象。

（9）因为公司是在舆论所形成的环境下营运发展的,因此对于任何人士所具有的访问权力均应尊重。

（10）人们通常对于了解最少的事物感到厌恶、恐惧或猜疑,如果不提出理由并加以解释,人们就会自行想象,因此透露、传播资料信息不要吝惜。

（11）不可歪曲及夸大事实,公共关系的主旨在于陈述事实,以便他人对于公司能公平评估,引起公众兴趣,进而对他们产生影响。

（12）少做做得好,比多做做不好要强。

---

[1] 国家职业资格工作委员会公共关系专业委员会编:《公共关系员职业培训与鉴定》,复旦大学出版社,1999年版,第4页。

[2] 王乐夫、廖为建等:《公共关系学》,辽宁人民出版社,1986年版,第19~20页。

（13）在观念的领域中，要引起特别的注意，期间竞争非常激烈，公共关系的一项基本任务就是要引起别人对于公司的好感和兴趣。

（14）公共关系艺术成分多于科学成分，这种艺术一定要以社会科学的崭新知识为基础，对于公众对象的组成及态度要作科学的评估，对于公司本身要有透彻的认识。

公共关系从理论到实践均是一门正在发展中的学科，而且又涉及不同的学科领域和不同的实践领域，因此对公共关系的定义有不同的表述是正常的。各种定义从不同的角度揭示公共关系的主要特性，都有其合理性。这些定义都有助于我们理解公共关系的本质属性。特别是格鲁尼格教授的定义，非常简洁、明了，科学、严谨地表述了公共关系的基本要素及其本质属性。鉴于这一定义没有描述公共关系的目标，后来，格鲁尼格教授对这个定义作了重要的补充："公共关系是一个组织与其相关公众之间的传播管理，其目的是建立一种与这些公众互相信任的关系。"[①]

二、公共关系的基本要素

从公共关系的各种不同的定义表述中可以归纳出"公共关系"的五个基本要素：

第一，公共关系的行为主体是组织机构。公共关系是一种组织的关系、组织的活动、组织的职能。任何组织在其生存、发展过程中必然会与各类公众形成各种复杂的社会关系；处理和协调这些关系的行为便是组织的公共关系活动；将这种活动纳入管理的轨道，有计划、有组织地去进行便构成组织的一种经营管理职能。必须从组织的层次、管理的层次去认识和理解公共关系。

第二，公共关系的沟通对象是相关公众。公共关系指的是一个组织机构与它的公众之间的相互关系，因此组织公共关系活动的对象便是与组织相关的公众，即影响和制约着组织的生存和发展，组织必须与之保持良好沟通的个人、群体和组织的总和。"公众"构成组织一种特定的环境，任何组织机构的生存和发展都离不开良好的公众环境，都需要得到公众和舆论的认可和支持。公共关系便是协调各种公众关系，争取公众舆论支持，创造良好的公众环境的一种工作。

第三，公共关系的工作手段是传播沟通媒介。公共关系作为一种组织的经营管理方法，主要运用各种信息传播媒介去建立和维持组织与公众之间的有效沟通。广泛地应用各种形式的人际沟通媒介和大众传播媒介，去了解和影响公众的意见、态度和行为，成为公共关系活动的专业特色。这一特色使公共关系活动与生产活动、销售活动、财务活动、行政人事活动等其他的组织管理活动区别开来，它既不能代替这些活动，也不能被这些活动所取代。公共关系专门运用传播沟通媒介来处理组织与公众之间的关系。

第四，公共关系的过程是信息的双向交流。作为一种关系，公共关系有别于各种具体的政治关系、经济关系、行政关系、法律关系、家庭伦理关系等，它特指组织与公众之间的信息交流关系。这种关系渗透在组织的各种具体关系之中，因此任何性质的组织活动都存在公共关系的问题。但是对于公共关系的理解不能过于宽泛，它不是某种具体关系本身（如有别于具体的市场销售关系等），而只是在实现某种具体关系的时候相伴随的传播沟通关系，即通过双向的信息传播与沟通，去达成组织与具体关系对象（如消费者、顾客）之间的相互了解、理解、信任与合作，以促成

[①] 国家职业资格工作委员会公共关系专业委员会编：《公共关系员职业培训与鉴定》，复旦大学出版社，1999年版，第3页。

具体关系(如销售关系)的顺利发展。所以,无论是政府公共关系还是企业公共关系,其实质都是组织与公众之间的双向信息交流关系。

第五,公共关系的目标是为组织机构树立良好的公众形象。公共关系与具体的人、财、事、物的管理不同,它的经营管理内容是组织的声誉和形象,可以视为一种形象管理的职能或艺术。形象和声誉作为一种无形财富、无形资产不同于有形的产品、设备、资金和人力,不能单纯用技术的、经济的、行政的方法来管理,而必须借助于公共关系特有的传播沟通的方法来处理;组织的形象和声誉不是由组织自己主观认定的,而是由公众来认可和评价的,因此与公众建立和保持良好的沟通,赢得公众的了解、理解、信任和支持,既是组织塑造良好形象的前提和过程,又是组织具有良好形象的标志和结果。公共关系的传播活动区别于其他传播活动的特征之一就是以塑造组织形象为目标。

第二节 公共关系的相关概念与范畴

要完整地理解公共关系这一概念,还需要进一步分析这一概念逻辑地延伸出来的一些关联概念和范畴。这些概念和范畴可以帮助我们从不同层次或不同角度去认识同一事物。

一、公共关系状态、公共关系活动、公共关系观念

在使用公共关系这一概念的时候,往往可以表示一些不同层次的含义:它可以表示一种客观的实在,即公共关系状态;又可以表示一种实际的操作实务,即公共关系活动;还可以表示一种主观的思想意识,即公共关系观念。

(一) 公共关系状态

公共关系状态即一个组织与其公众环境之间客观上存在的关系状况和舆论状况。公共关系状态是客观存在的,任何组织或个人都处在一定的公共关系状态之中,它既是组织公共关系活动的基础,也是组织公共关系活动的结果。

首先,公共关系是客观存在的。人类社会的任何组织都处在特定的公众环境之中,这个公众环境由各种各样与组织相关的个人、群体和组织所构成。组织与公众环境之间客观上存在着某种特定的情形和状况就是组织的公共关系状态,具体包括与组织相关的社会关系状态和社会舆论状态两个方面。社会关系状态指组织机构与其相关公众之间相互交往和共处的情形和状况。社会舆论状态指社会公众对组织机构的认知和评价的情形和状况。任何组织客观上都面对着特定的社会关系和社会舆论,它们制约着组织的生存和发展,是一种不以人的意志为转移的客观存在:不管承认还是不承认,喜欢还是不喜欢,自觉还是不自觉,任何组织都不可避免地处在一定的公共关系状态之中。从历史上看,公共关系状态是伴随着社会组织而客观存在的,人们对它的认识逐渐从自发到自觉,从现象到本质。当人们自觉地认识到公共关系状态的本质的时候,公共关系状态成为科学研究的对象,公共关系学就开始形成了。

其次,公共关系状态与公共关系活动之间存在密切的联系。公共关系状态既是组织开展公共关系活动的基础,也是组织的公共关系活动形成的结果。一个组织总是在特定的公共关系状态之中去开始自己的公共关系活动的,任何公共关系活动都不能脱离特定的公众背景,必须以现存的关系状态和舆论状态为基础,针对现存的关系状态和舆论状态去进行。另一方面,组织的公

共关系活动又以形成、维持或改变特定的公共关系状态为目标,以适应和影响自己的公众环境为任务,因此公共关系活动的结果便形成特定的公共关系状态。评估公共关系活动的成效要以公共关系状态的变化情况为依据。良好的公共关系状态是与卓有成效的公共关系活动联系在一起的。

（二）公共关系活动

公共关系活动（实务）即运用传播沟通的方法去协调组织的社会关系,影响组织的公众舆论,塑造组织的良好形象,优化组织的运作环境的一系列公共关系工作。公共关系实务活动是组织管理活动的一部分,是一种特殊的组织管理职能。

公共关系是一种特殊的社会实践活动。广义地说,当人们采取任何实际行动去改善自己的公共关系状态的时候,就是在从事公共关系活动。因此公共关系活动也包括日常人际交往中的有礼貌、有涵养的沟通行为,如谦虚有礼、热情待人等。但现代组织的公共关系活动已发展为一系列专业性、规范性较强的传播沟通业务,成为组织的一种经营管理或行政管理的操作实务,包括调查研究、决策咨询、活动策划、设计制作、信息发布、宣传实务、交际事务等,需要动用一定的资源,运用专门的媒介和技术,制定专门的目标与计划,由专门的职能机构和人员来实施。公共关系学所研究的公共关系活动主要指这种专业的公共关系实务,或者说经营管理和行政管理工作中的公共关系业务。

从一般意义上来说,公共关系活动也是客观存在的。人们在从事某种事业或活动时,总要设法争取他人对自己的支持,总要自觉不自觉地从事一些公共关系活动。所以,朴素、自发的公共关系活动自古就有。而现代公共关系活动的意义在于从自发转变为自觉,从无意识转变为有意识,从盲目转变为有计划,从零散转变为系统,从纯经验转变为科学。也就是成为一种在现代公共关系意识和理论指导下的、有目的有计划有系统的科学行为。公共关系活动是否自觉、是否科学的一个重要标志,就是看有没有现代的公共关系意识和科学的公共关系理论做指导。因此现代公共关系活动又是和现代公共关系观念相联系的。

（三）公共关系观念

公共关系观念是一种影响和制约着组织的政策和行为的经营观念和管理哲学,它不仅指导着公共关系实务工作的健康发展,而且渗透到管理者日常行为的各个方面,成为引导、规范着组织行为的一种价值观念和行为准则。

当人们自觉地意识到公共关系状态的客观性和公共关系活动的重要性时,便会形成一种特定的公共关系意识或公共关系观念,比如形象观念、公众观念、传播观念、协调观念、互惠观念、服务观念等。

公共关系的形象观念表现为主体在决策和行动中高度重视自身的声誉和形象,自觉地进行形象投资、形象管理、形象塑造,将信誉和形象视作组织的无形资产、无形财富,把树立和维护良好的组织形象作为重要的战略目标。

公共关系的公众观念表现为领导者和管理者高度重视公众的利益,将公众的意愿作为决策和行动的依据,将符合与满足公众的要求作为组织的价值追求,并以此作为制定组织的经营方针和管理政策的重要原则。

公共关系的传播观念表现为经营者和管理者强烈的传播意识和沟通欲望,自觉地利用一切传播的机会和传播媒介去影响公众、引导公众和争取公众,并善于运用双向沟通的方法去赢得公众的理解、信任与好感。

公共关系的协调观念表现为善于调节、平衡和统一各种不同的关系、不同的利益、不同的要素,懂得"统筹"、"兼顾"、"缓冲"、"折中"、"调和"、"妥协"的意义和价值,努力在矛盾中求和谐,在动态中求平衡。

公共关系的互惠观念表现为在交往与合作中,将平等互利、追求双赢作为处理各种关系的行为准则,将自身的发展与对方的发展联系起来,通过协助对方、满足对方来争取双方的共同利益。

公共关系的服务观念则表现为对他人、对社会的一种奉献精神,使自己的存在和行为给对方带来满意和方便,用服务去赢得好感和信誉。

除上述之外,公共关系观念还包括现代的信息意识、整体意识、社会意识、竞争意识、危机意识等。

这些公共关系观念不仅专业的公共关系人员必须具备,而且是任何管理者都不应缺少的。用这些公共关系观念来指导实践便成为一种行为规范和准则;将这些观念系统化、理论化便成为现代的公共关系理论。公共关系学是公共关系意识的理论表现。

二、组织、公众、传播

组织、公众、传播是公共关系学中三个最基本的概念,因为它们表达了公共关系现象和活动的三个最基本的要素,对它们的理解亦具有全局的意义。

(一)组织——公共关系的主体

组织是公共关系活动的主体,即公共关系的承担者、实施者、行为者。公共关系是一种组织的活动和职能,而不是个人的事务和技巧;公共关系涉及组织管理的目标、战略、政策、计划、方法、活动、产品、人员、环境等诸要素,而不停留在个人活动的层面上;公共关系处理的是组织的关系和舆论,而非私人的关系和事务;公共关系追求整体的公共关系效应和组织的社会形象,而不局限于个人的印象、情感和利益。中国的社会文化传统较重视以血缘、地缘、姻缘关系为基础的私人关系,容易将组织的公共关系行为私人化,用私人关系取代公共关系。因此在理解公共关系的时候需要特别强调其行为主体是组织而非个人,应该从组织和管理的层面去认识和理解公共关系。

组织作为公共关系的主体,需要把自身的公共关系行为和公共关系机制通过一定的、可控制的职能系统体现出来,使公共关系按照组织的总体目标和需要发挥作用。公共关系的诸项功能并不是游离于组织的总体目标之外而孤立存在的。一旦脱离了主体的目标和需要,公共关系便毫无用处。因此,公共关系是从属于组织总目标的,是组织整体功能中的一个有机构成部分,是组织职能系统中的一个子系统。

公共关系学主要将组织作为传播沟通主体来进行研究。任何组织都是一个传播沟通的主体,都具有公众传播沟通的行为和功能。将这种行为和功能抽象出来进行考察,可以发现各种不同的组织在公众传播沟通方面的共性,认识这些共性是进一步研究各类不同组织的公众传播行为的个性特征的前提。

从传播主体的角度看,公共关系是一种有目的、有计划、受控制、持久的过程。组织要管理或控制自己的公共关系状态和活动,必须建立一定的管理和控制系统,形成相应的公共关系职能和工作机制,配置必要的职能机构和专业人员。从公共关系的角度研究组织,主要把它作为公共关系行为的主体,研究它的公共关系职能和功能(一般的和特殊的),研究实施和控制这种职能和功能的组织因素,包括公共关系机构和公共关系人员。

(二) 公众——公共关系的对象

公众是公共关系传播沟通的对象。公众关系是由组织运行过程中涉及的所有个人关系、群体关系、组织关系所共同构成的。这些个人、群体和组织构成了组织的公众环境。组织的公共关系工作便是针对这个公众环境进行的。换个角度说,公众总是与特定的公共关系主体相关,与某一组织的公共关系传播行为相关。公众的态度和行为会影响到该组织的目标、决策和行动;相反,组织的目标、决策和行动也会影响到公众的态度和行为。这种相互影响和相互作用具有社会性的意义。

公共关系的过程是组织与公众之间经过传播沟通活动相互影响、相互制约的过程。公众是任何公共关系活动不可缺少的一个方面。离开了公众,公共关系活动就无所指向;失去目标,公共关系活动本身也失去意义。因此,任何组织在计划和实施自己的公共关系工作的时候,都必须首先确认自己的公众对象,分析研究自己的公众对象,根据公众对象的特点去制定公共关系工作的目标和计划,随着公众对象的变化去调整自己的公共关系政策和行为。

公众作为公共关系的对象、客体,并不是完全被动的,也不是随意受摆布的。各种公众对象都是有意志、有愿望、有行动的个体、群体或组织,会主动地采取行动来表达自己的意志和要求,主动地对公共关系主体的政策、行为作出相应的反应,从而对公共关系主体形成社会压力和舆论压力。因此,公众的观点、意见、态度和行为在公共关系的过程中是一系列不断运动、变化的因素。

公共关系学对公众的研究主要是从传播沟通对象的角度,研究公众的总体特征和各个目标公众的具体特点,研究影响公众行为和舆论的心理、文化等因素,研究不同的公众类型及其对公共关系政策和活动的影响,研究一些主要的公众关系对组织的作用和意义。

(三) 传播——公共关系的过程和方式

传播与沟通是公共关系活动的过程和方式。公共关系活动的过程,就是运用各种传播媒介和沟通手段,在组织与公众之间建立有效的双向联系和交流,促成相互间的了解、共识、好感与合作。公共关系的手段和方式包括各种人际传播、组织传播、公众传播、大众传播的形式;包括各种言语沟通、文字沟通、非言语和文字沟通的方法;包括各种印刷媒介、电子媒介、实物媒介的技术。运用现代信息社会的各种传播沟通手段去建立和完善组织与公众之间的关系,就是公共关系活动的实质性内容。

Communication 一词在中文里既可译作"传播",又可译作"沟通"。其含义是人类社会中信息的传递、接收、交流和分享。即运用一定的符号,通过一定的媒介,将信息传递给对方;对方接收到信息后引起一定的反应,亦以一定的信息形式反馈回来;通过这种双向的交流,双方逐渐达到分享信息、相互了解、达成共识的目的。人类社会是依靠传播沟通去形成各种社会关系的,特别是在信息社会,要有效地形成和发展各种社会关系更加离不开传播沟通。

公共关系特指组织与公众之间的传播沟通。组织在其运转过程中不可避免地要面对各种不同的公众对象,需要争取相关的公众对自身的了解、理解与好感,需要与公众建立共识,赢得公众的支持,因此需要运用传播手段与公众沟通。

Communication(传播、沟通)既是公共关系的方式,也是公共关系的过程。组织与公众联结的方式、公共关系的运行机制就是传播与沟通。公共关系作为一种管理职能和经营艺术,其特点就是运用传播与沟通手段去适应环境、影响公众、树立形象。因此,具体研究各种传播媒介和沟通方法的特点和作用,研究它们在公共关系中的应用方式,研究组织与公众之间的传播过程与模式,构成了公共关系学的主要内容。离开了"传播与沟通"这个要素就无法界定公共关系。

组织、公众、传播这三个要素展开论述,可以加深对公共关系的理解。

三、关系、舆论、形象

在公共关系的理论演绎和实务分析中使用率很高的另一组概念便是关系、舆论和形象。它们是公共关系的常用概念,有必要了解它们在公共关系学中的特定含义。

(一) 关系

"关系"一词在公共关系学中主要指组织与公众之间相处和交往的行为和状态,简单说就是组织与公众之间的联系。这种联系的性质和程度是衡量公共关系状态的客观标志:组织与公众之间的联系是密切的或是疏远的,稳定的或是动荡的,长期的或是短暂的,积极的或是消极的,融洽的或是紧张的,合作的或是对抗的,友善的或是敌意的,等等。这种相处和交往的性质和程度,是组织的公众环境状态中比较直观的方面。公共关系好还是不好,从这种联系的性质和程度就可以直接判断。

公共关系不是泛指"任何"或"所有"的社会关系(这是"公共"一词容易造成的"包罗万象"的误解),而是指与"私人关系"(Private Relations, Personal Relations)相对应的具有社会公共性质的一种特殊关系。它作为人类社会关系中的一种特殊形态,有两个主要特征:一是特指组织与公众之间的关系;二是特指信息交流的关系。前者表明这种特定关系的结构:"谁和谁的关系";后者表明这种特定关系的属性:"什么关系"。把握了这两个特征,就能够将公共关系与一般的社会关系或其他类型的具体关系区别开来。

在以上理解的基础上,可以进一步分析公共关系中的各种具体关系,如组织的内部关系和外部关系。再进一个层次又可具体研究内部关系中的员工关系、股东关系,外部关系中的社区关系、媒介关系等。公共关系所研究的这些关系都离不开上面所说的两个特征,比如社区关系指的是组织与社区公众之间的信息沟通与传播的关系,而不是指社区的居民之间的关系,也不是指组织与社区之间的地缘关系或区域行政隶属关系。

公共关系学是一门研究关系的学问,是一种改善关系的艺术,但特指的是"组织与公众之间的传播与沟通关系"。

(二) 舆论

舆论一词在公共关系学中指社会公众对组织的政策、行为、人员或产品所形成的看法和意见的总和,是社会上大多数人对组织的看法和意见的公开表达。这种公众意见的性质和程度同样是衡量公共关系状态的客观标志。比如公众对组织(政策、行为、人员、产品等)的反映和评价是热烈的还是冷淡的,高的还是低的,肯定的还是否定的,赞许的还是指责的,喜欢的还是讨厌的,支持的还是反对的,拥护的还是抗议的等。这种舆论反映和评价的性质和程度,是组织公众环境状态中无形的方面。舆论标志着大多数社会公众对组织的基本态度和行为。

舆论是无形的关系。因为人的意见、态度直接影响着人的行为,相互之间的行为就是关系。

良好的评价相应带来良好的行为和良好的关系;不利的评价则导致不利的行为和不利的关系。因为组织与公众之间的关系是大范围的,包括许多远距离的、不见面的关系,因此公共关系的水平和状态往往通过公众舆论表示出来:舆论好意味着公众关系好;舆论不好意味着公众关系不好。因此,在一定的意义上说,公众舆论和公众关系是等价的,是同一事物或现象的不同说法和表述。公共关系学不仅研究关系,也研究舆论;公共关系活动的功能不仅在于协调和改善关系,而且还在于影响和完善舆论。

公共关系学研究的舆论包括不同的层面,如人际舆论和大众舆论,前者是通过人际传播、社会口传而形成的口碑或口头舆论;后者是由大众传播媒介形成的社会舆论、热点舆论。还有局部性舆论和全局性舆论、内部舆论和外部舆论、正面舆论和负面舆论等。对舆论的研究涉及公共关系的状态、对象、结果和实务。公共关系学很大程度上是一门研究如何了解和影响公众舆论的学问。

（三）形象

形象一词在公共关系学中指组织的总体特征和实际表现在社会公众中获得的认知和评价。一个组织的社会形象体现了它的社会关系状态和社会舆论状态的总和。良好的公共关系形象意味着良好的公众关系和社会舆论。建立良好的社会关系,争取社会舆论的支持,就是一种塑造公共关系形象的工作。公共关系工作需要围绕着塑造组织良好的公众形象这个主题去展开,即运用各种传播沟通手段协调关系、影响舆论,为组织树立形象、维护形象、调整形象、控制形象、纠正形象、优化形象等。追求良好的组织形象是公共关系活动的重要目标。公共关系是一种以塑造组织形象为己任的传播管理艺术。

形象是一个很直观的范畴,可用于各种各样的直观事物,如商品的形象、个人的形象、建筑物的形象等。以塑造形象为任务的学问和艺术很多,如包装装潢艺术、工业设计和CI设计、商标学和广告学、时装设计、美容设计、化装艺术、绘画艺术、雕塑艺术、建筑装修设计以及舞台艺术等。公共关系显然不能包括或取代所有这些具体的形象塑造学问或行业。这些具体的形象塑造艺术大多数都侧重在某一类具体事物或具体方面,而且都强调直观的视觉效果。公共关系所借用的"形象"一词则不局限于个别的、具体的、直观的范畴,而具有更为深层的意义:

第一,公共关系所说的形象其本质是信誉,重视组织形象实质上是重视组织信誉。信誉即信用方面的名声。组织的公共关系形象的核心是公众对组织信用方面的认知和评价。组织的信用首先和组织的实际政策和实际表现相关,它是组织的一种取信于公众的行为,它首先是做出来的,而不是说出来的;然后再将这种行为科学地、艺术地传播出去,形成公众对组织信用的认知和评价,形成组织信用的社会形象,这就是组织的信誉,是组织形象的核心。

第二,公共关系将建设和完善组织形象的内涵放在第一位,然后才考虑建构组织形象的外观。公共关系所说的形象是公众对组织的总体特征和实际表现的认知和评价。组织的总体特征和实际表现是形象的本源、形象的实在,是第一性的。组织各种内在形象要素的完善是形成公共关系形象的客观基础,如产品质量、管理水平、经营作风、企业精神、人员素质、服务态度等,是公众认知和评价的具体对象,完善这些形象要素并确立这些要素在公众心目中的位置,是塑造公共关系形象的首要任务。

第三,公共关系塑造的是组织的整体形象,而不仅仅限定在个别的、具体的产品形象或人员形象要素上。公共关系强调各种形象要素之间的整体联系和整体效果。即便是对于个别的形象要素,如产品的包装形象,也要从它对组织整体形象的影响效果来考虑。脱离了总体形象的效果,视觉效果再好的个别形象也是不符合公共关系要求的。不能配合整体形象塑造的个别形象投资,从公共关系的角度来看甚至是一种浪费。公共关系是从全局的、系统的、统一的角度来考虑组织形象问题的。

第四,公共关系形象是通过组织的传播活动去影响公众的观念和态度而形成的,这种传播活动虽然也借用各种直观设计的方法和视觉的效果,但不是单纯靠感官的刺激,而要靠理性的说服、靠思想的沟通、靠情感的交流去影响人心。形象外观可以靠设计、包装去处理,但公众意见、看法和评价的形成或改变还要靠更深层次的传播与沟通去解决。因此,公共关系形象是持久的、全方位传播与沟通的结果。组织形象管理的工作就表现为协调关系和影响舆论的公共关系活动。

对公共关系形象的研究包括分析组织形象的构成要素、研究组织形象设计与策划的程序和步骤等。这些内容将在有关章节作具体介绍。

关系、舆论、形象这三个概念,既关系到公共关系状态的具体表述和界定,又涉及对公共关系活动的目标和结果的认识和理解。

以上三组概念和范畴都是完整理解公共关系所不可缺少的。其中,"双向传播与沟通"渗透在公共关系各分支概念和范畴之中,是统筹这些概念、范畴的纲。反过来看,"双向传播与沟通"只有表现在组织与公众之间,只有与公共关系状态、公共关系实务、公共关系观念相联系,与关系、舆论、形象相联系,才能完整地界定它在公共关系概念中的含义。它是贯穿公共关系理论和实务的一条基线,抓住它就抓住了公共关系概念的本质(见图1-1)。

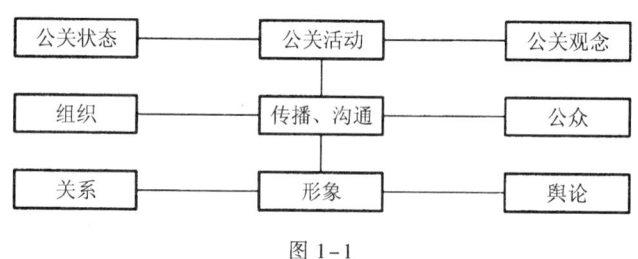

图1-1

四、人际关系和人群关系

公共关系作为一门综合性、边缘性的应用学科,无论是理论或实务都涉及一些外围的相关概念和范畴,它们与公共关系有联系,但也有区别,容易发生混淆,有必要作个简要辨析。

(一)人际关系

人际关系(Interpersonal Relation)主要指个人关系、私人关系,即个人在社会交往实践中形成的人与人之间的相互作用和相互影响。这个概念主要从个体关系的角度概括人的各种社会关系,其涵盖面包括个人在生活、生产及其他社会活动中形成的一切人与人之间的关系。可以说是一种个体关系学。

1. 公共关系与人际关系的联系

从内容上看,公共关系包括了一部分人际关系。组织的公共关系活动包括了组织中的个人与公众对象之间的关系,公众对象中也存在着许多个体的对象。因此组织与公众的关系也经常表现为个人与个人的关系,即代表组织的个人与公众群体中的个人之间的相互交往。

从方法上看,公共关系实务也包括了人际沟通的技巧,即面对面的情感交流和说服技巧。公共关系人员需要具备较强的人际沟通能力,具有良好的交际素质与涵养。良好的个人关系必然有助于组织公共关系的成功。

2. 公共关系与人际关系的区别

首先,从主体上看,公共关系的行为主体是组织,人际关系的行为主体仅是个人。在公共关系活动中,个人亦是以组织的身份与公众交往的,是组织的化身与代表。其次,从对象上看,公共关系的对象是与组织相关的所有公众及其舆论,而人际关系则包含许多与组织无关的私人关系对象。再次,从内容上看,公共关系是一种组织的管理活动与职能,处理的是组织事务和公众事务。人际关系处理的许多私人事务与公众没有关系。最后,从方式上看,公共关系十分强调运用公众传播和大众传播的方式作远距离、大范围的公众沟通,人际关系则比较局限于面对面、个体对个体的交流方式。可见,公共关系并不等于人际关系。

(二)人群关系

人群关系(Human Relations)这一概念属于管理心理学、行为科学的范畴,主要指群体内部活动和组织管理过程中人与人、人与群体的关系。即从管理的角度,研究群体内部人的需要、动机、态度、行为及相互关系对组织效率、群体活力的作用和影响。"人群关系理论"作为一种管理理论,强调要把人以及人与人的关系作为管理的重点,可以说是一种"管理中的人际关系学",一种人性化的管理方法。

1. 公共关系与人群关系的联系

人群关系主要指组织内部的人际关系,而良好的内部关系是公共关系的基础。与内部公众沟通,协调内部关系也是公共关系实务的重要内容。同时,公共关系学也要借助行为科学、管理心理学的理论和方法来分析人群的心理特征和行为规律,以便科学地处理人群关系。因此公共关系与人群关系是有一定联系的。

2. 公共关系与人群关系的区别

首先,公共关系不局限于组织和群体内部的传播、沟通,还包括大量的外部关系,要面对复杂的社会公众环境。其次,公共关系不局限于管理现场直接面对面的群体关系和个人关系,还需要特别关注不直接见面的、远距离的人群沟通,并十分重视人群环境的长远变化和发展趋势。也就是说,公共关系需要兼顾内部和外部的关系、眼前和未来的关系。可见,虽然公共关系和人群关系同属组织管理范畴,但公共关系比人群关系的内容更复杂,范围更广泛。

此外,人际关系和人群关系均侧重从人的心理和行为的角度来探讨人和人的关系,而公共关系则从信息传播沟通的角度研究人和人的关系。这三种"关系学"角度不同,重点有别。从一定的意义上说,人群关系论是人际关系学在组织管理中的应用;公共关系学又是人群关系论的进一步发展,它将人际关系的管理从组织内部扩大到组织外部。这三种"关系学"之间有一定的联系,也有明确的区别,不可混淆。

五、公共关系操作中的若干范畴

公共关系的职责的综合性和方式方法的多样性,使公共关系在履行职责的过程中经常涉及一些外围的、相关的活动范畴,它们与公共关系有联系,但也有区别。这些实践活动范畴往往容易被人误认为就是公共关系,或简单地等同于公共关系。例如有的将待人接物、迎宾礼仪当做公共关系的全部,有的将产品推销、广告宣传与公共关系混为一谈……从而造成认识上和实践上的混乱。因此需要弄清它们与公共关系之间的关系。

(一) 交际

交际指人与人之间面对面的直接交往,借助于个人媒介所进行的相互沟通,也即"人际沟通",它是公共关系的传播方式之一。但不是公共关系的主要手段,更不是唯一的手段。不少人将公共关系看成是交际应酬,这是一种片面的、肤浅的看法。实际上,公共关系工作面对不同类型的公众,要进行大范围的沟通,仅仅用交际手段是难于处理的,必须倚重各种公众传播和大众传播手段。因此,交际是公共关系的一种手段,不能等同于公共关系。

(二) 宣传与新闻

宣传是一种单向的心理诱导、行为影响和舆论控制方式。从根本目的上看,公共关系与宣传活动都是明确地为特定的组织服务的,而且公共关系工作经常要借助各种宣传手段去吸引公众、影响公众。新闻兼具报道和宣传两重功能,在公共关系的实践发展过程中,事实上已产生出一种介乎于客观的新闻报道与主观的宣传活动之间的"公共关系新闻传播"现象,也即公共关系实务活动中的"发布新闻"和"制造新闻"(不是"伪造新闻")。但现代公共关系绝不是单向的信息传输行为,而是双向的交流与沟通,所以不能只运用宣传和新闻手段。而且,公共关系的宣传是以对公众的了解和尊重客观事实为前提的,不能只报喜不报忧,也不应施以强制性的压力,这与宣传有严格的区别。此外,新闻媒介虽然是公共关系传播的一种重要渠道,但不是唯一渠道,公共关系工作也不可过分依赖新闻传播。

(三) 广告

广告是一种付费传播,即广告主付费购买传播媒介的使用权(如报纸的版面、电视的播出时间)来推销其产品、服务或观念。它必须明示广告主体,是一种自我宣传方式,主观性比较强。由于广告旨在"要别人买我",所以广告的信息传播强调引人注目,形成轰动效应,具有明显的倾向性、渲染性和夸张性。而公共关系的信息传播旨在"要别人爱我",为此它强调要在信息传播中体现真情实意,以客观公正的态度向公众介绍组织的情况和面貌。为了获得比较客观的传播效果,公共关系比较重视运用新闻传播等其他比较客观和软性的传播途径和方式,借助第三方来说话,以提高信息的可信度。一般来说,广告多在工商企业中采用,并且属于销售经营的一个组成部分;公共关系则在现代社会各类组织中都需要运用,它是每个组织都要面临的一项日常性工作,并且涉及组织各个环节、各个层次的行政管理或经营管理工作。不过在实际运作中,广告与公共关系往往也有密切联系。例如公共关系常常借助于广告的形式传播信息,同时广告也经常借助公共关系来增强说服力。

(四) 营销推广

营销推广是在以等价交换为特征的市场推销和交易活动中,工商业组织以各种手段向顾客宣传产品,以激发他们的购买欲望和行为,扩大产品销售量的一种经营活动。公共关系活动有助于市场销售,也是一种推广策略,能够促进双方获利,但它本身不直接推销产品,不直接满足对象的物质需求。公共关系是一种满足公众需求的交流活动,但首先满足的是互相了解、理解、信任的需求,交流的是信息、知识、观念、情感等。因此公共关系本身不等同于营销推广。从另一层意义上说,营销推广注重的是近期的经济效益,而公共关系更注重的是社会效益。在注重社会效益和经济效益的最佳结合的同时,更侧重考虑长远的发展。虽然营销推广与公共关系在上述诸方面存在着差异,但两者也是有联系的。公共关系作为一种促销策略已被企业广泛运用,借助公共关系去沟通企业与消费公众的感情。从另一方面看,良好组织形象与良好公众关系的建立、维持,也需要组织尤其是工商企业提供优质的产品和服务作为支撑。因此,工商企业的公共关系在许多具体活动形式上往往是与营销推广活动结合在一起的,从而使两者密切配合,取得更加理想的效果。随着公共关系与营销推广的相互作用,目前已出现了更高层次上的"整体公共关系营销"。

(五)公共事务

公共事务主要指一个组织与政府部门、公共政策、公众利益、社区事务相关的活动。政府、社会团体、非营利机构的公共关系工作,常常使用这一概念,以示有别于盈利部门的公共关系工作。企业也常常用公共事务这一概念去涵盖非盈利的公共关系工作,比如社会慈善事业、社区事务等。实际上,公共事务是公共关系功能中的一部分,如果用这一概念来取代公共关系则是片面的。

(六)游说

一般说来,游说是个人或组织有目的地利用语言、文字或其他传播媒介对特定信息进行讲解、说明,以鼓动受众按照自己的意图行事的一种劝服性传播。游说较多地运用在公共事务(尤其是政治事务)之中,是政治公共关系中常用的一种方式。但游说与公共关系不是相等同的两个概念。就行为方式而言,游说重在单向灌输,直接劝导人们怎么做,往往带有较强的劝服性色彩;而公共关系则注重双向交流,让人们了解他人是怎么做的,继而自己决定如何行动。同时二者的工作准则也有所不同,游说既可能奉行实事求是的准则,也可能奉行游说者主观需要的准则;而公共关系则只能奉行尊重事实、实事求是的准则。

(七)开发

文化、教育、艺术、福利、慈善、宗教、社团等组织,运用传播的力量去发展会员、筹措经费、争取资源等,往往被称之为公共关系开发活动。早期哈佛大学的公共关系人员的成功开发,令美国的公共关系人员常常被称为"带哈佛口音的人"。这实际上只是公共关系一个特殊的活动领域。

(八)论题处理

论题处理又称作问题管理(Issue Management),是20世纪70年代以来国外公共关系领域出现的新名词,主要指公共关系人员对正在出现的问题(特别是将要进入立法程序的、有争议的问题)以及这种问题对组织的潜在影响进行分析、预测并施加影响,以帮助组织制定应变的对策和措施。这一概念的出现表明现代公共关系在预测、参谋方面的超前管理功能日益突出,需要帮助组织预测社会经济、政治、环境等方面的问题,应付复杂的环境变化,以提高组织的社会适应力和应变力。

(九)危机管理

危机管理(Crisis Management)包括两个方面的含义:一是处理公共关系危机,二是用公共关系的策略和方法来处理危机。前者是危机事件的一种特殊形态,即形象危机、信誉危机、舆论危机;后者指处理危机的一种方法,即危机事件发生后(包括政治危机、法律危机、商业危机、金融危机、社会危机、灾变危机等)运用公共关系的策略和方法去协助处理危机,做好善后工作,是危机管理的一种辅助手段。危机管理是公共关系实务的特殊领域。

以上范畴都可视作是广义公共关系职能或方法的一部分,但在理论上和实践上均不应将它们等同于、混淆于或取代"公共关系"。我们相信,在实践中公共关系的职责范围还会不断发展和演变,但其传播与管理的核心内涵不仅不会被取消,相反会变得越来越充实,越来越丰富。

第三节 公共关系的历史与发展

公共关系作为一门学科,最早产生于美国。但公共关系作为一种客观的社会现象,作为人类一种朴素的思想意识观念,作为人类一种不自觉的社会活动,早就问世了。

一、古代时期——公共关系思想的萌芽

公共关系学理论的历史大约只有100年。但公共关系思想及类似于公共关系的活动,在各个国家、各个民族的古代社会都可以找到影子。可以说,古代时期是公共关系思想的萌芽时期。

考古学家发现,远在公元前1800年伊拉克的一种农业公告,很有点像现代社会某些农业组织公共关系部的宣传资料,它告诉农民如何播种、灌溉、如何对付危害庄稼的老鼠,如何收获庄稼等。

在古希腊,社会对于沟通技术非常重视,并对从事这门技术的人给予很高的评价和奖酬,有些深谙沟通学问的第一流演说家常常被推为首领。此外,那些参加国家最高统治者竞选的人们,大多是一些擅长言辞及在学识上享有较高声望的诡辩学者们,善于对自己的功德、业绩和才能大肆吹捧和赞扬,以争取选民。比如,古罗马儒略·凯撒能登上独裁者的宝座,那本记载着他的功绩的纪实著作《高卢战记》起了很大的作用。这本书被公共关系同业公会主席李利·比诺称为"第一流的公共关系著作"。希腊人认为,较强的修辞能力是参与政治过程的基本条件之一,因为政治家与公众之间的桥梁是靠修辞来架筑的。古希腊哲学家亚里士多德在他的经典著作《修辞学》一书中,详细阐述了修辞的艺术,即如何运用语言来影响听众的思想和行为的艺术。因此西方公共关系学界认为,亚里士多德的《修辞学》堪称最早问世的公共关系学的理论书籍。

在我国古代的政治活动、外交活动和军事活动中,亦有许多类似于公共关系活动的成功范例。合纵家苏秦,奔波于山东六国,运用游说手段,来影响公众和社会舆论,以对付秦国的吞并。连横家张仪,则四处交游,离间各国,以社会手段来实现自己的政治理想。战国时期的君子士大夫手下常常有许多幕僚策士,善于四处游说,帮助统治者争取民心或动摇敌心。战国的孟尝君礼贤下士,门下食客三千,其中有一个叫冯谖,在受命出巡的时候擅自将孟尝君在某一领地的全部债卷付之一炬,以收买人心,后来孟尝君在政治上失意,落荒而逃,正是这一领地上的人民收留了他,使他能够休养生息,重整旗鼓,东山再起。从现代公共关系的意义上说,冯谖预测到孟尝君的政治危机,深谋远虑地为他作了"公共关系投资"。

春秋时期郑国"子产不毁乡校"的故事,也包涵着典型的公共关系思想。对于乡人聚会议政的乡校,然明主张毁掉,子产不同意,他说:"其所善者,吾则行之,其所恶者,吾则改之,是吾师也。"用今天的话来说,子产把乡校作为获取群众议论政事反馈信息的场所,而且注意根据来自公众的意见,调整自己的政策和行为。子产执政后,重视听取百姓的议论,还把刑书铸在鼎上公

告于世,努力疏通统治者与被统治者之间的关系,颇得百姓的爱戴,从而使郑国强盛起来。

卧薪尝胆10年后出兵伐吴、报仇复国的越王勾践,行军到了郊外时,遇见一只好像发怒的大青蛙,就立即停下来,手扶车前横木,站起身来向它致敬。众人不解其意,勾践说:"我看这只发怒的青蛙,就像一位渴望战斗的勇士,因此对它十分敬佩。"全军上下得知此事后,深受感动,纷纷表示:"大王如此尊敬怒蛙,我等受大王数年培养,难道不如一只青蛙吗?"于是,将士们互相劝勉,士气倍增,奋勇杀敌,终于攻灭了吴国。从现代公共关系的眼光看来,勾践运用"激励的理论"来搞好内部公共关系,使全军上下产生了强大的凝聚力,从而达到了同仇敌忾、克敌制胜的目的。

在古代中国的经济生活中,这种例证也是很多的。比如,酒店门前挑出一面旗帜,上书"酒"字以招徕顾客,这类似于今天的广告宣传。有的店铺招牌上写着"百年老店"等字样,目的就是让人们知道这家店牌子老、信誉好。许多商店常用"如假包换"、"童叟无欺"来说明经营作风正派,公平诚实,以赢得顾客的信任。近代史上的商业名城广州,类似于今天公共关系的活动更为频繁,也更为典型。广州市民沿习至今的饮茶风俗,最初就是为了适应商业行业间沟通语言、洽谈生意、协调共同利益的需要形成的。旧日的广州茶楼一直是人们互通信息、洽谈业务、密切同行间关系的重要场所。

无论在中国,还是在外国的历史上,都可以找到大量类似现代公共关系的思想和活动。这里需要强调指出的是,这仅仅是"类似"而已。美国19世纪中叶风行的报刊宣传活动,可以说是公共关系的发端时期,其代表人物是巴纳姆(Phines T. Barnum)。

二、巴纳姆时期——神话与欺骗

19世纪中叶在美国风行的报刊宣传活动,被认为是现代公共关系业的前身。当时最有名的代表人物叫巴纳姆,故将公共关系发展史的这一段时期称为巴纳姆时期。

报刊宣传活动,是指一个组织为了自身的目的和利益,雇佣报刊宣传员在报刊上进行宣传活动,以制造舆论,扩大影响。

19世纪30年代,美国报界掀起了一场"便士报"运动,即报纸以低廉的价格和通俗的内容去争取大量的读者,使报纸完成了大众化、通俗化的飞跃。从此,价格低廉、以大众为读者对象的报刊大量出版发行。由于这种报纸售价低,一般劳动大众都买得起,因此报纸发行量大增,随即广告费也迅速上涨。有些公司、组织为了省下广告费,便雇佣专门的人员来制造煽动性新闻,制造关于自己的神话,以此来扩大影响。报纸则为了迎合下层读者的阅读心理,也乐于接受发表。这样两相配合,就出现了美国历史上有名的报刊宣传活动。这为那些总欲宣传自己,为自己制造神话的公司、组织提供了便利条件。

各公司、组织所雇佣的报刊宣传员的任务,主要是编造离奇的故事以引起公众的好奇和对自己的注意。当时最有代表性的就是巴纳姆。巴纳姆是美国最善于创新和最受人赞赏的游艺节目演出经理人,他曾制造过一个关于黑人女奴海斯在100年前曾养育过美国第一任总统乔治·华盛顿的神话。这一"新闻"引起了美国社会的轰动。巴纳姆又乘势使用不同笔名向报纸寄去"读者来信",人为地引起一场讨论。有的来信说,巴纳姆的所谓海斯的故事是个骗局;有的来信说,巴纳姆发现了海斯是一大功劳。巴纳姆说,只要报纸上没有把他的名字拼错,随便怎么说他都无妨。海斯死后,对她的尸体解剖表明,海斯只不过80岁左右,并非巴纳姆所说的161岁。对此,巴纳姆厚颜无耻地表示深感震惊,还说他本人也受了骗。其实作为这场骗局的策划者,他是大大获利了。他达到了自己真正的目的:每周可从那些希望一睹海斯风采的美国人那里获得1 500美元的门票收入。巴纳姆的信条是"凡宣传皆好事"。为了使自己和公司扬名,置公众利益于不顾,任意编造谎言和神话,利用新闻媒介愚弄公众,是该时期的显著特点。

当时,这种或把新闻媒介视为异己,或利用新闻媒介愚弄公众的现象,引起了新闻媒介的不满,报纸杂志率先刊载揭露实业界那些强盗大王的恶劣丑闻。据统计,1903年至1912年的10年间,有20 000多篇揭丑文章发表,同时还有社论和漫画,形成了美国近代史上著名的"清垃圾运动"(又称为"扒粪运动"、"揭丑运动")。

在"清垃圾运动"的冲击下,企业家们按自己的企图建成的一个个独立封闭的企业"象牙塔"摇摇欲坠。为求得生存与发展,他们被迫从修建"象牙塔"逐渐转向提高企业的透明度,开始修建"玻璃屋"。

比如,当时以经营炸药起家的杜邦公司,原先对外采取封锁消息的态度,对于公司发生的爆炸事件,一律不让记者采访报导。但大道不传小道传,社会上对杜邦公司的谣言愈来愈多,甚至在社会公众中形成了一个很可怕的印象:杜邦——杀人。为此,杜邦十分苦恼,对他的一位在报界工作的挚友诉说自己因得不到公众信任而烦恼不堪。这位报界人士建议他实行门户开放,遇事干脆让记者将真相告诉大家,这才是制止谣言的最好办法。杜邦接受了他的建议,并请他到公司担任新闻局长。公司改变了原来的做法,不仅对事故进行报道,而且经常注意对社会舆论进行引导。他们的口号是:"化学工业能使你生活更美好!"这一努力,矫正了过去各种爆炸事件给杜邦公司造成的坏形象。

"清垃圾运动"的冲击,使工商企业意识到了取悦舆论的重要性,于是杜邦公司这种作法逐渐流行起来了。许多企业开始聘请懂行的人专门从事改善与新闻界关系的工作,这种人被称为"新闻代理人",他们专门为其委托人做宣传,在新闻媒介之间进行游说,经常与报界联系,邀请记者到企业参观采访,或为公司的政策作解释和辩护等。

从此,企业和外界的隔绝消除了,"象牙塔"被"玻璃屋"取代,企业的透明度大大增加。不过,早期的新闻代理活动仍然免不了存在大吹大擂、搪塞了事、混淆视听和隐瞒欺骗的弊端。

此时,有一个人开始致力于改变这种状况。他就是被后人誉为公共关系之父的艾维·李(Ivy Lee,1877—1934)。

三、艾维·李时期——公共关系职业化

艾维·李,是美国佐治亚州一个牧师的儿子,毕业于普林斯顿大学,曾就学于哈佛大学法学院。他早期受雇于美国报业大王斯特的《纽约世界报》当记者。1903年,他开办了第一家宣传顾问事务所,成为向客户提供劳务而收取费用的第一个职业公共关系人。现代公共关系职业化由此发端。该事务所一成立,就生意兴隆,顾客盈门。其客户包括当时美国许多最大的企业,乃至纽约市市长塞思·洛。

1906年,艾维·李向新闻界发表了著名的具有里程碑性质的《原则宣言》,全面阐明了他的事务所的宗旨:"我们的计划,是代表企业单位及公众组织,对与公众有影响且为公众乐闻的课题,向报界和公众提供迅速而准确的消息。"这就是所谓企业管理的"门户开放原则",反映了他的信条:"公众必须被告知。"他认为:一家公司、一个组织要获得好的声誉,就必须把真情告诉公

众;如果真情的披露对公司、对组织不利,那么就应该调整公司或组织的行为;企业及其员工和社会关系的紧张摩擦,主要是由于企业管理人员采取保守秘密的做法,妨碍了意见和消息的充分沟通。另一方面,他积极协助企业管理人员改革旧的政策和做法,尤其是改善对待员工和公众的态度,使企业的一言一行迎合公众和新闻媒介的要求。他先后被多家巨型公司,如美国电话电报公司、洛克菲勒财团、宾州铁路公司,无烟煤公司等聘请,处理劳动纠纷和社会摩擦,取得了令人瞩目的成效。

在艾维·李的推动下,工商企业开始改变对待公众的态度。部分企业家开始意识到,与公众关系的好坏,直接影响企业的兴衰成败,必须采取门户开放的开明经营态度和方式,与员工和社会保持良好的联系。

艾维·李作为公共关系之父,不仅首创了公共关系这一专门职业,而且,他提出的"说真话"、"公众必须被告知"的命题将公共利益与诚实带进了公共关系的领域,使公共关系这门学科从对一些简单问题的探讨上升为探求带有某些规律性的原则和方法,大大推动了这门学科的发展。

当然,由于时代的局限,艾维·李的咨询指导主要还是凭经验和直觉而进行的,缺乏对公众舆论的严密、大量的科学调查。因此,有人批评艾维·李的公共关系咨询只有艺术性而无科学性。但无论如何,艾维·李作为公共关系职业的先驱者的地位是无可争议的。

四、爱德华·伯尼斯时期——公共关系学科化

公共关系职业化的发展,促进了公共关系由简单零碎的活动上升为较系统完整的专业活动,并逐渐形成了公共关系的原则与方法,使公共关系自立于学科之林,成为一门独立的学科的条件已经成熟。美国学者爱德华·伯尼斯就是公共关系学科化的一名旗手。

出身维也纳的奥地利裔美国人爱德华·伯尼斯(Edward L. Bernays)是著名心理学泰斗弗洛伊德的外甥。1923年,他以教授的身份首次在纽约大学讲授公共关系课程,同年出版了被称为公共关系理论发展史的"第一个里程碑"的专著——《公众舆论的形成》。在书中,爱德华·伯尼斯首先详尽阐述了"公共关系咨询"这一概念,而且提出了公共关系的原则、实务方法和职业道德守则等。1928年,他写出《舆论》一书;1952年,他又出版了《公共关系学》教科书。

爱德华·伯尼斯的主要贡献就在于,他把公共关系学理论从新闻传播领域中分离出来,并对公共关系的原理与方法进行较系统的研究,使之系统化、完整化,最终成为一门独立完整的新兴学科。爱德华·伯尼斯不仅是一位公共关系理论家,同时又是一位公共关系的实践家。他与妻子合作进行公共关系咨询,接受过多位美国总统和实业界巨头的委托,运用公共关系实务成功地帮助他们塑造良好的社会形象。有人评价道:"他同公共关系这门学科的发展方向保持一致,并且考虑得更深远、更全面。"爱德华·伯尼斯在理论上做出的贡献,对于公共关系学科的形成和进一步发展具有划时代的、里程碑的意义。

爱德华·伯尼斯公共关系思想的一个重要特点就是他提出的"投公众所好"的主张。他认为,在一定科学理论指导下的劝说活动有着巨大的威力,因而他非常注重运用各门社会科学的研究方法和研究成果。

继爱德华·伯尼斯之后,1937年,雷克斯·哈罗博士在斯坦福大学开设公共关系课程。1947年,波士顿大学成立了第一所公共关系学院,培养公共关系学士及硕士。许多公共关系的

论著也相继出版。1952年,美国的卡特利普和森特俩人出版了他们的权威性的公共关系专著《有效的公共关系》,论述了"双向对称"的公共关系模式,在公共关系的目标上将组织和公众的利益置于同等重要的位置,在方法上坚持组织与公众之间的双向传播与沟通。此书不断再版,成为公共关系的畅销书,在美国被誉为"公共关系的圣经",使该书的作者成为享有声望的理论权威。

至此,公共关系正式进入学科化阶段。一门充满时代特征的、具有强大实用性的新兴学科以其崭新的身姿崛起于学科之林中。

1998年,美国当代最著名的公共关系学者詹姆斯·格鲁尼格(James E. Grunig)教授主持的"卓越公共关系和传播管理"的课题研究已接近尾声,"卓越研究"衡量测定卓越公共关系和传播管理的程度,其分布在涉及卓越传播的三个层次里,并有包容性。首先是传播核心层,即传播部门的知识基础。其次是知识核心层,指高级传播人员和高层管理人员对传播功能和作用的共识。再次是文化核心层,即组织文化,一个组织的文化提供了培育或抑制卓越传播的更大背景。他认为一个成熟职业的最重要特征即它是建立在一个知识体系之上的,这个知识体系部分基于从业人员的经验,但更重要的是基于科学的学术研究。公共关系这样一种职业的教育,应该建立在源于研究和经验的知识体系之上。公共关系的最终目的在于帮助组织了解其行动对所有重要公众利益的影响,并因此制定更好的决策。

格鲁尼格教授研究了卓越公共关系和传播管理理论的全球化问题,提出了"普遍原则,特殊运用"的公共关系全球化理论。这一理论认为各国的公共关系实践既有相同之处,也有相异之处。卓越公共关系和传播管理的主要原则具有普遍性,它们适用于各种文化、政治和经济体制。但在另一方面,这些原则在各个国家的具体运用中应有所不同。这理论的体现就是:"放眼全球,立足本地"。

五、公共关系在我国的发展

随着改革、开放和市场经济的发展,公共关系在20世纪80年代初传进我国,首先以一种实践的形态被认识和应用,随之作为一门学科和专业逐步得到认可和发展。1983年,国内的企事业单位开始出现公共关系的职能部门;1985年,国内的大学开始设置公共关系课程或专业;1986年开始逐步建立起各省市的公共关系社团组织;1987年在北京成立了中国公共关系协会,标志着公共关系在国内已得到正式的确认和接受;1991年成立中国国际公共关系协会,标志着中国的公共关系与国际接轨。在后来的20年的时间里,公共关系在中国呈现出职能化、行业化、学科化、社会化和国际化的发展趋势,适应了我国改革开放与现实发展的需要。

首先,公共关系适应了对外开放的需要。对外开放需要加强中国与世界的双向沟通,一方面了解世界,引进对我国建设和发展有利的物质、技术和文化因素;另一方面向外部世界传播自己,增进世界各国对中国的了解、理解和好感。对外开放使我国组织的政策、行为、产品、人员等处在与外部世界的比较、评价之中,形象管理的问题日益突出,需要加强组织及人员的公共关系意识和形象管理。对外开放打破了自我封闭的体系,许多组织和人员直接进入国际沟通交往的大环境,需要调整不适应的交往观念和行为,学会按照国际惯例规范自己的行为,运用公共关系发展外向型的经济、政治、科技、教育和文化事业。

其次,公共关系适应了体制改革的需要。体制改革强化了组织的自主意识和自主行为,改变了传统的、单一的组织关系状态和行政沟通方式,促进了各种横向联系和社会关系的发展,使组织的社会沟通与协调的功能日益突出,使组织的公共关系活动逐步职能化。公共关系逐渐成为调整组织的社会关系和社会行为的一项管理政策和经营方法。

再次,公共关系适应了市场经济发展的需要。市场经济带来了大范围的分工协作和商品流通关系,打破了"大而全、小而全"和"万事不求人"的传统格局,使企业和有关组织需要运用公共关系来拓展合作关系,完善沟通渠道。市场经济还带来了市场竞争,改变了"独此一家"、"皇帝女不愁嫁"的局面,使企业及有关组织需要运用公共关系来加强竞争能力,树立组织及其产品的知名度、美誉度,提高经济效益和社会效益。

最后,公共关系适应了安定团结、社会稳定的需要。改革开放和市场经济的发展需要安定团结的政治局面。社会稳定,特别是人心的稳定需要加强社会的公共关系工作,通过双向沟通,在政府和公众之间、领导者和被领导者之间、企业及有关组织和社会之间创造相互了解、理解、信任与合作的氛围,形成和谐、稳定的社会环境。

在我国,公共关系是对外开放"引"进来,市场经济"逼"出来,体制改革"促"起来的。随着改革开放和市场经济的不断发展,公共关系在中国已经成为政治、经济和社会发展不可或缺的一部分。

第四节 公共关系的功能

公共关系的功能是指公共关系在组织的行政管理或经营管理过程中的工作范围及其应当承担的责任。经过长期的实践,逐渐形成了公共关系的一些最基本的功能,包括收集信息、辅助决策、传播推广、沟通协调、提供服务。

一、收集信息

公共关系首先要履行收集信息、监测环境的功能,即作为组织的预警系统,运用各种调查研究分析的方法,收集信息、监视环境、反馈舆论、预测趋势、评估效果,以帮助组织对复杂、多变的公众环境保持高度的敏感性,维持组织与整个社会环境之间的动态平衡。公共关系作为组织的信息情报中心,所面对的信息不局限于与组织专门业务直接相关的业务信息,还包括社会的政治、经济、文化、科技、军事、民情等全方位的社会情报资料。

(一)与组织形象有关的信息

公共关系首先要注意与本组织的形象评价有关的各种信息。这些信息涉及公众对组织的政策、产品、行为等方面的印象、看法和态度。

1. 产品形象信息

产品形象是组织形象的客观基础。产品形象从产品的各方面体现出来,它包括产品的质量、性能、品种、款式、价格、包装等,其中产品质量是影响组织形象的关键因素。产品是组织与消费公众之间发生关系的最根本原因,产品形象与社会组织生存命运直接相关,因此,公共关系必须优先注意这一方面信息的采集。

2. 组织形象信息

组织的整体形象,还反映在公众对组织其他的要素的评价。这些要素主要包括:其一,公众对组织机构的评价。组织内部及外部公众在与组织发生联系后,自然会对组织管理机构有一定的看法。例如,组织机构设置是否合理;运转是否灵活;办事效率是否高等。其二,公众对组织管理水平的评价。公众对这方面的评价主要有:经营方针是否正确;组织的发展目标是否合理;市场预测是否准确;用人是否得当等。公众对这些方面的评价反映出他们对组织的信心。其三,公众对组织人员素质的评价。对组织各类人员的评价内容包括基本素质、工作能力、观念意识、人际关系、服务态度等。其四,公众对组织服务素质的评价。包括服务质量、服务内容、服务形式、服务技术、服务设施、服务范围、服务时间、服务效率、服务态度等,其中很重要的是对客户的服务承诺及承诺的兑现。

(二)组织环境中的各种社会信息

公共关系需要为组织监测社会变化趋势,注意社会的政治、经济、文化、科技、军事、时尚潮流、民俗民情、舆论热点等各方面的情报动态,分析其对组织的各种直接或潜在的影响,以充分利用环境中的有利因素,避免不利因素,使组织与社会环境的变化保持动态平衡。

公共关系所收集的信息具有宏观性和社会性,这一点对组织实现整体发展具有十分重要的意义。

二、辅助决策

公共关系在组织的经营管理决策过程中,要协助决策者考虑复杂的社会因素,平衡复杂的社会关系,从社会公众和整体环境的角度评价决策的社会影响和社会后果,使决策目标能够反映公众的利益,使决策方案具备一定的社会适应力和社会应变力,使决策实施的效果有利于树立组织的良好形象。从这个意义上也可以说,公共关系部门是一个"智囊机构",它在组织管理中起着"参谋"的作用。

(一)为确立决策目标提供咨询建议

决策的第一步是确立决策的目标。公共关系的咨询作用首先表现在为制定目标提供咨询建议。这种咨询的角度不同于技术、财务、人事、销售等专业角度,而是一种相对超脱、相对客观的角度,即从社会公众的角度去评价决策目标的社会制约因素和社会影响效果,努力使组织的决策目标与公众利益和环境因素相容。特别是现代组织的决策日益专门化,整体的决策目标体系需要分解为各个职能部门的专门决策目标,如生产决策目标、技术开发决策目标、财务决策目标、市场营销决策目标等。各职能部门的专家或管理人员将决策焦点高度凝聚于本部门的专业目标,往往容易忽视从全局和社会的角度去进行决策。这就需要公共关系部门站在公众和社会的立场上,综合评价各职能部门的决策目标可能引起的社会问题,敦促有关部门或决策当局,依据公众需求和社会价值及时修正可能导致不良社会后果的决策目标,使组织决策目标既反映组织发展的要求,也反映社会公众的需求,使公共关系本身成为整体决策目标系统中的组成部分。

(二)为决策提供信息服务

公共关系的决策咨询作用还表现在为决策建立有效的信息网络,提供各种社会信息,完善各种公众咨询渠道,开辟各种信息来源,包括广泛的外源信息和及时的内源信息,并根据决策目标将各种信息整理、归类、分析、概括,提供给最高管理层或各个专业部门作为决策的客观依据。

(三)协助拟订和选择决策方案

决策方案是实现决策目标的各种方法、措施的总和。公共关系的咨询作用又表现在运用公共关系手段为决策者评价、选择和实施有关的决策方案,特别关注决策方案在经济效益和社会效益方面的统一和协调,敦促决策者重视决策行为的社会影响和社会效果。同时,调动公共关系手段,广泛征询各类公众对象的意见,促进决策过程的民主化和科学化。

（四）评价决策效果

公共关系的咨询作用也表现在分析、评价决策实施的公众影响和社会后果,以及这种后果对决策目标的制约作用。运用公众网络和公共关系渠道,对付诸实施的决策方案进行追踪和反馈,使组织能够及时了解情况,并根据反馈的情况来调整决策目标,完善决策方案。

公共关系参与辅助决策的主要意义是让公众利益贯穿于组织决策过程的始终,以避免组织决策只顾自身利益的片面性。公共关系辅助决策的这一功能是组织其他管理活动所不可取代的。

三、传播推广

公共关系在组织经营管理中要履行传播推广的功能,即通过各种传播媒介,将组织的有关信息及时、准确、有效地传播出去,争取公众对组织的了解和理解,提高组织及其产品、人员的知名度和美誉度,为组织创造良好的社会舆论,树立良好的社会形象。

（一）创造舆论,告知公众

公共关系的传播推广功能首先在于"告知公众",即向公众说明和解释组织的有关政策、行为和产品,争取公众的了解和理解,促进公众的认同与接受。这是一种为组织创造和形成公众舆论的工作。当公众对组织缺乏认识和了解的时候,组织就需要主动地传播自己,介绍自己,促进公众的认知与了解。当组织的政策和行为与公众有关时,就需要满足公众的知情权,主动作出说明和解释,消除公众疑虑,避免舆论的误解。让公众知道并正确地了解本组织,是建立良好公众形象的基本前提。关系都是从了解开始的,不了解就谈不上理解、好感、信任与合作。因此,"告知公众",形成舆论,是公共关系传播最基本的功能。

（二）强化舆论,扩大影响

运用现代媒介加强公众对组织的印象,深化公众对组织的了解,提高组织的社会知名度和美誉度,为组织及其产品树立形象,扩大影响,是公共关系传播的重要任务。当一个组织及其产品有了基本的公众印象及良好的评价之后,还需要注意坚持不懈地做宣传推广,不断维持、完善已经享有的知名度和美誉度,强化良好的舆论趋势,进而强化良好的社会公众形象。一个组织处于形象良好的状态时,传播投入的效益一般都能获得比较理想的结果;相反,如果忽略了传播工作,公众对组织的印象会逐步淡漠,良好的形象也会因为传播忽略而受损。公共关系传播不能只造一时的舆论轰动,而应通过长期不断、潜移默化地传播渗透,不断加深公众对组织及其政策、产品、人员的良好印象,使之不断积累、巩固和强化。

（三）引导舆论,控制形象

公共关系传播推广的功能还在于调节组织的信息流量和流向,引导公众舆论向积极、有利的方向发展,并根据舆论反馈适当调整组织的行为,控制组织的形象。比如,当公众对组织的评价毁誉参半的时候,公共关系传播需要小心谨慎地发挥"观念向导"的作用,缩小不利舆论的影响,引导有利舆论的发展。当组织的信誉度不能与知名度同步发展时,或知名度过高而脱离组织实际需要的时候,公共关系传播要以低姿态介入舆论,适当降低组织的知名度和公众对组织的注意力。当组织形象不佳的时候,公共关系传播应根据具体原因,或者诚恳地向公众道歉和解释,争取公众的谅解;或者澄清事实真相,纠正舆论误解,扭转被动的局面,恢复组织的声誉。

传播推广是公共关系活动的主要方式,也是其关键环节。只有借助这一环节,才能在组织与公众之间形成沟通的双向交流。

四、协调沟通

公共关系是组织与社会环境之间的一种协调沟通机制,即运用各种协调、沟通的手段,为组织疏通渠道、发展关系、广交朋友、减少摩擦、化解敌意、调解冲突,成为组织运作的润滑剂、缓冲器,成为组织与各类公众交往的桥梁,为组织的生存、发展创造和谐的环境。

(一)协调内部关系,增强组织凝聚力

公共关系要重视内部协调、沟通的任务,即通过建立和完善组织内部的各种沟通渠道和协调机制,促进组织内部的信息交流,上情下达、下情上达,横向联络,分享信息。包括管理阶层与全体员工的关系,组织内部各个职能部门之间的联系,使组织在充分的信息交流与分享的基础上保持和谐状态,以提高组织的向心力、凝聚力。公共关系是一种内求团结,外求发展的经营管理艺术。内求团结是外求发展的前提和保证,公共关系要努力创造良好的内部人事气氛。

(二)开展社会沟通,建立和谐的社会环境

在对外交往方面,公共关系承担着组织的外交部的繁重任务,要运用各种交际手段和沟通方式,热情地迎来送往,积极地对外联络,为组织开拓关系,广交朋友,为组织的生存和发展减少各种社会障碍,增加各种有利的机会,创造和谐的公众环境。

任何组织的发展都离不开社会各方面的配合与支持。组织从自身利益出发,首先要处理好各类直接的业务来往关系,诸如顾客和用户关系,原材料和能源供应关系,产品的销售网络关系,运输部门的关系,银行信贷及投资人关系等,以保证组织日常人、财、物与技术的经营运转。其次,要妥善处理好组织与各种权力制约部门之间的关系,如政府各职能管理部门,像工商管理局、税务局、商检局、环保局、公共关系局、公安局、司法部门以及海关;等等,还有目前体制下存在的各业务主管部门。再次,还要主动建立和发展各种非业务性的社会关系,如社区关系、新闻界关系、社会名流关系、社会团体关系;等等。尽可能扩大组织的公共关系网络,广结善缘。公共关系的一项重要任务就是努力和社会各个方面保持友好的交往,联络感情,发展友谊;有了矛盾时主动进行协调咨商,妥善处理,化解冲突。通过争取公众的好感和支持,为组织的生存和发展奠定"人和"的基础。从这个角度来说,公共关系在组织中要发挥"外交部"的功能。

协调沟通是公共关系的根本功能,社会组织的形象主要是在不断协调沟通的过程中建立和发展起来的。

五、提供服务

公共关系工作本身就是一种服务工作,它的管理地位和日常业务都具有明显的服务性质。公共关系工作的成效也需要以其服务的质量和水平来衡量。公共关系通过信息性、传播性、协调性、支持性、辅助性的服务使组织内部运转得更加顺畅、协调,使组织外部环境更加和谐、良好。

(一)在组织内部为各个业务部门和职能部门服务

公共关系在组织内部不直接参与人、财、物等资源的管理,也不直接生产和推销产品,而是运用各类传播与沟通手段为各个部门服务,协助处理那些需要各方面介入和配合的纷繁事务,执行那些需要宏观协调和控制的边缘性职能,提供信息性、事务性的辅助和支持,使各个职能部门之间的配合更加融洽,使组织的专业职能发挥出更好的效果。

(二) 在组织外部提供社会服务

以良好的服务行为去树立信誉,争取人心,这是组织在外部提供社会服务需要做到的。公共关系作为一种经营管理功能,是组织中社会性、公众性、服务性最强的一个工作部门。它不仅使用语言、文字,而且运用"行动"这种传播力最强的手段为组织树立形象。"服务"就是一种最好的"公共关系行为",是一个组织树立形象的实际行动。比如,企业组织为消费者提供各种良好的售前、售中和售后服务;为社区提供各种公益性、环保性的服务;为发展社会的文化、教育、科学、艺术、体育等事业提供必要的赞助和服务,等等,使社会公众从企业的服务行为中感受到企业对社会的爱心和责任,并产生对企业的尊敬和好感,使企业组织及产品的形象深入人心。

公共关系作为组织管理中的一个环节,有其特定的工作范围,在组织中扮演着特定的角色。公共关系的功能对一个现代组织而言并不是可有可无的。当然,这里介绍的仅仅是公共关系在组织中最基本的功能。公共关系的功能在不同的组织中还会有不同的特点,在一个组织的不同时期也会有不同的变化或发展。公共关系在不同领域的实践中会延伸出一些新的功能,实现公共关系职能的方式方法是非常多元化的。

第二章 公共关系组织与人员

公共关系活动是由公共关系的主体、公共关系的客体和公共关系的手段三大基本要素所构成。公共关系的主体是执行公共关系任务、实现公共关系功能的载体和行为者,即各类社会组织。社会组织为了不断适应环境的变化产生了公共关系行为;现代组织的公共关系行为职能化、专业化的结果便形成了公共关系的专职机构和专业人员。因此,广义的公共关系主体指的是任何有目的、有系统地组织起来,具有特定功能和任务、具有社会行为能力的社会组织。而狭义的公共关系主体主要指专门执行公共关系职能的公共关系机构及人员。本章主要介绍狭义的公共关系主体,即公共关系的组织机构和公共关系人员。

第一节 公共关系的组织机构

随着社会的发展,公共关系的职能化、职业化、专业化特点越来越明显,现代社会需要有专门的组织机构来从事公共关系工作。准确地把握公共关系组织机构的设置原则,认识公共关系组织机构的地位和作用,了解公共关系组织机构的类型和分工,是我们建立和健全公共关系组织机构,成功开展公共关系工作的保证。

公共关系的组织机构是专门执行公共关系任务、实现公共关系功能的行为主体,是公共关系工作的专业职能机构。公共关系的组织机构包括组织内设的公共关系职能部门、专业的公共关系公司和独立的公共关系社团组织。

一、组织内设的公共关系职能部门

随着信息社会的发展与传播手段的进步,公共关系在组织管理中日益成为一种独立的管理职能。企业组织、事业单位和政府部门,开始设置公共关系工作机构,强化组织的公共关系功能。

(一)公共关系部门在组织中的性质和地位

1. 公共关系部门的性质

从工作性质上看,公共关系的职能是传播性、沟通性的。即统筹管理组织有关传播与沟通的业务,使组织传播与沟通的目标和手段更加专业化,使组织的传播与沟通工作具有更高的效率和效益,使组织的传播资源投入更加合理、产出更加理想。因此其职能目标和业务内容完全不同于其他的职能部门。组织的传播与沟通活动职能化是现代信息社会的一个特点:信息传播与沟通日益成为组织经营管理的专业手段。在没有专门的公共关系职能部门之前,组织实际上也在进行着各种各样的传播与沟通活动,只不过是分散的、随机的、不系统的,或附在个别职能部门中进行,缺乏统一目标和科学管理。随着在现代环境下组织对社会及公众的依赖性越来越强,组织的传播与沟通业务量越来越大,传播的资源投入越来越多,建立和强化组织的公共关系职能,对组织传播业务加强科学的管理,便提到管理者的议事日程上来了。公共关系职能的形成是现代组织管理职能演化的结果。

2. 公共关系部门的地位

从管理作用上看,公共关系部门在组织总体中扮演一种"边缘"、"中介"的角色。即处于决策部门与其他专业职能部门之间、组织与外部环境之间,担负着建立联系、沟通信息、咨询建议、策划组织、协调行动、辅助服务等责任。这可以从内部管理和外部经营两个方面来看。

(1) 公共关系部门在组织内部管理中的地位。从系统论的观点来看组织的管理结构,公共关系部门作为一个子系统,它的位置介于管理子系统与其他非管理子系统之间。公共关系部负责沟通和协调经理层与其他职能部门之间的关系,以及沟通和协调各个职能部门之间的关系。它要向各个子系统提供信息,协助分析、判断和决策,并提供相应的管理沟通服务。

可见,公共关系部门介于高层决策中心与各个执行部门之间,介于各管理、执行部门与基层人员之间。公共关系部门可以作为一个职能部门独立存在,亦可以成为管理子系统的一部分(如总经理办公室,经理部中的一个机构)。

(2) 公共关系部门在企业外部经营中的地位。在企业外部经营中,组织与外部环境存在着广泛复杂的关系。管理子系统需要与外部各界公众对象相互沟通和相互影响,公共关系部门介于组织与公众之间,对外代表组织,对内代表公众,通过传播活动保持组织与公众环境之间的双向沟通。(见图2-1)

(二) 组织内设公共关系部门的名称和形式

各类不同的组织,公共关系部门往往以不同的名称和形式存在。除"公共关系部"之外,还有许多不同名称。对国外组织中公共关系机构的名称有一个不完全的统计,使用得比较多的有:

公共关系部(Public Relations Department),占47%;

公共事务部(Public Affairs Department),占16%;

公共信息部(Public Information Department),占11%;

传播沟通部(Corporate Communication Department),占8%;

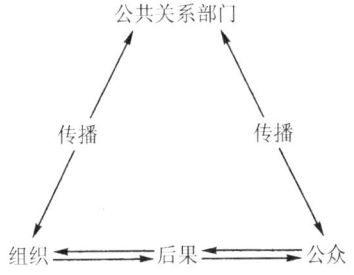

图2-1 公共关系部门在企业外部经营中的地位

公共关系与广告部(P R & Advertisement Department),占5%。

还有叫做"公共关系策划部"、"传播企划部"、"市场推广部"、"公共关系宣传部"、"公共关系联络部"、"公共关系与新闻办公室"、"公共关系与开发办公室"、"社区关系部"等,可谓五花八门。

政府比较少使用"公共关系部"的名称,更多使用"公共信息部"、"传播部"、"新闻部"、"公共事务部"等名称。我国政府中的"新闻办"、"信访局(处)"、"交际处"、"联络处"、"对外宣传处"等,也是公共关系性质的职能部门。

在我国,许多组织的公共关系职能是分散在其他职能部门"各自为政"、"各自为战"的。如总经理办公室(行政办公室)、宣传部、调研室、秘书处、外事办,甚至党、团、工、青、妇各部门,均承担部分公共关系职责。"公共关系"这一概念逐渐被人们认识和了解以后,才开始出现专门的公共关系职能部门。公共关系机构的名称在国外已沿用了约90年,已得到世界性的理解和接受。我国的组织在规范自己的公共关系行为和职能的时候,可以考虑与这个国际性的概念和名称"接轨"。

（三）组织内设公共关系部门的模式

组织内部设置公共关系部门有四种基本模式可以选择：

1. 部门隶属型

即公共关系部门附属于组织的某个职能部门,其模式如图2-2所示。

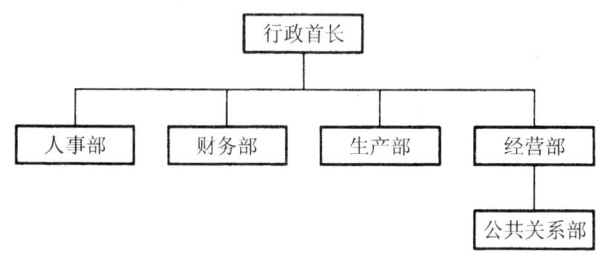

图2-2 部门隶属型

至于具体附属于哪一类部门,可视需要而定。一般来说,可隶属于传播沟通的业务较集中、较繁重的部门。比如：

（1）归属于销售部门。一些组织领导人认为,公共关系活动的最终目的是促进产品的销售,把公共关系看做一种促销策略,强调它的促销功能。这种归属法将公共关系的职能局限于商品推销,突出了市场关系和顾客关系,而容易忽略其他关系的公众对象。

（2）归属于广告或宣传部门。此种归属偏重于公共关系的宣传职能。对外将公共关系部门作为企业的发言人,配合广告、宣传树立企业的形象,作为广告、宣传的一种补充。对内承担对职工进行宣传教育的职能,开展企业文化,确立企业精神。这种归属容易忽视公共关系在分析公众、反馈信息、辅助决策和协调关系方面的职能,或忽视公共关系在经营管理、市场行销等方面的作用。

（3）归属于联络接待部门。由于有些组织领导人对公共关系的理解较偏重于它的人际关系方面,因此把公共关系部门归属于接待科,或把接待科改名为公共关系科,而不改变它的职能。由于现代组织横向联系广泛,日常应酬接待事务日益繁忙,需要有专门的机构或人员来处理这些事务,组织的公共关系部门当然应该承担起这一责任。但如果将公共关系仅局限于迎来送往、交际应酬,就贬低了公共关系在组织中的地位。

（4）归属于办公室。办公室（总经理办公室、行政办公室）是最接近行政领导的一个机构,是组织的管理中枢。此种归属便于最高领导的直接指挥,亦不过分偏重某一方面的功能,它属于一种比较灵活的又便于掌握的形式。但是,办公室的工作往往包罗万象,非常繁杂,无所管又无所不管。在这种情况下,如果组织领导人或办公室主任公共关系意识不强,在工作繁忙时,容易将公共关系工作搁在一边,使公共关系机构形同虚设,或工作时断时续。

2. 部门并列型

即公共关系部门与组织的其他职能部门平行排列,处于同一层次,其模式如图2-3所示。

与第一种类型相比,此种类型的公共关系部门在组织中地位和权力比较高,反映了公共关系

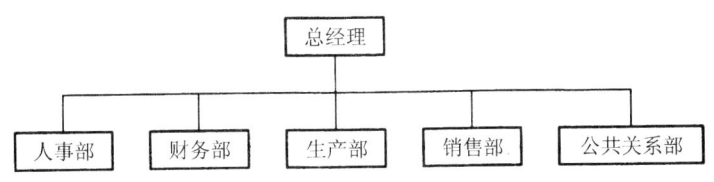

图 2-3 部门并列型

业务在组织中的独立性和重要性。公共关系部门可直接参与最高层决策,并有足够的职权去调动资源,协调关系,其传播业务也比较完整。但一般来说,只有较大型的组织(如集团企业)才需要或可能这样来设置公共关系部门。中小型组织中公共关系部门的规模与其他职能部门相比,一般都小很多,作为二级机构与其他部门并列显得不平衡。

公共关系传进我国以后,许多组织将原来从事类似公共关系活动的一些职能部门,如宣传教育科、广告科、接待科、信息中心、企业文化部门等,合并成为公共关系部,作为组织中的二级机构,并由副总经理(副厂长)领导。这种组织形式,目前被较多的企业所采用。因为它既把公共关系工作放在企业较为重要的地位,又不增加企业的行政编制人员,并可避免和原有一些职能部门工作的重复。

3. 高层领导直属型

即公共关系部门处于整个组织系统中的第三个层次,但作为一个第三级机构,它并不隶属于哪一个二级机构,而是直属于组织的最高层领导,直接向最高决策层和管理层负责。其模式如图 2-4 所示。

这种类型综合了以上两种类型的特点。公共关系部具有较大的沟通权限,可以直接与最高行政长官沟通,并代表最高行政长官与其他部门沟通,直接介入决策,同时又具有相当的独立性和自主权,而且机构比较精简灵活。据美国公共关系协会1977 年的统计,美国设有公共关系部的企业有86% 属于这种类型。

4. 公共关系委员会

即由组织的主管领导牵头,各职能部门负责人

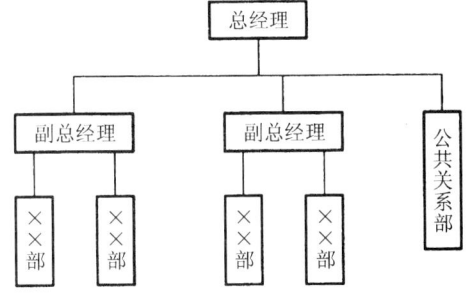

图 2-4 高层领导直属型

共同组织的公共关系工作协调委员会,统一指导和协调全局的公共关系活动,下设公共关系办公室,负责日常工作。美国政府在第一次世界大战期间就成立了"美国战时公共信息委员会"。特别是当组织需要筹办大型的公共关系活动项目时,可以设立专项性的、跨部门的公共关系协调委员会,以策划、统筹、协调大型专题活动涉及的公共关系事务,发挥公共关系"总调度"的作用。

各类组织在具体设置公共关系工作机构的时候,必须根据自身的性质、特点、需要、规模等具体情况来考虑。如果条件不具备或不必要,也不一定设立专门的公共关系职能部门,可以指定某个现有的职能部门(如行政办公室、外事处或宣传部等)兼管和负责,使组织的公共关系事务纳入组织的目标系统和管理系统。

（四）公共关系部门的内部分工

公共关系部的内部分工，一般可分为对内关系、对外关系和专业技术制作三个方面。

（1）对内关系。主要是处理员工关系、部门关系、股东关系等。处理这些关系主要运用职工调查、编印内部刊物、举办职工活动、撰写年度报告、召开股东大会等方法和手段，增强员工和股东的归属感、自豪感，调动员工的积极性，增强企业的凝聚力。

（2）对外关系。主要指政府关系、社区关系、媒介关系、顾客关系等。处理好这些关系，可以为企业的生存和发展创造良好的社会环境，为企业树立良好的社会形象。

（3）专业技术制作。公共关系的许多方法有比较高的专业技术要求，可根据公共关系手段和技巧进行分工，如文字写作、平面设计、摄影美工、编辑印刷、广告推销、专题活动等。

公共关系部与其他职能部门是相互促进、相互协作的关系。公共关系部在组织中的地位和作用是其他职能部门所难以取代的，但是公共关系部的各项工作必须要与其他有关部门密切配合，彼此之间既有分工，又有合作关系，只有这样，公共关系工作计划才能顺利实施。

（五）组织内设公共关系部门的特点

从公共关系操作的角度看，一个组织自设公共关系部门具有以下特点：

（1）了解内情。组织内设的公共关系部门对本组织的业务和人事比较熟悉，因此开展工作能够有的放矢，切合实际，比较便利。

（2）便于协调。内设公共关系部门直接受管理层的指导，直接与组织内部各个部门沟通，便于调整和协调工作。

（3）效率较高。公共关系部门作为常设机构，能够招之即来，特别是应付突发事件时效率较高。

（4）成本较低。自设的公共关系部门便于控制预算和投入。

（5）工作受到组织内部因素的制约，难以完全做到客观公正。自设的公共关系部门处于本组织的目标压力和人事环境之中，难免受到本组织各种因素的约束，传播工作有时候就难以完全做到实事求是。因此，公共关系工作常常需要寻求外界的协助，即聘请专业的公共关系公司或公共关系顾问。

二、公共关系公司

公共关系公司是公共关系咨询公司、公共关系顾问公司、公共关系事务所、公共关系服务公司等独立的公共关系服务机构的统称。公共关系公司由职业公共关系专家和各类公共关系专业人员组成，是专门为社会组织提供公共关系咨询或受理委托为客户开展公共关系活动的信息型、智力型、传播型的服务性机构。据统计，在美国公共关系公司已发展到2 000多家。在我国，自1985年1月美国伟达公共关系公司在北京设立办事处以后，才逐渐出现这种新兴的专业公司；同年8月，美国博雅公共关系公司与中国新闻发展公司签约成立中国环球公共关系公司，这是我国第一家公共关系专业公司。随后，公共关系公司在我国蓬勃发展起来，这类公司为我国的公共关系事业开拓了新的前景。

（一）公共关系公司的类型

（1）按内部业务划分有专项业务服务公司、专门业务服务公司、综合服务咨询公司三种。专项业务服务公司是专门为客户提供某种公共关系技术服务的公司，它以各种专业人才、技术和设备为客户提供单项的公共关系业务服务,如为客户制作广告,作形象调查等。这类公司规模一般不大,但服务内容灵活多样。专门业务服务公司是为特定行业提供公共关系服务的公司,如专门为工商企业服务、维护企业合法地位和良好形象的公司等。综合服务咨询公司是以各类公共关系专家和公共关系技术人员来保证和适应多行业、多职能、全过程的外部公共关系需要的公司。

（2）按经营方式划分有合作型公司和独立型公司两种。合作型公司,这类公司是与广告公司等合作经营的公司。从20世纪70年代起,合作经营已成为国际上一种趋势。美国的大型公共关系公司中有不少是著名广告公司的分公司。独立型公司,这类公司坚持自身经营的独特性,不论经营单项、专项、多项或综合性业务,都不与广告公司或其他部门合作。

（二）公共关系公司的组织机构

公共关系公司的组织机构没有固定模式,从工作范围看,有局限于一地的小公司,也有跨地区、跨国度的大公司;从业务内容看,有承担单项业务的公司,也有承担多项业务的公司;从人员组成看,有几个人的小型公司,也有几十人的中型公司,还有几百人的大型公司。

一般来说,6人以下的小型公司,由于人员少,机构设置极为简单,工作人员之间没有明确的分工,多是身兼数职。大中型公共关系公司一般由以下几部分组成:

（1）行政部门。主要工作是负责处理公共关系公司的行政事务,包括组织、确定和实施为客户服务的公共关系业务项目。行政部门的人员包括公共关系经理及相当数量的业务工作人员。

（2）规划审计部门。对公司所承办的各项业务进行规划,审查项目的可行性,监督实施情况,并负责统筹安排人力、物力、财力,及时为各个项目提供指导和咨询,保证项目按时按质完成。

（3）专业技术部门。接受并完成规划审计部门分派的与本部门专业技术相关的任务。人员主要由一定数量的精通专业技术的公共关系职业专家组成。

（4）国际和地区部门。一些大型的国际公共关系公司为客户提供国际公共关系服务,设有地区部门和国际部门,由这些部门来完成有关地区和国家的国际公共关系服务项目。

（三）公共关系公司的经营范围

（1）咨询诊断。即总体的公共关系顾问咨询,如为客户进行企业或产品形象研究,作公共关系诊断,制定公共关系规划,为客户设计公众形象,为经营决策做参谋,提供专业化的公共关系顾问服务。

（2）联络沟通。协助客户与有关的公众联络沟通,建立和维持良好关系,如政府关系、社区关系、名流关系等。

（3）收集信息。为客户收集、汇编有关的信息、情报资料,如新闻剪报、市场信息、民意测验资料,以及各种政治、经济、金融、文化、科技等社会情报。

（4）新闻代理。为客户策划新闻传播,包括为客户撰写和制作新闻稿件,选择新闻媒介,与新闻界建立联系,组织新闻发布会。

（5）广告代理。为客户设计、制作公共关系广告、企业广告,作广告投资计划,作效果检测分析。

（6）推介产品。协助客户推广产品,制造有利的市场气氛。

（7）会议服务。为客户计划、组织大型会议,如信息交流会、经验研讨会、产品展销会、专题展览会、公众对话会等。

（8）策划活动。为客户策划、组织各种专题公共关系活动,如剪彩仪式、周年庆典、联谊活动,以及与社区、文化、体育、慈善、福利等有关的大型公众活动。

(9)礼宾服务。为客户安排、组织重要的外交活动,如贵宾和要人的访问参观、大型宴会等。

(10)印刷制作。为客户设计、编制、印刷各种文字宣传资料和纪念品,如介绍性书籍,公共关系杂志,宣传画册或活页,宣传介绍产品或服务,以及代表企业标识的徽记、商标、招牌、纪念品制作等。

(11)音像制作。为客户制作影片、录像带、录音带等视听材料。

(12)培训服务。举办公共关系和传播人员的技术培训班,培训公共关系人员或特定的传播人员。

(四)公共关系公司服务的特点

(1)较为客观公正。专业公共关系公司以专业的眼光,从外部公众的角度去处理客户的公共关系问题,不容易受客户内部因素的干扰,容易做到客观公正。

(2)技术全面,专业性强。公共关系公司能够利用各种技术专长和丰富的专业经验为客户工作,拥有更多的专业资料、更多元化的传播媒体、更广泛的社会关系,能够提供较高水准的专业服务。

(3)较灵活,适应性强。公共关系公司可以根据客户的需要随时提供不同的公共关系服务,具有时间和空间的机动性和适应性。

(4)关系较疏远。公共关系公司难以参与客户决策的全过程,与客户的机构及人事关系较疏远,不容易得到完整的资料和完全的信任,导致所提供的计划方案的可行性可能不理想。

(5)运作成本较高。聘请公共关系公司的成本一般比自己处理公共关系事务要高。但从长期来看,如果能建立良好的合作关系,能得到高水平的策划和服务,使公共关系的资源投入更为合理和有效,对于客户来说还是值得的。

聘请公共关系顾问要注意几个问题:一是选择有专业水准及良好品德的顾问;二是信任顾问,为其提供真实准确的资料;三是与顾问保持良好的沟通与合作,定期邀请顾问出席情况分析会和决策会议;四是尊重顾问的判断意见,虚心听取忠告,对意见不予采纳要作出详细说明;五是以预防为主,不要出事了才急忙聘顾问;六是聘请顾问应相对稳定,因为双方的合作默契需要一个磨合期。

三、公共关系协会

公共关系协会是公共关系的专业性社团组织,是非官方、非盈利的群众社团组织。行业性协会的建立和发展,是公共关系成熟程度的一个标志。国际公共关系协会成立于1955年。随着公共关系的发展,公共关系协会也在我国各地广泛出现,1986年11月上海市公共关系协会成立。

1987年6月,中国公共关系协会成立以后,各省市乃至地县和乡镇都出现了公共关系协会。公共关系协会的基本任务包括:加强从业人员之间的交流、协调与合作;维护本行业专业人士的基本权力和利益;推动公共关系学术理论的发展,编辑出版会刊和专业资料,传播公共关系学知识;规范本行业的职业道德和行为准则,维护本行业的形象和声誉;培养和训练公共关系从业人员,不断提高业内人士的专业水准;为会员及各界人士提供公共关系专业方面的咨询服务;建立和发展本行业与社会各界与国外同行之间的联系与合作。

公共关系协会的主要活动内容有:

（1）联络会员。建立经常性的联系，并与其他公共关系协会建立横向联系，形成网络系统，建立合作关系。

（2）规范本行业的职业道德和行为准则，维护本行业的形象和声誉。世界各国的公共关系协会都十分重视会员的道德行为，美国、英国的公共关系协会都制定了明确的公共关系人员职业道德准则。

（3）专业培训。公共关系协会将专业培训作为一项经常性的工作，英国公共关系协会经常举办 CAM 证书和文凭两个层次的考核。

（4）普及知识。公共关系协会有义务向公众宣传和介绍公共关系基本知识，并且为会员和公众提供公共关系技巧和管理方面深造的机会。

（5）编辑出版刊物。编辑出版公共关系方面的书籍、报刊，是宣传公共关系知识的重要手段。

当前，我国的公共关系协会已经形成了不同层次和范围的网络，并且正在向国际化的趋势发展。

第二节　公共关系人员

公共关系人员，这是对从事公共关系工作的职业人员的普遍而又常见的称呼。公共关系人员英文为 PR Practitioner。在欧美国家，对公共关系人员的称呼有 PR Practitioner（公共关系从业人员）、PR Man（公共关系人员）、PR Officer（公共关系官员），尚未见 PR Girl（公共关系小姐）之类的称呼。倒是亚洲一些国家和地区有公共关系小姐、公共关系先生之类的称呼。从一种较窄的范围来理解，以从事公共关系实践工作为职业的人员，可称为公共关系人员。这里需要指出，它指的是职业的公共关系人员，而非业余或兼职的公共关系人员。对于这一点，国外学者十分强调，因为他们认为，公共关系是一门正在崛起的职业，公共关系的职业化道路是发展公共关系事业的必由之路。而从一种宽泛的范围来理解，它指的是以从事公共关系理论研究、教学活动和实践工作为职业的人员，国内学者喜欢把这些人员统称为公共关系工作者。随着我国公共关系事业的进一步发展，将需要越来越多的公共关系专业人员。

一、公共关系人员的日常工作

从企业内部的公共关系机构看，公共关系人员可分为公共关系领导人员和一般人员。

（一）公共关系领导人员及其日常工作

公共关系领导人员是指公共关系部门的经理、主任，即负责人，是公共关系机构的领导者和管理者。他们要负责统筹策划公共关系活动的全部环节，是组织中举足轻重的人物。他们的日常工作为：一是确定工作目标，制定工作计划；二是对人力、经费、设备、时间加以预算和分配；三是领导全体公共关系人员开展工作；四是内调外联，协调各方关系。

公共关系机构的领导人，往往由组织的领导成员兼任。这种由组织的领导成员兼任的公共关系领导人，除了处理上述四种工作外，还有一些特殊的工作：一是出席组织最高领导层的工作会议，参与组织最高层的决策活动；二是充当组织的发言人，主持由组织主办的新闻发布会，负责向社会各界人士解释说明组织的有关政策和行为；三是充当组织的外交代表，出席主持各种社交活动,在本组织与其他组织或公众的交往活动发生重大问题时,亲自到现场处理解决。

（二）公共关系一般人员及其日常工作

公共关系一般人员是指在组织内部公共关系机构中工作的各类人员。其分类和日常工作有：

（1）调查分析人员。其主要任务是收集信息、预测公众动向和社会发展趋势,评估组织的形象和公共关系的工作效果,并寻找其形成的原因。

（2）计划人员。其主要任务是根据分析人员提供的资料,提出公共关系活动的目标、计划和方案,设计公共关系的项目。

（3）传播人员。其主要任务是按照既定的公共关系目标、计划和方案去开展、管理公共传播活动。

（4）文秘人员。其主要任务是撰写新闻稿、演讲稿、广告文稿、宣传手册、报刊文章、计划书和报告书、简报与通告、来往信函、起草文件等。

（5）专门技术人员。这主要是指财务人员、美工人员、摄影摄像人员、微机技术人员等。

公共关系人员还应做好设计与创作传播资料、演讲与主持、宣传游说、与新闻界联系、同公众联络交往等方面的工作。

二、公共关系人员的基本素质

素质是人的心理发展的生理条件,它是人的心智和能力发展的基本条件,但不是唯一条件。这里既有先天因素,也有后天因素,且两者是互为因果的。从这个意义说,素质的培训应该在考虑先天因素的基础上,予以有选择、有目标、有阶段性的强化训练,长期诱导。

所谓公共关系从业人员的素质,首先是一种现代人的全面发展的素质。例如,具有现代人的思维方式,现代人的知识和能力结构,现代人的观念意识等。其次,结合公共关系职业的特性,它专指以公共关系意识为核心,以自信、热情、开放的职业心理为基础,配之以公共关系专业知识结构和能力结构的一种整体职业素质。

（一）公共关系人员的公共关系意识

公共关系意识是对公共关系的本质属性、特征、作用及活动规律、方法等,经过思维得到理论认识,并形成概括性的见解。

1. 形象意识

形象意识是公共关系意识的核心。公共关系思想中,最重要的是珍惜信誉、重视形象的思想。现代企业都十分重视自己的形象。良好的企业形象,是一个企业的无形资产和无价之宝。国内外公共关系学者对公共关系给出的定义中绝大多数都强调公共关系工作的一个重要目的,即塑造组织的良好形象。

2. 服务意识

形象是为组织的特定对象所塑造的,这些特定对象必然与组织有着某种联系,他们是组织的公众。离开了一心为公众的服务意识,孤立的组织形象是毫无意义的;忽视了公众,组织的生存就会受到威胁,自然也就更谈不上组织的进一步发展了。

3. 互惠意识

互惠意识是公共关系的功利意识。否认公共关系工作的功利性,是自欺欺人。一个处在竞争社会中的组织,需要有一种竞争态势,但这种竞争不应是"你死我活"或"大鱼吃小鱼",而应是既竞争又合作,共同发展,共同前进。

4. 沟通意识

沟通意识,实际上也可以说是一种信息交流的意识。组织为了塑造良好形象,更好地为公众服务,以实现其目标,就必须构架一个信息交流的网络,来掌握环境的变化,保护组织的生存,促进组织的发展。

5. 长远意识

塑造组织良好形象,不是立竿见影的事,而是需要通过长期努力,不断积累,才能取得成功。公共关系活动与广告或推销不同,如果说后者更多地着眼于眼前,注重较为直接的效益,那么,前者从根本上来说是立足于长远,追求长期的效益。任何急功近利,只关注短期效益的做法,都是与公共关系思想不相符的。

6. 创新意识

塑造组织良好形象是一个创新过程。组织的良好形象一旦塑造起来,就需要相对稳定。但相对稳定并不等于一成不变,它应是一种积极的稳定,即在稳定中孕育发展,包含发展。只有在发展的基础上才能实现真正的稳定,同样,也只有在稳定的前提下才会有真正的发展。既然组织的良好形象需要发展,那么,就必须有创新、有突破、有超越,既超越自己,又超越他人。

(二)公共关系人员的心理素质

1. 自信的心理

自信,这是对公共关系人员职业心理的最基本的要求。一个人有了自信,才会产生自信力,并进而激发出极大的勇气和毅力,最终创造出奇迹。

古人云:"自知者明,自信者强。"充满自信的公共关系人员,敢于面对挑战,敢于追求卓越,他们自信能超人,自信能胜人,因而自强不息。这样的公共关系人员塑造的组织形象,必然是良好的形象。自认卑微,缺乏自信的公共关系人员,其塑造的组织形象,只能是卑微、平庸的形象。

2. 热情的心理

从事公共关系工作的人员应有一种热情的心理。公共关系不是一种整天吃吃喝喝、玩玩乐乐的轻松的工作,而是一种需要付出大量智力和体力劳动的艰辛的工作。很多公共关系人员脑中几乎都没有8小时工作制的概念,他们有的只是加班加点超负荷工作的习惯。没有极大的热情,没有全身心的投入,是干不好公共关系工作的。

3. 开放的心理

公共关系工作是一种创造性很强的工作,这种工作要求公共关系人员以开放的心理,不断接受新的事物、新的知识、新的观念,在工作中敢于大胆创新,作出突出的贡献。

具有开放的心理的人,能宽容、接受各种各样与自己性格不同、风格不同的人,并能异中求同,与各种类型的人建立良好的关系,这是公共关系工作十分需要的。

公共关系人员有开放的心理,就能在很多方面表现出一种高姿态,冷静地对待和处理工作中所遇到的困难和挫折,而不会斤斤计较一时一事的得失。

(三)公共关系人员的知识结构和能力结构

公共关系人员是否具备良好的专业知识结构和能力结构,直接关系到他们心理素质的发挥和整体职业素质的提高。

1. 公共关系人员的知识结构

知识结构是知识体系在求知者头脑中的内化,也就是客观知识世界经过求知者有选择地输入、储存、加工,在头脑中形成的由智力联系起来的多元素、多系列、多层次的动态综合体。

(1) 公共关系的基本理论知识

从事公共关系实践需要有理论的指导。公共关系的基本理论知识包括:公共关系的基本概念;公共关系的由来和历史沿革;公共关系的职能;公共关系活动的基本原则;公共关系的三大要素(社会组织、公众和传播)的概念和类型;不同类型公共关系工作机构的构建原则和工作内容;公共关系工作的基本程序;等等。

(2) 公共关系的基本实务知识

公共关系的一大特点是实务性强。公共关系人员除了需要精通公共关系的基本理论知识,还需要熟悉公共关系的基本实务知识。公共关系的基本实务知识包括:公共关系调研、公共关系活动策划、公共关系活动实施和评估、公众分析、与各类公众打交道、社交礼仪的知识等。

2. 公共关系人员的能力结构

公共关系人员的能力结构与公共关系人员的知识结构一样,它是一个系统,由一系列彼此关联的能力所构成。公共关系人员的能力主要指工作能力。

公共关系人员基本能力有以下几个方面:

(1) 较强的文字和口头表达能力

能写会说是公共关系对公共关系人员的最基本要求。公共关系人员要与新闻媒介联络,要写新闻稿;组织演讲活动,要写演讲稿;进行特殊事件的组织与筹备,要写活动计划方案;参与组织管理,要写年度报告或工作总结等。大部分公共关系工作都要求公共关系人员有扎实的笔墨功夫、较强的文字表达能力。

公共关系人员干任何一项公共关系工作,都要与人交往,因而口头表达能力对他们十分重要。公共关系人员有较强的口头表达能力,可以清晰、简洁、明了地表达思想,发布信息,且能吸引人、打动人、说服人,从而收到良好的效果。

(2) 良好的组织能力

公共关系人员搞任何一个公共关系活动,要有章法、有条理。公共关系计划、方案的实施,工作千头万绪、具体繁杂,没有良好的组织能力是很难顺利做好工作的。

(3) 健全的思维和谋划能力

当公共关系人员发现组织中存在的公共关系问题,或预见到组织将会发生的公共关系问题时,为了解决这些问题或防患于未然,他们还需在创新意识的引导下,发挥自己的想象力,来进行公共关系活动的全面策划和设计。古人云:"人可以谋人,可以谋事,亦可以谋天,亦可以谋地。谋则变,不谋则不得变,谋则成,不谋则不得成。"可见,事成于谋。公共关系人员必须具备健全的谋划能力。

(4) 敏锐的观察能力

公共关系工作是深入实际的工作,公共关系人员要经常对组织的情况进行调查研究,以把握组织和公众各方面的变化,这就要求公共关系人员必须具备敏锐的观察能力。具备这种能力的人,往往善于从普通的资料、数据或新闻报道中看出问题,从平静的表象中发现潜在的变化。

(5) 很好的自制自控和灵活应变的能力

人们常说,公共关系人员在与他人打交道时,要有一种忍让的精神,但这绝不意味着可以放弃原则。要想做到既忍让又不失原则,就必须要有一种很好的灵活应变能力。缺乏这种能力的公共关系人员,在处理一些错综复杂的情况时,往往会以思想和行动上的不知所措而告终。

(6) 善于与他人交往的能力

衡量一个公共关系人员能否适应现代社会需求的标准之一,就是看他是否具备善于与他人交往的能力。缺乏这种能力的人,往往人为地在自己与社会、自己与周围环境、自己与他人之间设置一道心理屏障,这样的公共关系人员,不可能有效地完成自己所承担的公共关系工作。从某种意义上说,公共关系人员是社会活动家,他们无疑应具备与各种各样的人交往的能力。

(7) 掌握政策、理论的能力

公共关系人员做公共关系工作不是凭感情、直觉行事,而是需要在掌握政策和理论的前提下,从事自己的一切业务活动。在当今瞬息万变的信息时代,一个人不善于掌握政策,不勤奋学习理论,没有较高的政策和理论水平,其工作水平就会停留在一般层次上,而无法有所提高。

三、公共关系人员的培养

对公共关系人员的教育和培养,关系到公共关系事业的发展和繁荣,也关系到公共关系在社会生活中的实际运用,因而显得十分重要。在我国,公共关系学的学科建设和公共关系的专业教育开展的时间还不长,公共关系知识在很大程度上还处于推广和普及的时期。同时,公共关系人员的数量不多,其理论水平和业务技巧都亟待提高,远远不能适应我国市场经济发的客观需要。因此,尽快地采取有效措施,努力提高公共关系人员的素质,具有重要的现实意义。

(一) 公共关系人员的培养目标

根据公共关系工作的实际需要,对不同的公共关系人员应该有不同的培养目标。一般认为,公共关系人员的培养应该朝着两个方向着手:一是培养通才式的公共关系人才;二是培养专才式的公共关系人才。

(1) 通才式的公共关系人才,可视为领导型人才。这种人才需要具有企业家的头脑、宣传家的技能、外交家的风度。通才式的公共关系人才,知识面要广,头脑要灵活,思路要开阔,考虑问题要周全;具有较全面的智力结构、能力结构和完整的性格结构,在工作中能独当一面,能够担任公共关系工作的组织者和指挥者。他们即使没有某方面的专长,在知识和能力上也不是样样精通,但在组织和指挥方面却是一大专长。这样的人虽然需求量不多,但对公共关系事业的成功关系重大。因此必须通过系统的公共关系理论教育和实践技能的训练,造就一批优秀的公共关系领导人才。其定位是:懂管理、会策划、善传播。

(2) 专才式的公共关系人才,可视为具体公共关系工作人才。这样的人要求精通某一方面的公共关系技术,如新闻写作、广告设计、市场调查、美工摄影、编辑制作、绘画书法等。具有专业技术的人才,是一个健全的公共关系组织所不可缺少的,大量的具体的公共关系工作需要他们去完成。这类人才在公共关系组织和企事业单位中需求量较大,同样需要专门的培养和训练。

(二) 公共关系人员培养的原则

对公共关系人员进行培养,必须树立明确的指导思想,按照公共关系的基本原理及公共关系工作在我国发展的实际情况,合理进行培养,不断提高教学质量,使培养的公共关系人才更适应现代社会发展的需要。在我国,公共关系教育、培养的原则必须坚持社会主义方向,符合社会主

义的教育规律,还必须遵循以下原则:

(1)科学理论知识与思想品德教育相结合。开展公共关系教育与培养,既要搞清公共关系理论和相关的学科知识,对于公共关系的概念、规律、定理、原则等必须保证其内容的科学、正确;又要进行思想政治、道德品质方面的教育,并使两者有机地结合起来。忽视任何一方面,都会影响公共关系人才的质量,影响公共关系人才参与社会实践的适应性。特别是思想品德教育,对于工作涉及面广、实际活动繁多的公共关系人员来说更是十分必要。

(2)理论与实践相结合。公共关系理论是前人经过长期实践总结概括出来的规律和知识。教育培训公共关系人员必须理论联系实际,并在实践中提高用理论解决实际问题的能力。公共关系学是一门实践性很强的学科,应注重学习、参观、社会调查、撰写案例及论文等,要强调在实践中灵活运用理论知识。

(3)因材施教、因人施教。公共关系的教育和培养,必须根据不同的学制、不同的教育形式来进行。还应根据受教育者的智力、能力、兴趣、性格、气质等不同特点有区别地进行。公共关系的培养教育应具有普遍性、适应性,使每个公共关系人员的个性潜力得到充分发挥。

(4)专业知识和综合知识相结合。公共关系培养教育应加强专业课程的设置,每项教育活动都应围绕公共关系专业目标进行。当代科学发展的趋势是自然科学、社会科学、人文科学的相互结合、相互渗透。公共关系学就是各学科高度综合的产物。因此,现代公共关系人才应具有较深厚的专业知识和较广博的综合知识。

(三)公共关系人员培养的途径

从公共关系教育的角度看,公共关系学作为一门科学,其基础理论门类相当复杂,如果没有良好的理论基础知识,是难以掌握公共关系实务技能和技巧的。所以要求公共关系人员有扎实的理论基础知识并经过重点的技能训练。根据这种要求,培养途径主要有以下几种形式:

1. 大学本科教育

大学公共关系本科专业一般为四年制教育。本科专业通常有系统和严格的教学计划和教学大纲、专业师资和专业教材,有明确的培养目标和方法,教学要求较高,是比较正规而有效地培养合格人才的途径。进入这类正规大学学习的学生,可获得系统的学科知识,有助于成为具有独立工作能力和专业才能的人才。这种人才步入社会后,经过一段时间的实践锻炼,将有可能成为各大公司的公共关系部经理和公共关系咨询公司的高级公共关系人才。公共关系专业的本科毕业生,由于全面系统地掌握公共关系的理论知识,一般能直接从事公共关系工作。美国、英国对于这样的毕业生还要定期进行严格的资格考评,以确认他们的从业资格。目前我国的大学已经开设公共关系的本科专业,有些大学开始招收公共关系专业方向的硕士研究生,这样通过正规高等教育培养公共关系人才的方法,是我国今后公共关系教育的发展方向。

2. 大专培训班

大专培训班可由综合大学的公共关系专业或相关专业举办。学制一般为两年。学生通过学习以获得比较广泛的理论知识,具有较全面的智力结构、能力结构和较完整的性格结构,能成为通才式的公共关系人才,进入社会后,可从事公共关系部的各类日常工作。这种形式比较适合我国现阶段的状况,有利于快出人才、早出人才。

3. 函授教育

采用函授教育的方式培养公共关系人员,这是我国目前较为盛行的一种应急办法。函授教育的时间比一般正规院校教育的时间短,通常学制为一年。这种培养形式既有广播电视教育,又有书面函授,可以不受时空条件的限制,学生利用业余时间学习掌握有关知识,形式较灵活。

4. 公共关系培训班

公共关系培训时间上没有统一规定,有的是数月,有的仅几天。由于培训时间长短不一,教学内容不相一致,所以培训班的主要目标往往以掌握各科业务技能为主,培训专才式的公共关系人员,如从事广告设计、新闻采写、情况调查、美工、摄影工作的人员等。这类人才目前在我国比较缺乏,因此公共关系培训班对于社会在职人员了解公共关系的基本内容、获悉公共关系研究和实践的最新成果、提高业务工作水平,可以收到较好的培训效果。

5. 全员公共关系培训

培训对象是组织的全体人员,即对全员进行公共关系教育,重点是思想教育和意识教育,培养全员的公共关系意识:其次是公共关系知识的普及教育。这是因为,公共关系工作不只是公共关系人员的事,每一成员都应是组织的公共关系的代表。如果组织内部人人都具有公共关系意识,人人都注意组织信誉,时时处处能自觉以自己的言行维护组织的形象,那么,就能在社会公众中树立起良好的组织形象,就能达到提高组织总体效益的目的。因此,一切社会组织都必须重视对全体职工进行公共关系培训,不断增强每位职工的公共关系意识,提高全体职工的公共关系水平,使组织的公共关系成为全体员工的自觉行动。

此外,还有见习培训,聘请专家、学者指导等形式。

(四) 公共关系人员培训的教育内容

公共关系培训的教育内容,可分为课程设置和职业道德教育两个部分。

1. 课程设置

公共关系培训的课程设置,一般是大同小异。我们仅以公共关系专业(本科)的课程设置作参考。公共关系专业学生必修课程见表 2-1。

表 2-1 公共关系专业学生必修课程

课程名称	学分数	总学时	各学期学分/课内周学时数							
			一	二	三	四	五	六	七	八
传播学	3	54	3							
社会学	2	36	2							
社会心理学	2	36		2						
管理学	3	54		2						
市场营销学	3	54				3				
法学概论	2	36			2					
伦理学	2	36					2			
美学	2	36						2		
公共关系学原理	3	54			2					
公共关系实务与案例	2	36					2			
广告学原理	2	36			2					

续表

课程名称	学分数	总学时	一	二	三	四	五	六	七	八
广告策划与策略	2	36					2			
CI战略与设计	2	36							2	
企业文化	2	36							2	
社会调查理论与方法	2	36			2					
公共关系写作与编辑	2	36					3			
公共关系口才与演讲	3	54						3		
谈判技巧	2	36						2		
大众媒体研究	2	36					2			
人际关系与沟通	2	36								2
领导学	2	36								
组织行为学	2	36						2		
公共关系传播法规	3	54							3	
政治学原理	3	54	4							
行政管理学	3	54			3					
公共政策分析	2	36				2				
合　　计	60									

除表2-1中所列之外,还有大学的公共必修课约40学分,如英语、高等数学、计算机等;以及专业的选修课约50~60学分,如西方经济学、会计、平面广告设计基础、专业英语等。四年一共150~160学分。

2. 职业道德教育

公共关系人员经常要与公众打交道,对外便是组织的象征,其个人的职业道德水平如何,直接影响到组织的形象和声誉。因此,任何层次、任何形式的公共关系职业培训,都必须重视**职业道德教育**。职业道德教育内容是公共关系教育的重要组成部分。

公共关系人员在工作中应遵守下列道德规范:

(1) 公正。对于自己所服务的以前和目前的顾客和雇主、自己的同行、新闻机构,不论职务高低的公众都一视同仁,公平对待。

(2) 正派。要诚实可靠,作风正派,行为良好,不谋私利;不能搞不正之风;不能从事腐蚀新闻界或政府机构的活动,如企业刊登广告可以采用购买报刊版面和电视台、电台的播放时间的方式,但公共关系人员为企业写的新闻稿件则不能用直接或间接的收买手段去获得报刊的版面和电视台、电台的播放时间,不能搞"有偿新闻";在传播活动中不能有意破坏同行的信誉。

(3) 对社会负责。要使自己的活动不仅符合客户和雇主的利益,而且要符合公众的利益。

要对整个社会负责,注重社会效益。如果客户和雇主的要求有损公众利益或违反社会道德标准,应予以拒绝。

(4) 真实。在沟通信息时,必须真实准确,实事求是。在进行调查研究,收集社会公众和内部公众对本组织的评价时,要如实地加以整理、分析和反映,既报喜又报忧。在向外传递本组织的信息时,不能虚假、隐瞒。不能表面上是为了公众利益,而暗地里却是为了实现有违于公众利益的目的,如私下赞助某一机构举办名优产品评选,让自己的企业榜上有名,却给公众一个错觉,认为这次评选是客观公正的,这是一种欺骗行为。我国目前各种评选活动中,经常出现这种丑闻,这是不符合公共关系原则的。为此,公共关系人员在收集和传递信息时,必须进行仔细的核对,不能相信一面之词。真实是公共关系工作的生命线。

(5) 保密。公共关系人员为了更好地开展工作,必然要接触一些客户或雇主的机密。无论何时,公共关系人员都必须严守机密,即使不再为这一客户或雇主工作时,也应该如此。更不允许以掌握这一机密为资本,去为该客户的竞争对手服务。

3. 公共关系人员的行为准则

由于公共关系职业化的发展,欧美等发达国家的公共关系协会均制定出各自的职业道德守则,作为行业自律的标准。下面列出国际公共关系协会的职业准则,以做参考。

(1) 国际公共关系协会成员必须竭诚做到以下各条:

第一条 为建设应有的道德、文化条件,保证人类得以享受《联合国人权宣言》所规定的诸种不可剥夺的权利作贡献。

第二条 建立各种传播网络和渠道,以促进基本信息的自由流通,使社会的每一成员都有被告知感,从而产生归属感、责任感与社会合一感。

第三条 牢记由于职业与公众的密切联系,个人的行为——即使是私人方面的——也会对事业的声誉产生的影响。

第四条 在自己的职业活动中尊重《联合国人权宣言》的道德原则与规定。

第五条 尊重并维护人类的尊严,确认各人均有自己作判断的权利。

第六条 促成为真正进行思想交流所必需的道德、心理、智能条件,确认参与的各方面都有申述情况与表达意见的权利。

(2) 所有成员都应保证:

第七条 在任何时候任何场合,自己的行为都应赢得有关方面的信赖。

第八条 在任何场合,自己均应在行动中表现出对自己所服务的机构和公众双方的正当权益的尊重。

第九条 忠于职守,避免使用含糊或可能引起误解的语言,对目前以及以往的客户或雇主都始终忠诚如一。

(3) 所有成员都应力戒:

第十条 因某种需要而违背真理。

第十一条 传播没有确凿依据的信息。

第十二条 参与任何冒险行动或承揽不道德、不忠实、有损于人类尊严与诚实的业务。

第十三条 使用任何操纵性方法与技术来引发对方无法以其意志控制因而也无法对之负责的潜意识动机。

我国于1989年9月27日,在全国省市公共关系组织第二次联席会议上提出了《〈中国公共关系职业道德准则〉草拟及实施方案》。这个"草案"是以我国社会公认的道德规范和我国公共关系实际为出发点,并借鉴《国际公共关系道德准则》(《雅典准则》)、《国际公共关系协会行为准则》(《威尼斯准则》)以及国外一些有参考价值的文件写成的。虽然它还不完全尽如人意,有待进一步完善,而且在文字表述上带有当时社会背景的色彩,但就其诞生而言,无疑是我国公共关系事业发展史上的一件大事。

这里,将《中国公共关系职业道德准则》的总则和条款全文转引如下:

总则

中国的公共关系是改革开放形势下出现的新生事物,它的诞生和发展对贯彻执行党的一个中心两个基本点的基本路线、对我国有计划商品经济的发展和社会主义精神文明建设起着特定的推动作用。

中国公共关系从业人员在从事公共关系活动中,以塑造不同的个人、团体和社会组织的形象以及他们之间的沟通、理解、和谐、拓展、合作,推进社会主义的公共关系事业为最高境界。由于公共关系从业人员能够借助现代化的大众传播媒介手段直接或间接地与成百万人进行接触,并深刻地影响到公众的思想和生活,因而公共关系从业人员的这种能力必须受到严格的职业道德准则的制约。有鉴于此,凡认同并在下述职业道德准则上签字的所有公共关系组织都应该以本准则所规定的各项原则自律。如果发现某个公共关系组织或个人在履行职责过程中违反了本准则,则将被认为犯有渎职行为而受到相应的处罚。

条款

(1) 每个公共关系从业人员必须使自己的公共关系实践和理论符合我国的宪法、法律和社会公认的道德规范,必须铭记他自身的一举一动将影响到社会公众对这种职业的总体评价。

(2) 在任何情况下,公共关系从业人员必须做到全心全意为我国的社会主义事业服务,都应考虑到有关各方的利益,首先应该考虑社会公众的利益,同时也应该考虑自己所在组织的利益。

(3) 公共关系从业人员在进行公共关系活动的时候,力求真实、准确、公正和对公众负责。

(4) 从事各种专业公共关系的专职人员应该在借鉴、钻研和实践的基础上努力提高各自的公共关系业务水平。

(5) 公共关系教育工作者以一种严肃、认真、诚实的态度对待公共关系高等教育和普及教育。

(6) 公共关系从业人员不得参与不道德、不诚实或有损于本职业尊严的行为。

(7) 公共关系从业人员不得为了个体利益故意传播虚假的或使人误解的信息。

(8) 每个公共关系从业人员不应该有意损害其他公共关系从业人员的信誉和公共关系实务。但是如果有证据证明其他公共关系从业人员有不道德、不守法或不公正行为,包括违反准则的行为,应该向自己所属的公共关系组织如实反映。

(9) 公共关系从业人员不得借用公共关系名义从事任何有损公共关系信誉的活动。

(10) 公共关系从业人员不得利用贿赂和其他不正当手段来影响传播媒介人员真实、客观的报道。

(11) 公共关系从业人员在国内外公共关系实务中应该严守国家和各自组织的有关机密。

1999年由劳动和社会保障部组织编写的《中华人民共和国职业分类大典》正式颁布。受劳

动和社会保障部的委托,全国公共关系职业审定委员会专家办公室拟出公共关系职业的名称、定义和描述:

公共关系职业名称:

公共关系员的职业定义:专门从事组织机构公众信息传播、关系协调与形象管理事务的调查、咨询、策划和实施的人员。

公共关系职业工作描述:

(1)制定组织的公众传播计划,编辑、制作和发行组织的各种宣传材料,负责组织的新闻发布、形象传播等工作。

(2)监测、收集、整理和分析组织的公众信息,向组织的领导人提供管理咨询建议。

(3)制定组织和产品(服务)的形象管理计划,策划和实施各种专题性公众活动,并对其进行评估。

(4)沟通、协调组织与内外公众的关系,参与处理组织的公众咨询、投诉和来访接待事务。

(5)协助组织发现、处理并监控其与公众之间的矛盾、问题和突发(危机)事件。

(6)对组织的其他有关人员进行上述工作的专业培训和指导。

现在国家职业资格工作委员会公共关系专业委员会已经成立,这说明在我国公共关系已得到国家有关部门的认可,广大公共关系从业人员有了自己真正的职业归属,其影响深远,意义重大。

四、全员 PR 管理

作为一种管理职能,公共关系的重要责任是管理一个组织的无形资产:知名度、美誉度。正因为"无形",大大增加了公共关系工作的难度:公共关系工作的成功,不仅需要依靠专职的公共关系部门和公共关系人员的不懈努力,而且有赖于一个组织各个部门和全体人员的整体配合。所以,一个组织上至最高领导,下至每一个成员,都是有形无形的公共关系人员。所谓全员 PR 管理,即通过全员的公共关系教育与培训,增强全员的公共关系意识,提高全员公共关系行为的自觉性,加强整体的公共关系配合与协调,形成浓厚的组织公共关系氛围与公共关系文化。

(一)领导的公共关系意识

一个组织的领导,必须对自己组织的声誉和形象承担直接责任。因此,应该具备强烈的公共关系意识,关注组织的公共关系状况,在行政管理和经营管理中提出公共关系方面的要求,在实际工作中支持和指导公共关系的工作。公共关系业务的特殊性在于,它渗透到日常的行政、业务工作的各个环节,必须从全局和战略的角度加以协调管理。如果说,一个企业的生产、技术、财务、市场、人事工作可以依靠有关的专家来分管,那么,企业组织的形象和声誉就必须由最高负责人亲自负责。没有组织主要领导人的关心和支持,公共关系工作就不可能成功。国外的大中型企业,大都由一名副总经理甚至总经理主管公共关系工作,以便参与决策。即使是具体职能部门或基层的负责人,也需要了解自己的公共关系责任:① 弄清公共关系与自己的工作职责的关系;② 努力使所属部门的业务支持整体公共关系目标;③ 在工作中及时向公共关系人员寻求忠告和协作;④ 让公共关系部门了解本部门的计划、作业、人员变动及新产品等最新信息。

(二)全员的公共关系配合

要将公共关系的经常性工作与全体员工的日常行政、业务、生产工作结合起来。各职能部门和生产单位在自己的工作范围内作决策、定计划时,都应该自觉地配合组织公共关系的目标。公共关系的好坏,也成为对各部门业务工作进行评价考核的一项标准。相应地,应该在有关的规章制度中明确每一部门或岗位对公共关系应负的责任:如生产部门的质量问题,销售部门的服务态度问题,人事部门的职工关系,宣传部门的新闻界关系,办公室的社区关系,门卫的仪表仪态,电话总机接线员的服务态度等,均角度不同地涉及组织整体的声誉和形象。因此,需要经常在干部、职工中进行公共关系的教育和训练,开展公共关系方面的评比和奖励(如宾馆酒店中评选"微笑大使"、"礼貌使者")。

(三)组织的公共关系氛围

全员公共关系有赖于在组织内部形成一种浓厚的公共关系风气、公共关系氛围。应该在组织内部普及公共关系教育,使全体干部、职工认识到,一个组织的形象、信誉这种无形资产比有形的资金、设备更为珍贵,更为难得。良好的形象能使一个企业组织所拥有的实物资产增值;恶劣的形象会使一个企业组织的有形资产贬值。而创造和维护良好的形象和声誉人人有责,要靠大家共同努力;应该人人讲公共关系,人人做公共关系。凡是为组织赢得声誉的言论和行为,都应得到奖赏;凡是损害组织形象的言论和行为,都应视作形象事故来认真处理。应使干部、职工在内外交往中自觉注意公共关系,使之蔚然成风。

总之,公共关系人员要想干好公共关系工作,光凭借个人的努力和能力是远远不够的,而必须依靠群体组合所产生的综合力量。公共关系人员优化的群体组合能使有限的公共关系人员综合产生出最大限度的群体能量,以使他们所从事的公共关系工作获得最佳的效果,另外,也有助于公共关系人员相互学习,彼此补充,共同提高。

第三章 公共关系对象

公共关系工作的对象统称为"公众",因此,公共关系也称作公众关系。对公众的研究是公共关系学的重要内容。一个组织只有正确地认识和分析自己的公众对象,才能有的放矢地制定公共关系的目标、策略和方法,使组织的公共关系工作建立在科学的基础上。公众这一概念在公共关系学中有特定的含义,正确理解这种含义,树立正确的公众意识,对于科学地理解和把握公共关系工作的实质具有指导性意义。公众这个概念在公共关系实践中还具有多种具体的含义,在操作中必须对具体的公众关系进行具体分析,这是制定正确的公共关系政策和措施的重要依据。

第一节 公众概述

一、公众的定义

公众一词源于英语 public,是公共关系学中一个特有的概念。所谓公众,是指与公共关系主体利益相关并相互影响和作用的个人、群体或组织的总和,即公共关系传播沟通活动的目标对象。

任何组织一旦建立,就存在着各种对内对外的关系。比如:顾客到商场购物,商场与顾客之间就会涉及商品的卖与买,顾客就成了商场的主要公众。商场除了与顾客建立关系外,还要建立许多与商场有关的各种对内对外的关系,像供应商、工商税务部门、银行、水电部门、上级主管单位、商场员工等,也都是商场的公众。

公众是构成公共关系的要素之一。公众是公共关系的客体即公共关系的工作对象,是公共关系活动的主要目标。因此,要做好公共关系工作,就应该了解公众,熟悉公众,研究公众,明确公众的概念,掌握公众的分类,以便有针对性地做好各种不同类型的公众的工作。

二、公众的特点

公众与人民、群众、民众、大众是有区别的,虽然它们都是表示一定的人群,但公共关系学中的公众,是特指与公共关系主体发生关系的社会群体和个人,因此,社会学提到的大众的外延远远大于公共关系学中的公众。为了便于更好地界定公众与大众,这里有必要阐释一下公众这一概念的基本含义。具体来说,公众这一概念具有五个基本含义:

(一)群体性

公众对象不是单一的,而是与某一组织运行有关的群体环境。任何组织的生存和发展都离不开一定的公众群体环境。这个公众环境与自然环境、地理环境不同,是指组织运行过程中必须面对的公众关系和公众舆论的总和。这些公众关系和公众舆论范围很广,涉及组织的内部和外部、社会的方方面面,而且相互关联,构成复杂。比如一家组织,既有内部的职工公众、股东公众,又有外部的社会公众,不仅包括市场上的顾客、销售商,还包括社区、政府、新闻界、文化界、体育界等有关的团体、组织或个人。公共关系工作中不可只注意其中某一类公众,而忽略了其他公众。对任何一种公众的疏忽,都可能程度不同地影响到整体公众环境的质量,甚至导致公众环境的恶化,从而影响组织的正常生存和发展。

因此,首先应该将组织面对的公众视作一个完整的环境,用全面的、系统的观点来分析自己的公众,注意组织与公众环境之间的整体平衡与协调。

(二) 共同性

公众不是一盘散沙,而是具有某种内在共同性的群体。当某一群人、某一社会阶层、某些社会团体因为某种共同性而发生内在联系时,便成为一类公众。

这种共同性,就是指相互之间的某种共同点,比如共同的利益、共同的需求、共同的目的、共同的问题、共同的意向、共同的兴趣、共同的背景等。这样一些共同点,使一群人或一些团体和组织具有相同或类似的态度与行为,构成组织所面临的一类公众。比如,表面上看相互间并没有联系的许多个人或团体,因为同处一个社区,都面临着某家工厂的污染威胁,从而使他们的态度和行为具有内在联系,不约而同地或者有组织地针对该家工厂构成一定的公众压力、舆论压力。

可见,公众总是和某一特定的共同点联系在一起的,共同点的性质决定着公众的性质。界定公众首先要界定公众所面临的共同点。因此,了解和分析自己的公众,必须从相应的共同点(比如共同的问题)去了解和分析他们内在的联系,这样才可能化混沌为清晰,从公众群体中区分出不同的对象来。

(三) 多样性

公众的存在形式不是单一的,而是复杂多样的。公众仅仅是个统称,具体的公众对象形式可以是个人,可以是群体,也可以是团体或组织。日常的公共关系工作对象,包括多种多样的个人关系、群体关系、团体关系、组织关系等。即便是同一类的公众对象,也可以有不同的存在形式。比如消费者公众,可以是松散的消费者个体,可以是特殊的利益表达团体(如消费者委员会),也可以是一个严密的组织(如使用产品的其他公司乃至政府)。又比如,媒介关系可以表现为前来采访的记者,也可以是记者协会、新闻学会、或报社、电台、电视台编辑部等。公众的多样性是毋庸置疑的。

(四) 变化性

公众不是封闭僵化、一成不变的对象,而是一个开放的系统,处于不断变化发展的过程之中。任何组织的公众对象的性质、形式、数量、范围等均会随着主体条件、客观环境的变化而变化:有的关系产生了,有的关系消失了;有的关系不断扩大,有的关系又可能缩小;有的关系越来稳固,有的关系越来越动荡;有的关系甚至发生性质上的变化——竞争关系转化成协作关系,友好关系转变成敌对关系等。例如,一家采石场,原来远离城市,水源来自山间小溪,与环保部门没有什么联系,可是,城市扩建后,采石厂离该城只有2公里,于是,环保部门就对该场提出了用水、排水要求,使原来建厂时没有考虑的问题成为突出的问题,而这个采石场与环保部门的公共关系也由非公众关系变为公众关系。

公众环境的变化,必将导致公共关系工作目标、方针、策略、手段的变化;反过来,组织自身的变化也会导致公众环境的变化,如组织的政策、行为、产品的变化,使公众的意见、评价、态度或行为发生相应的变化,这种变化的结果又可能倒过来对组织产生影响、制约作用。例如,有一年可口可乐公司为了对付它的强劲对手——百事可乐公司的挑战,决定改变沿用了99年的老配方,生产一种新口味(带甜味)的可乐,一下子在顾客群中引起了强烈不满,这种公众舆论立即迫使可口可乐公司重新考虑自己的决策,以免导致公众环境的巨变。

可见,必须以动态的、发展的眼光来认识自己的公众对象。

(五) 相关性

公众不是抽象的,而是具体的、与特定的组织相关的。一群人之所以成为某一组织的公众,是因为他们所面临的共同点与这个组织具有一定的相关性、互动性。也就是说,这些公众的意见、观点、态度和行为对这个组织的目标和发展具有实际或潜在的影响力和制约力,甚至决定组织的成败;同样,这个组织的决策和行为,也对这些公众具有实际或潜在的影响力和作用力,制约着他们利益的实现、需求的满足、问题的解决等。这种相关性便是组织与公众形成关系的关键。

寻找公众、确定公众很重要的就是寻找和确定这种相关性,并把它们具体地揭示出来,分析清楚,从而确定自己的目标公众。因此,正确地认识公众的相关性和差异性,是制定公共关系政策的依据。

第二节 公众的分类

公众的构成是复杂的,科学的公共关系工作应该建立在科学的公众分类基础上,以便根据不同类型的公众制定不同的方针、政策和措施。下面介绍几个比较常用的公众分类的方法。

一、内部公众和外部公众

根据组织的内外对象分类,可划分为内部公众和外部公众两类。

内部公众即组织内部的成员群体,如管理人员、技术人员、生产人员、销售人员、辅助人员以及股东公众等。这是内求团结的对象。以这部分公众为公共关系对象的目的在于:使其对本组织充满信心,增强向心力,培养组织文化,树立对外形象。

外部公众即组织的外部沟通对象群体,如消费者、协作者、竞争者、记者、名流、政府官员、社区居民等。以这部分公众为公共关系对象的目的在于:在外部公众中树立良好的组织形象和声誉。

组织的公共关系的政策需要内外有别。公共关系传播的信息是经过选择、整理的有序的信息资料,有些是在内部传播的,有些是在外部传播的;内部传播和外部传播在形式、尺度、时间等方面都有区别。

组织内部的情况不能毫无控制和调节地宣扬出去,必要的保密也是一种重要的传播政策。在对外传播之前,内部传播必须统一口径;否则,就会造成整体形象的混乱。

二、首要公众和次要公众

根据关系的重要程度分类,可划分为首要公众和次要公众两类。

首要公众即关系到组织生死存亡,决定组织成败的那部分公众对象。比如酒店宾客关系中的VIP(Very Important Person,特别重要的人物),就是首要公众的概念。这类公众关系须投入大量人力、物力与时间来维持与改善。

次要公众指那些对组织的生存和发展有一定影响、但没有决定性意义的公众对象。次要公众也不应完全放弃,在保证首要公众的前提下也应兼顾,因为次要公众也可能转化为首要公众。例如:里根总统在长城饭店举办答谢宴会、英女王下榻白天鹅宾馆,对这些重要人物,必须置于重要位置,接待安排稍有差错,便会造成重大影响。

因此,公共关系的资源投入必须区分轻重缓急。不应绝对地平均使用。组织的公共关系投资往往是有限的,从投入产出的比率来看,应该清醒地认识到,虽然首要公众只占公众数量的20%或更少,可他们给组织带来的传播效益却可能占80%以上,因此对他们的公共关系投入应该占比较大的比重,使有限的资源用在刀刃上。

三、临时公众、周期公众和稳定公众

根据关系的稳定程度分类,可划分为临时公众、周期公众和稳定公众三类。

临时公众是因某一临时因素、偶发事件或特别活动而形成的公众对象。比如因为飞机航班误点而滞留机场的旅客、足球场闹事的球迷等。

周期公众是指按一定规律和周期出现的公众对象。比如逢节假日出现的游客高峰,招生时节的考生及家长,"广交会"的来宾等。

稳定公众即具有稳定结构和稳定关系的公众对象。比如老主顾、常客、社区居民,对某部电视连续剧一集不落地追着看的观众等。

划分临时公众、周期公众和稳定公众,是制定公共关系临时对策、周期性政策和稳定策略的依据。

每个组织都不可能事先完全预测到某些突发事件的产生,往往会面对一些临时公众构成的额外压力,需要公共关系部门进行应急处理,因此需要有应变对策。周期公众的出现是有规律的、可以预测的,能够事先制定公共关系计划,作好必要的准备工作,按照一定的程序来处理。而稳定公众作为组织的基本公众,则需要采取特殊的措施和政策,以示关系的密切性。

四、顺意公众、逆意公众和边缘公众

根据公众对组织的态度分类,可以划分为顺意公众、逆意公众和边缘公众三类。

顺意公众指那些对组织的政策、行为和产品持赞成意向和支持态度的公众对象。逆意公众指对组织的政策、行为或产品持否定意向和反对态度的公众对象。边缘公众则是指对组织持中间态度、观点和意向不明朗的公众对象。

公众的态度是制定传播政策的又一依据。公共关系的一项基本政策是"多交友;少树敌"。因此应该尽可能争取支持,减少敌意;

首先,应该将顺意公众当做组织的财富,悉心维护和"保养"这种关系。

其次,要注意做好逆意公众的转化工作,改变其敌对的态度,即使不能将其转化为顺意公众,也应促其成为边缘公众。

再次,耐心细致地做好争取边缘公众这个"大多数"的工作,引导他们成为顺意公众,防止他们成为逆意公众。边缘公众的态度倾向往往成为公共关系竞争中的决定因素,因此常常是公共

关系工作的"必争之地"。

五、受欢迎的公众、不受欢迎的公众和被追求的公众

根据组织的价值取向分类,可以划分为受欢迎的公众、不受欢迎的公众和被追求的公众三类。

受欢迎的公众即完全迎合组织的需要并主动对组织表示兴趣和沟通意向的公众。比如自愿的投资者,慕名前来的顾客,为组织采写正面宣传文章的记者等。

不受欢迎的公众指违背组织的利益和意愿,对组织构成潜在和现实威胁的公众。比如各种对组织抱有敌意的人士,或对组织构成额外压力和负担的群体等。

被追求的公众指符合组织的利益和需要,但对组织却不感兴趣、缺乏交往意愿的公众。比如著名的记者、社会名流、明星等。

公共关系传播政策还取决于组织自身的目的和需要,以便使组织的传播活动与组织的利益相一致。

受欢迎的公众是一种两相情愿、一拍即合的关系,不存在沟通的障碍,沟通的结果对双方都有较为平等的利益。而不受欢迎的公众则是组织不愿意与其交往、力图躲避,却对组织不断构成压力或威胁,成为组织的"入侵者"的关系对象,组织往往需要采取针锋相对的传播对策。被追求的公众属于符合组织利益和需要,却存在较大的传播障碍、不易沟通、难以如愿的关系对象,组织需要制定较为特殊的传播对策。

六、非公众、潜在公众、知晓公众、行动公众

根据公众发展过程的不同阶段分类,可以划分为非公众、潜在公众、知晓公众、行动公众四类。

非公众指与组织无关,其观点、态度和行为不受组织的影响,也不对组织产生作用的公众群体。潜在公众即由于潜在的公共关系问题而形成的潜伏公众、隐患公众、隐蔽公众或未来公众。知晓公众即已经知晓自己的处境,明确意识到自己所面临的问题与特定组织有关,迫切需要进一步了解与该问题有关的所有信息,并开始向组织提出有关的权益要求的公众群体。行动公众即已采取实际行动,对组织构成压力,并迫使组织采取相应行动的公众群体。

打个比方,对于生产"××牌"自行车的厂家来说,骑别的牌子自行车的人,或不骑自行车的人,就不是它的公众,也就是非公众。

假如,有一次,由于技术上的疏忽,这个厂生产了一批油漆质量有问题的自行车(假设是1万辆),这个质量问题是,等自行车骑了一两个月以后,车身的油漆就会剥落,那么,买了这种油漆质量有问题的自行车的公众,就成了这个厂家的潜在公众,因为他们目前并不知道自己即将面临的问题。这时候,厂家应当未雨绸缪,防患于未然,主动出击,避免公共关系危机的发生。

如果厂家没有这样做的话,一两个月以后,这批自行车的油漆开始剥落了,也就是说,这批顾客已经知道自己面临着什么问题了,于是,潜在公众变成了知晓公众;如果这时厂家依然不闻不问,或者抱着侥幸心理不采取任何补救措施的话,那么,知晓公众就会发展成行动公众,等火烧起来,再来救火的话,恐怕就来不及了。

从以上这个例子我们可以清楚地看到,非公众——潜在公众——知晓公众——行动公众,是

按公众发展的时间顺序来分类的,不同于前面公众分类的角度是纵向分类。

在公众发展的不同阶段,组织应该采取不同的公共关系对策。划分出非公众是为了减少公共关系传播的盲目性,提高公共关系工作的准确性和针对性,并避免不必要的浪费。

对于潜在公众,应该未雨绸缪,加强预测,密切监视势态的发展,分析各种可能的后果,制订多种应对的方案,积极引导事情向好的结果发展。对于知晓公众,则应该采取积极主动的公共关系姿态,及时沟通,主动传播,满足公众要求被告知的心情,使公众对组织产生信赖感,主动控制舆论局势。最后,对于行动公众必须采取相应的行动,将压力转变为动力,转变为对组织有利的合力。

第三节 公众分析举要

一、内部公众

内部公众是组织内部的所有成员。它是组织最重要的基本目标公众。做好这部分公众的工作是公共关系工作的起点。

(一)内部公众的重要性

1. 内部公众是形成组织力量的主体

组织政策的实施、任务的落实、目标的实现、组织凝聚力的形成、组织文化的创造等均有赖于内部公众的配合与努力。内部公众是组织的主体,而组织又是公共关系的主体。搞好公共关系,要充分发挥组织的主导作用,这就必须注意内部公众关系,搞好内部的团结,融洽内部的关系,提高内部公众素质,培养内部公众的意识。这样才能提高组织的整体公共关系工作的功效。

2. 内部公众是组织创一流产品的主力军

内部公众是组织中最主要、最活跃的生产力要素。产品质量的好坏,取决于内部公众的素质、责任心和敬业精神。内部公众是组织中最基层的实践者,工作繁忙而辛苦。关心他们的工作与生活,对他们高标准严要求,有利于创造出一流的产品和服务。

3. 内部公众是塑造和推销组织形象的积极因素

内部公众处在对外公共关系的第一线,他们与社会的各个层面有广泛的接触,他们的言行、仪表随时随地都在传播组织的有关信息。内部公众在社会上经常赞誉自己的组织或到处散布对组织的不满,其对组织形象的影响是不言而喻的。

(二)处理与内部公众关系的艺术

内部公众关系的主要目标是培养内部公众的主人翁意识,形成对组织的认同感、归属感,创造和睦、向上、勤奋的组织人际关系环境和工作风气。

1. 树立"内部公众第一"的思想,正确认识内部公众在组织中的主人翁地位

在社会主义中国,组织的成员就是组织的主人,他们个人的价值与组织的价值在根本利益上是一致的。组织的领导要注意培养和强化内部公众的主人翁意识,发挥内部公众的价值,经常从换位的角度体验内部公众角色,为内部公众的成长和发展创造有利的"软环境"。

2. 传播沟通,增强内部公众的民主与参与意识

组织要建立良好的内部公众关系,应该注意保持与内部公众之间信息的传播和沟通,增加管

理工作的透明度。有重大政策出台,应让内部公众知晓并参与讨论,这样即使有失误,也会获得内部公众的谅解;否则,组织的管理便会讳莫如深、孤家寡人,有了成就得不到赞扬,有了失误得不到原谅。

3. 开展丰富多彩的活动,进行感情投资

内部公众具有强烈的精神需求,在工作中,要对内部公众的心理、精神需求予以注意,不能只盯着生产任务而不顾与内部公众感情上的交融。组织的凝聚力是以成员感情上的融合为基础的。因此,要积极利用闲暇或专门安排时间,组织内部公众参加郊游、聚餐、联欢会、各种竞赛;邀请内部公众家属前来参观,参加庆功会、座谈会;为内部公众举办婚礼,到内部公众家中走访,帮助解决生活中的困难;举办业务技术培训班,提高内部公众的素质,等等。通过这些活动,增进组织与内部公众之间的感情交流。

4. 善于做思想工作,培养内部公众的忠诚心

内部公众对组织是否有忠诚心,是衡量内部公众关系的一个重要标志。国外有些企业特别注意培养员工对企业的忠诚心,激发他们对企业的自豪感和归属感,这一点是可供我们借鉴的。我国正处在新旧体制的转换过程中,企业中思想认识问题还不少,现代企业制度的建立和完善也要求组织的领导要深入基层、改进作风,关心内部公众疾苦,积极开展思想教育,培养内部公众对企业(组织)的忠诚心,树立科学的企业价值观。这项工作是十分艰巨的,做好这项工作,对推进当前的体制改革,增强企业的经济和社会效益具有重要的意义。

(三) 正确对待和处理与非正式团体的关系

非正式团体关系是内部公众关系的重要组成部分,要处理好内部公众关系,必须注意处理好与非正式团体之间的关系。

1. 非正式团体概述

所谓非正式团体是组织中存在的未经官方正式规定而自然形成的以满足个人需求和欲望的团体。非正式团体也称无形组织、非正式群体等,它是正式组织的副产品。

非正式团体具有友谊型、同好型、工作型、自卫型、互利型等类型。这些类型的非正式团体普遍地存在于组织的内部公众关系中。

非正式团体具有以下一些特征:

(1) 以相近的心理特征和共同的心理需求为基础,自发形成。

(2) 实行的是感情逻辑,以感情作为聚合的纽带,以团体共同的感情和态度作为价值标准。

(3) 团体内具有很强的整体意识和压力,有不成文的行为规范,对其成员的行为有极大的约束力。

(4) 团体内部有自然形成的领袖人物(常称之为意见领袖),其威信高、影响力大。

(5) 团体中有比较灵敏的信息传递渠道,成员之间思想沟通度深且通畅。

(6) 有两重性作用。在与正式组织目标一致时,非正式团体能成为组织的辅助力量;相反,则会成为组织的异己力量,削弱或阻碍正式组织目标的实现。

2. 与非正式团体相处时应注意的问题

(1) 对于积极型或正面型的非正式团体,应采取支持和保护的原则。

(2) 对中间型非正式团体则应持慎重的态度,注意引导和争取。

(3) 对消极型非正式团体则应采取必要措施以防其进一步质变和恶化,总的原则是教育、

改造。

3. 与非正式团体中领袖人物交往时应注意的问题

（1）不要瞧不起他们、嫌弃他们，要善于和他们交朋友。

（2）要熟悉他们的长处，利用他们的长处。

（3）注意平时多沟通，及时把组织的有关情况告知他们，争取他们的合作。

（4）若有新政策或重大举措将出台，要先向他们宣传解释，倾听他们的意见。

（5）对他们反映的情况，提出的意见要表示重视、信任，不要流露无所谓或不重视的神态。

（6）如果有可能，尽量安排他们做一些较重要的工作。

（7）不宜频频交往，也不可用行政压力手段，使他们成为单方面的"传声筒"。

二、社区公众

社区公众是指组织所在社区的公众，它包括当地的权力管理部门、地方团体、居民百姓和其他社会组织。

（一）社区公众的重要性

（1）社区可以为组织的发展提供充足的劳动力资源，是组织内部员工关系的延伸。

（2）社区能够为组织提供电力、水力能源和土地、原材料资源。

（3）社区可以为组织提供如交通、治安、环境保护以及商店、浴池、学校、市场等方面的社会服务。

（4）作为组织生存与发展的直接环境，社区还具有充足的购买力，是一个相对稳定的市场。

（二）处理与社区公众关系的艺术

建立和谐的社区关系，需做好以下几方面工作。

1. 加强传播，沟通信息，增进了解

良好的社区公众关系是建立在相互了解的基础上的。因此，社会组织应采取各种传播手段，加强与社区的双向沟通，增进相互了解。社会组织应主动向社区公众通报本组织的各方面情况，如组织的方针、政策、生产经营现状、未来发展目标等。当组织的行为和社区发生直接关系（如企业生产造成的废水、废气、噪音给社区带来污染）时，更应及时向社区公众通报并积极采取措施加以解决，以求得社区公众的谅解。另一方面，社会组织还应采取请进来的方法，邀请各方面社区公众的代表来组织参观、座谈，广泛听取社区公众对组织的意见和要求，并对有关问题及时答复。

2. 关心并支持社区建设

美国一家公司为协调社区关系，专门成立了一个由职工自愿参加的抢救队，对社区里发生的各种事故或障碍，无论大小，随叫随到、随到随修，不计报酬，深受社区公众的欢迎。

广州中山温泉宾馆地处农村，环境偏僻，这家宾馆把社区建设当成是自身建设，出资帮助所在地的农村发展生产，使该地区成为文明卫生乡。这既帮助了社区建设，又改善了自身的经营环境。

3. 参加并资助各项社会公益活动

社会组织应积极参加所在社区的各项社会公益活动，并尽自己的能力予以赞助。如重庆南方大酒店非常热心参加所在社区组织的植树、"五讲四美"、群众体育活动，同时对中国残疾人基金会、重庆市残疾儿童健康中心、残疾儿童福利院、老人院、儿童康乐中心等社区公众,做了不同程度的赞助,强化了社区"好公民"形象。

三、顾客公众

顾客公众是指组织所提供的产品或服务的购买者、消费者。组织的性质不同其产品亦不同,有的产品是实物,有的产品是服务,是满足某种心理、精神享受的无形商品。因此,顾客公众包括物质消费者和精神文化消费者。物质商品的消费者包括生产资料和消费资料的消费者,其中有物质商品的销售商、代理商和批发商等。精神文化产品的消费者包括广播、电视、影剧院的听众、观众,报刊、书籍的读者等。随着科技的进步,人们生活水平的提高,消费已由物质(实物)消费与心理(精神)的需要满足的消费融为一体。这一变化,为公共关系事业提供了广阔的研究与实践课题。

(一)顾客公众的重要性

1. 顾客公众是企业组织的衣食父母

任何社会组织的产生都是以客观需求为基础的,没有客观基础,便不会有一定形式的社会组织。同时,组织的发展也要依赖它所生存的客观基础。客观条件(包括人的条件、物的条件、制度政策和技术等的条件)的变化往往决定着组织的生死存亡。在诸多客观条件中,人的需求条件是主要的,倘若一个企业组织没有了顾客公众,便失去了存在与发展的必要性和可能性。

2. 良好的顾客公众关系能够给组织带来效益

一个组织的价值,很大程度上决定于其产品被顾客公众接受和欢迎的程度。顾客公众对组织产品的赞许及消费量决定了组织的效益,顾客公众是营利性组织市场经营的生命线。公共关系工作的开展将在组织与顾客公众之间协调关系、沟通信息、消除误解、联络感情、争取人心,从而赢得良好的顾客公众关系。而良好的顾客公众关系将会给组织带来直接或间接的经济效益和社会效益。

3. 顾客公众能够帮助组织确立正确经营宗旨、不断完善服务

社会主义市场经济体制的建立,必将使任何组织者都面临着新的顾客公众,这种新型的顾客公众有一个突出特点——功利性,这就决定了组织在处理与顾客关系时必须奉行互惠互利的原则,必须树立"顾客公众就是上帝,顾客公众永远是正确的"经营观念。同时也决定了组织必须不断改革自身的管理,不断创新,方能适应不断发展变化的顾客公众与市场的需要。

(二)处理与顾客公众关系的艺术

1. 树立为公众服务的思想,确立"顾客就是上帝"的观念

究竟怎么认识顾客公众?美国的彼得斯在其《赢得优势》一书中这样描述:

顾客公众是这个机构里面最重要的人物……不管是直接接触还是通信联系都是如此。

顾客公众并不依靠我们……倒是我们要依靠他们。

顾客公众不是打断我们工作的某种干扰……而是我们工作的目的。我们为他们服务并不是我们给了他们什么好处……倒是他们帮助了我们,因为他们给我们机会让我们为他们服务。

顾客公众不是我们要与之争论或比赛智力的人。同顾客争论是不可能取胜的。

顾客公众给我们带来了他们的需要。我们的职责是满足他们的需要,并使他们和我们自己有利可图。

如果组织能够以这样的眼光来认识顾客公众,认识顾客公众同组织的关系,那么,涉及组织与顾客公众的矛盾纠纷、利益摩擦等问题就可以迎刃而解了。

2. 适应顾客公众的需要,不断创新,提供优质产品

在市场经济体制下,营利性的组织面对的是买方市场。生产什么,不生产什么都要以顾客公众的需要为导向。以销定产恰恰反映了现货市场的供求关系。为适应日益丰富和发展的顾客公众的物质文化生活需要,组织就必须创新自己的工作,创新自己的产品;要想引领时代新潮流,就要有超前意识,要对自己的顾客公众进行积极的消费教育和消费引导,形成消费的系列化。研究成功企业的经验表明,企业不仅要向顾客公众提供优质产品,还要向顾客公众不断提供新产品、系列产品,这样才能受到顾客公众的拥戴。

3. 想顾客公众所想,急顾客公众所急,为顾客公众提供一流的服务

顾客公众最怕的是遭到服务上的白眼或歧视,最担心的是产品的质量。提供一流的服务对有些组织而言,本身就是一种产品。

全美汽车销量第一的汽车经销商乔·吉拉德曾说过:"有一件别的经销商不愿做的事情我做了,那就是我所认为的——真正的销售始于售后。当顾客还没有出我的门,我们就已经写好了一封表示感谢的短信了。"乔·吉拉德说:"顾客可不是累赘,他们是我们的衣食父母,是我们的饭碗。"他向顾客提供一流服务,每月要送出1.3万张以上的贺卡,只要顾客从他那里买过一辆车,他就再也不会忘记。不同的节日,他都要寄贺卡祝贺,顾客接到贺卡就把汽车使用的情况反馈回来。乔·吉拉德有时亲自代表顾客去同汽车制造厂家交涉。他急顾客所急,当顾客的车子出了毛病,他就像自己的车子出了毛病一样着急,积极想办法予以解决。他说:"那些一流的大饭店,就连厨房里也洋溢出对顾客的热情和关心。当我卖掉一辆车,顾客要走时,他们的心情就同从一流大饭店里出来的感觉一模一样……顾客来要求服务,我总是尽我所能,为他把事情办得尽善尽美。你要像个医生那样,他的车子出了毛病,你要痛他之所痛才行。"乔·吉拉德对顾客的认识及销售服务的做法是值得我们借鉴的。

4. 妥善处理与顾客间的纠纷

组织要想建立良好的顾客关系,妥善处理与顾客的纠纷是必不可少的。在处理顾客纠纷时,无论是组织的普通职工,还是组织的公共关系人员,或者是组织的领导,都应该时时提醒自己"顾客永远是正确的",这是妥善处理纠纷的一把金钥匙。

组织与顾客之间的冲突或纠纷的导火线无外乎以下四种:

(1) 顾客的物质利益受到损害。如果确系顾客的物质利益受到了损害,如产品质量有问题,包装破损,不合标准,出现不应有的副作用,缺乏售后服务等,无论其受害的利益多么微不足道,顾客的态度多么粗暴,组织方面都要诚恳听取顾客的申诉,并表示歉意,同时马上采取全部或部分补偿顾客利益的具体措施,以取得顾客的谅解。在与利益受到损害的顾客的接触时,应该表示自己很能理解顾客的心情,尤其是在顾客生气、发怒时,更应该说一些为顾客着想的话。这种与顾客心理的沟通,往往会使自己与顾客的关系发生微妙的变化,如从敌对转向合作,从僵硬转向融洽,从互不让步转向相互让步,从互不关心转向相互关心,从只顾表明自己的态度转向共同探讨有利双方的结果,而这些正是公共关系工作要达到的目的。

(2) 顾客的精神利益受到损害。顾客的精神利益有时也会受到损害,如接待人员的态度引起顾客的不快、工作人员的影响干涉了顾客的抉择,顾客受到了不公正的对待等。有时精

神利益的损害是伴随着物质利益的损害出现的,很难将两者严格地区分。当顾客的精神利益受到损害时,组织就更应该站在消费者的立场上来处理由此引起的纠纷;否则,后果将会更加严重。

对顾客投诉的处理方式最能体现组织是否真正把顾客视为上帝。对于通过书信投诉的顾客,公共关系人员应尽快查明原由,向顾客坦诚说明情况,敢于承认错误,并且通过举一反三,从制度上加以解决。对于怒气冲天找上门来投诉的顾客,公共关系人员应诚恳地听完他们的抱怨,以实际行动消除他们的愤懑,使其满意而去。顾客的投诉对组织而言,是难得的发现错误、悔过自新的好机会,公共关系人员应认真对待,而不能敷衍了事,更不可蛮横无理。在对待顾客的投诉上,组织领导人所持的态度对手下的员工有决定性的影响,所以,领导干部要在这方面为员工做好的表率。

(3) 顾客自身情绪不佳。顾客自身情绪不佳有时也会引起组织与顾客之间的冲突。可以设想,此类顾客可能是由于身体状况欠佳或在工作、生活中受到某种压力或遭到不公正待遇之故,这类顾客对组织并无真正的敌意,只是情绪失去控制而暂时出现的无端行为。对他们,工作人员应在内心给予同情,并给以和善、耐心的解释,使之恢复理智。只要工作人员的方法得当,他们最终会醒悟过来的。一旦他们醒悟过来后便会对工作人员充满感激,对组织也将会产生永久的信任感。

(4) 极少数顾客故意寻衅。客观地说,顾客并不是人人都好,顾客的要求并不是条条都对。在极少数的顾客提出无理的要求或做出无礼的举动时,工作人员更应该表现出极好的教养,晓之以理,动之以情,导之以行。

处理与顾客的纠纷是较为棘手的一种公共关系实务。综合起来,处理与顾客纠纷的技巧主要包括:一是掌握第一手资料,查明纠纷产生的真实原因;二是拟订处理方案;三是若时间允许,尽可能采取"冷处理"战术;四是尽快实施。若原因属组织本身产品质量或服务所致,则要勇于承认错误,承担责任,依照《中华人民共和国消费者权益保护法》的规定办理。若是他因所致,应在同情理解的基础加以说明,并协商解决办法。比如通过有关媒介矫正视听等。处理与顾客纠纷的总的原则是:诚恳、积极、迅速,只要有一线希望,就不要放弃对顾客的争取。

四、媒介公众

媒介公众是指新闻传播机构及其工作人员。媒介公众是公共关系工作对象中最敏感但又是最重要的一部分。任何一个社会组织都要面对媒介公众。这种关系常有两重性:一方面,组织要借助新闻媒介作为其与公众之间沟通的中介;另一方面,新闻媒介及其工作人员本身就是组织需要特别争取的公众对象。中介与对象的合一决定了新闻媒介关系是一种传播性最强、公共关系操作意义最大的关系。

与新闻媒介建立良好关系的目的是争取新闻传播界对本组织的了解、理解和支持,以便造成对本组织有利的舆论氛围。通过新闻媒介实现与公众的广泛沟通,可以增强对整个社会的影响力。

(一) 搞好与媒介公众关系的意义

1. 良好的媒介公众关系有利于形成良好的公众舆论

某个组织或其领导人、产品、服务如果成为新闻界报道的热点,便会成为具有公众影响力的议论话题,获得较高的社会知名度,而通过新闻界对组织的客观报道,也容易获得公众的信任,有利于提高组织的美誉度。公共关系的一项重要任务,就是为组织创造良好的公众舆论,得到舆论的理解和支持。

2. 良好的媒介公众关系有利于组织实现大范围、远距离的沟通

大众传播媒介借助于现代印刷、现代电子技术,可以大量地高速度地复制和传播信息,跨越时间和空间的限制,这正是组织实现大范围、远距离沟通的重要技术条件,而这种技术条件组织本身是不具备的,必须依靠新闻媒介。因此,组织的公共关系工作一定要把新闻媒介及其工作人员作为自己的重要对象,尽可能多地接触并与新闻媒介加强联系,并建立起良好的关系,与新闻界关系越多,组织的有关信息的报道数量就越多,与新闻界关系越好,对组织有关信息的报道质量就越好。

(二)正确处理媒介公众关系的原则

要与媒介公众建立良好的关系,必须遵循"四要"、"四不要"的原则。

1. "四要"的具体内容

一要以礼相待。对新闻媒介机构和记者编辑要友好热情,为他们来组织采访、写稿、核实等工作提供必要的帮助和服务。

二要以诚相待,实事求是。要提供组织真实可靠的材料和数据,既不能夸大组织成绩,也不能掩盖失误,更不能提供假新闻。如确系保密的技术、参数或预见报道可能给组织带来巨大的经济损失时,应如实向有关记者、编辑等说明利害关系,请他们酌情掌握。

三要平等相待。它有两层意义,一是对各种不同的报纸、杂志、广播、电视等媒介,要一视同仁,不分厚薄亲疏,决不可因新闻单位名气大小和级别高低的不同而采取截然不同的态度,应尽可能使它们获得平等的信息量和平等的采访机会;二是对记者报道组织的成绩或组织工作中的失误,对报道组织中的普通员工和领导人员都要一视同仁,热情协助。

四要迫不及待。即对于新闻媒介报道组织的工作失误,若情况属实,应立即改进,并主动邀请有关各方面和新闻媒体再度来组织采访改进工作的情况。这样不仅会得到社会的谅解,也会取得新闻媒介的信任。组织做了好事,更应该广为宣传,以树立组织的良好形象。

2. "四不要"的具体内容

一不要一相情愿。即不要对新闻媒介提不切实际的要求,不要强迫记者按组织的意愿写稿。

二不要以利相交。与新闻媒介不要搞庸俗关系,除了一般的纪念品外,不要搞请客送礼,更不要金钱贿赂。

三不要变相交换。即不要以登广告为诱饵,换取媒介为本组织发不该发的报道,更不要以撤回全年广告刊登计划相威胁,迫使媒介按组织要求发稿。

四不要临渴掘井。即同新闻媒介打交道,不能追求一时一事的功利,满足于"抱佛脚"式的联系。这样,会使新闻媒介感觉组织缺乏长久合作的诚意。

总之,组织若不能处理好同媒介公众的关系,不仅会失去一个重要的公众,更为严重的是组织的公共关系活动就会受到影响。

五、政府公众

政府公众是指政府机关及其内部的工作人员。政府是国家权力机关的执行机关,是对社会

进行统一管理的权力机构。任何一个社会组织作为社会的一分子,都必须服从政府对整个社会的统一管理。因此,任何社会组织都需要与政府的有关职能机构和管理部门打交道,政府公众是所有社会组织的目标公众中最具有权威性的对象,也是组织生存和发展的重要保障条件。

政府公众有不同的层次,比较高的层次是间接领导关系,比较低的层次是直接领导关系。常见的政府公众一般指从中央到地方的各级人民政府及其所属的公安、司法、海关、税务、财政、工商、卫生防疫、质检、物价、环保、统计等部门。

（一）政府公众关系的重要性

（1）良好的政府公众关系能够为组织形成有利的政策、法律和社会管理环境。政府掌握着国家权力,是制定和执行政策、法规的机关,具有强大的宏观调控能力,对组织有着重要的制约作用。处理好与政府公众的关系,可以获得来自于政府的多方面支持,为组织的生存发展创造有利的外部环境。

（2）良好的政府公众关系能够使组织获得良好的关系环境,得到人、财、物以及信息资源方面的支持。一个组织一旦为政府所信赖,那么组织在产品、资金、人力、物力等方面将会得到大力的关照与支持。由于政府的职能决定了它可以协调、控制社会的各个层面,一旦组织遇到了麻烦或暂时的困难,也可以在政府的协调下得到社会有关方面的支持。

（3）良好的政府公众关系能使组织获得良好的舆论环境。我国的新闻传播媒介往往是宣传党和政府方针政策的喉舌。对政府重视的社会组织,新闻媒介一般都愿意追踪并予以报道。这对组织来说无疑是一件大好事,它能客观而权威地形成公众对组织的良好评价与印象。

（二）处理与政府公众关系的艺术

（1）组织应该主动建立和加强与政府有关部门之间的双向沟通。一方面,组织的公共关系部门应该详尽地分析研究政府的方针、政策、法规,提供给本组织领导及各部门参考,使组织的一切活动都保持在政策法规许可的范围内,并随时按照政策法规的变动来修正本组织的政策和活动。另一方面,组织的公共关系部门应随时将实际工作部门的具体情况上传至政府有关部门,并根据本地区、本行业、本部门的特殊情况,主动地提出新的政策设想和方案,并通过适当的渠道进行说服性的工作,协助发现及纠正政策执行中出现的偏差或失误。

（2）自觉接受政府的控制和指导,自觉承担对国家和社会应尽的责任和义务。如一家企业,要在法律、法规、政策许可的前提下,做合法的经营者,自觉接受工商、税务、质检、环保、卫生等部门的监督,主动纳税,自觉保护环境。

（3）熟悉政府机构的具体设置、职责分工、负责人员,以保证有效地开展工作。政府内部分工复杂,有许多业务互相渗透、交叉,若分不清职责范围,则容易违背管理权限与能级,就很难分清主次,这样往往会导致不必要的麻烦。此外,应与主管业务人员保持经常往来和密切联系。

（4）以国家利益为重,兼顾组织利益。社会主义国家在处理国家利益与单位的利益冲突时,一向以国家利益为重,以大局利益为重,这个原则不能变。因为国家的利益代表了人民的利益,建立在单位利益之上。当然,如果能采取平衡机制,协调组织与政府的利益,只要合情合理,政策允许,也是可行的。

六、名流公众

名流公众指那些对社会舆论和社会生活具有较大的影响力和号召力的有名望的人士。如政界、工商界、金融界的首脑人物;科学界、教育界、学术界的权威人士;文化、艺术、影视、体育等方面的明星;新闻出版界的舆论领袖等。这类关系对象的数量有限,但对传播的作用很大,能在舆论中迅速聚焦,影响力很强。通过社会名流去影响公众和舆论,往往具有事半功倍的效果。

(一)建立良好名流关系的意义和作用

建立良好的名流关系的目的,是借助名流的知名度扩大组织的公共关系网络和对公众影响力,丰满组织的社会形象,其意义和作用包括:

1. 借助于社会名流的见识和专长

组织与社会名流建立良好关系,能充分利用他们的见识、专长为组织的经营管理提供有益的意见咨询。社会名流往往见多识广,或是某一方面的权威,组织的管理人员能够在与他们交往的过程中获得广泛的社会信息或宝贵的专业信息,无形中使组织增添了一笔知识财富、信息财富。

2. 借助于社会名流的关系网络

组织与社会名流建立良好关系,能通过他们良好的社会关系网络为组织广结善缘。有些社会名流虽然不可能为本组织直接提供所需的专业信息或管理咨询,但由于他们与社会各界有广泛的联系,或对某一方面的关系有特别重大的影响,组织便能通过他们与有关公众对象疏通关系,扩大社会交往范围。

3. 借助于社会名流的社会声望

组织与社会名流建立良好关系,能借助他们较高的社会声望,提高本组织的知名度。这是因为社会名流有较高的社会地位,或具有某方面的权威性,或由于他们对社会的特殊贡献、突出成就等,而具有较高的知名度。同时,由于一般公众都存在着"崇尚英雄"、"崇拜明星"的社会心理,组织与社会名流建立良好关系,就会将本组织的名字与社会名流的名望联系在一起,利用公众崇拜名流的心理,提高本组织在公众心目中的位置。

(二)搞好与名流公众的关系需要注意的问题

搞好与名流公众关系的目标在于促进组织与社会名流之间的信息沟通,听取他们对组织的意见,积极支持和帮助社会各界名流,和他们联络感情,通过他们扩大组织在公众中的影响,提高组织的知名度和美誉度。

搞好名流关系必须注意:

1. 坚持互利互惠原则

组织结交名流,最好选择那些有利于推进自己工作的对象,这样才能反映自己组织形象的特色。同时,组织与社会各界名流交往时,必须兼顾他们的利益,积极支持和赞助他们的事业,争取和名人建立长期、稳定的合作关系,达到双赢。

2. 注意把握交往时机

与名流交往不可唐突,语言切忌粗俗,交往前最好能根据交往对象的职业专长、兴趣爱好适当作一些知识准备。

3. 加强公共关系人员的文化修养

由于名流关系所涉及的对象都是文化层次、社会地位较高的人,因此,只有加强公共关系人员的文化修养,才能与交往对象相处得融洽,增强公共关系效果。

七、国际公众

国际公众指一个组织的产品、人员及其活动进入国际范围,对别国的公众产生影响,并需要了解和适应对象国的公众环境的时候,该组织所面对的不同国家、地区的公众对象。国际公众具有与本组织完全不同的社会和文化背景,因此,传播沟通活动也就具有显著的跨文化特征。

(一)搞好与国际公众关系的意义

搞好与国际公众关系的目的是争取国际公众和舆论的了解、理解与支持,为本组织及其政策、活动、产品和人员塑造良好的国际形象,创造良好的国际声誉。

1. 发展国际公共关系,为对外开放服务

我国实行对外开放政策,企业发展外向型经济,参与国际经济大循环,急需发展国际公共关系。一方面,需要通过公共关系及时、准确地了解国际市场动向,了解有关国家的政治、经济、文化、社会等方面的信息,了解国外的投资者、合作者和客户等;另一方面,需要运用国际公共关系手段,向国外的公众、舆论和市场传播自己的信息,树立自己的形象,介绍自己的产品和服务,提高自己的国际知名度和国际信誉。即使不出国门的组织,也要运用国际公共关系,为来华投资、经商或合作的外商,来华旅游参观的外国客人提供信息服务,做好接待工作等。

在文化、艺术、科学、教育、医疗、体育等方面的国际交流中,也需要接触许多国际公众对象。良好的国际公共关系有利于促进这些方面的交流与合作,有利于树立中国在世界上的良好形象。

2. 运用跨文化传播手段,促进组织形象的国际化

参与国际性活动的组织需要建立国际化的形象,即能够适应别国公众、获得各国人民的接受和欢迎。这就需要注意研究和适应别国公众的社会和文化差异,调整公共关系的政策和方法。国际公共关系是一种跨文化传播,在信息的传播和对外交往方面,不仅要懂得运用外国的语言文字,还要了解对象国的历史文化、风俗习惯、公众心理,以及了解国际商法和对外交往的国际惯例,使传播的信息尽量符合对象国公众的习惯。如宝洁公司的香皂商标是"SAFEGUARD",译成中文时就要注重与中国人的心理习惯相吻合,因此这种香皂的中文商标最后便译成了"舒肤佳",从而迅速打开了中国市场。

要使国际公共关系取得成功,还必须善于运用国际新闻传播和广告传播手段。不仅运用我国的对外传播工具,更要了解对象国及国际上知名的新闻媒介和广告界,与国外的新闻机构和广告业建立联系,懂得如何为他们提供新闻资料和广告资料。国际公共关系界早已进入中国。我国的企业及各类组织一定要抓住机遇,运用国际公共关系,帮助自己走向世界。

(二)处理与国际公众关系应注意的问题

国际公众关系是指社会组织与其他国家相关公众的关系。我国改革开放,特别是加入WTO以后,对外贸易活动空前发展。一个组织在与外商进行经济、技术贸易合作以及开拓海外市场的时候,都需要开展国际公众关系活动。

开展国际公共关系活动应注意以下两点:

第一,认真研究并尊重经营活动对象国的政治、经济、法律、制度、历史文化、道德规范、风土人情、语言表达习惯、生活方式和价值观念等,根据这些情况设计传播方案及实施公共关系计划。

第二,了解对象国公众对本组织产品与服务的态度、意见,妥善处理好他们的投诉,企业产品

和公司名称的设计要能为对象国公众所接受,不可触犯他们的利益和他们在文化、风俗、政治、宗教等方面的禁忌。了解并善于运用对象国的新闻传播媒介,使自己的信息符合对象国公众的语言、文化、风俗习惯,从而为他们所接受。

第四章　公众心理与行为

在现实生活中,对于同一件事,不同的公众会有不同的反映,会采取不同的行为,这些反映和行为的差异与公众心理差异有关。本章首先介绍影响公众行为的心理因素如知觉、需要、态度等,然后介绍流行、流言及舆论对公众行为的影响,最后再讨论价值观与公众行为、从众心理、逆反心理等。

第一节　知觉与公众行为

本节将分别介绍知觉的概念、知觉的选择性与知觉的偏见,以及知觉对公众行为的影响。

一、知觉的概念

知觉是大脑对当前直接作用于感觉器官的客观事物的整体反映。当一个客观事物的某一种属性对有关的感觉器官发生作用时,通过一系列传导神经,把这一感觉信息传入大脑相应的感觉中枢,引起相关的一个感觉信息组合的活动,因而得以反映该整个事物的存在。也就是说,在主体脑中出现了这个事物的整体印象。知觉之所以在当前能够一下子反映事物的整体,是因为在此之前,已经历了对该事物各种属性的感觉,并在脑中储存着相应的感觉信息组合。因此,当前只要其中一种感觉信息的作用,就能引起这个感觉信息组合的兴奋,产生相应的知觉。从这个意义上说,知觉是在感觉的基础上产生的。如果以前没有对某事物形成了包含视、听、触、摸、嗅觉等的感觉基础,当前就不可能对该事物产生知觉。事实上,知觉就是各种感觉的复合。

知觉只限于当前在脑中呈现事物的整体印象。而认知到事物的一定意义,则是思维起的作用。正是在知觉的基础上,使我们能够认识到事物的名称、性能、因果关系等意义。在心理活动中,知觉与思维紧密地相互联系着。知觉是思维的"窗口",为思维提供感觉信息,而思维又对感觉信息进行加工处理,把知觉组织起来,使其获得一定的意义。当我们感知到客观事物时,通过思维在大脑储存着的信息系统中,提取相关信息与知觉相结合,使其获得某种意义。因此,在涉及到知觉的概念时,应该把知觉与思维结合起来,使其意义化。

由于知觉含有一定的意义,使知觉带有主观意识性,致使人们的知觉往往与现实的客观世界不完全一致。受这种主观意识性的影响,人们对客观事实的知觉经常会出现程度不同的变形或歪曲现象。造成这种现象的主要原因一是知觉的选择性,二是知觉的偏见。

二、知觉的选择性

我们周围的环境是复杂的,有许多事物同时对我们发生作用。但是,在同一时间、同一场合,我们能清晰知觉到的对象是很有限的,最多只能有几个。所谓知觉的选择性就是在知觉过程中,为了清晰地反映对象,人们总是从许多事物中自觉地(主动地)或不自觉地(被动地)选择知觉对象的心理过程。正是由于这种选择性的存在,使得人们在同一时间、同一场合中同时要面对着众多的事物的时候,只能有选择地感知其中少数内容,形成清晰的知觉;而对其他大部分内容则只能视而不见,听而不闻,无法形成清晰的知觉。

这种知觉的选择性,既有客观的原因也有主观的原因。这种选择性受客观因素(即"被动地")和主观因素(即"主动地")所制约。

(一)客观因素

在知觉过程中,由于某些客观事物在相互对比中有的呈现出较明显的相对特点,致使我们去知觉它。这是知觉的被动选择性。它借以发生的神经机制主要是:客观事物本身易于在大脑相应的感觉中枢引起较强的兴奋过程或易于使大脑把感觉中枢相关的兴奋点组合成整体性的兴奋过程。下述知觉对象的特点影响着知觉的被动选择性。

1. 知觉对象本身的特征

在周围环境中,那些刺激作用强烈而突出的事物,一开始特别容易引起人们的无意注意,成为知觉对象。如响亮的声音、突出的色彩、醒目的标志等刺激物,不管你愿意与否,一开始就使你清晰地感知到。因此,为了提高公共关系工作效率,在公共关系传播中经常要考虑让知觉对象本身具有明显而突出的特征,使公众容易从环境中分出而产生知觉;相反,应当减弱或避免公共关系传播环境中那些强烈而突出的干扰性刺激,如噪音等,以增强公众的相关知觉。

2. 对象和背景的差别

对象和背景的差别在一定程度上决定于客观事物本身的特征,并在它们的对比作用中加强这种差别。因此,对象与背景之间有着明显的相对关系。在同一时间的知觉过程中,人们清晰感知到的几个事物,成为知觉对象,而模糊感知到的其他较多的事物则成为对象的背景。如果对象与背景的差别越大,就越容易把对象从背景中分出;反之,这种分出就越困难。

3. 对象的组合

知觉所反映的事物整体,不一定只是一个对象。有时,在一定条件下我们也能把若干事物组合成一个整体作为知觉对象。例如,在空间上接近的对象,容易作为一个整体被感知;一些对象的性质和形状相似,则它们容易组合成一个整体而被感知;当几个对象共同包围着一个空间时,人们往往容易把它们组合成一个整体来知觉;当几个对象在空间或时间上连续地排列着,则它们容易组合成一个整体而被感知。

(二)主观因素

在知觉过程中个人某些主观因素的作用,在不同方面和不同程度上影响着知觉的选择性,表现为主体主动地感知对象。这属于知觉的主动选择性。它借以发生的神经机制主要在于:主体脑中对有关的事物特别敏感,易于在感觉中枢引起较强的兴奋过程。影响知觉选择性的主观因素有如下几个方面。

1. 需要和动机

需要是人对客观现实的需求(包括自然需求和社会需求)的主观反映,而动机则是人们为了满足需要而激励着主体采取行动的内隐性意向,二者密切相关。凡是能够满足需要、符合动机的事物,往往容易引起有意注意。成为知觉对象;反之,与需要和动机无关的事物,则易被知觉所忽略。

2. 兴趣

兴趣是动机的进一步发展,一般指热切地追求知识或从事某种活动的外现性意向。兴趣在更大程度上制约着知觉的主动选择性。感兴趣的事物,较容易从复杂的环境中被注意到,成为知觉对象。不感兴趣的事物,即使被注意到了,往往也会从知觉中随即消失。例如,从事某种专业性工作的公众,若对其专业越感兴趣,则有关该专业的事物越容易引起其注意;不关心政治的不会关注报纸头版醒目的政治标题;对体育活动不感兴趣的人也不会去留意电视中的体育消息。

3. 性格

性格是对现实的稳定态度和习惯化的行为方式。性格在意志、自尊心、情绪、对人态度、权力需求、竞争心理等方面的特征影响着知觉的选择性。例如,有些人自尊心强,对有关对人态度的行为非常敏感,这种行为较容易被分出而成为知觉对象;有些人的情绪较易波动,往往随着情绪的变化而有选择地感知对象,使知觉带有一定的情绪色彩。

4. 气质

气质主要是受神经过程的特性决定的行为特征,它往往与性格交织在一起。气质行为可分为多血质、胆汁质、粘液质和抑郁质四种典型类型,它们对知觉选择性的影响,主要体现在一定时间内知觉的速度和数量上。多血质者能灵活、敏捷、迅速地感知对象,其选择性知觉的速度快,数量多。胆汁质者的选择性知觉比前者稍差一点。黏液质者较缓慢地感知对象,其选择性知觉的速度较慢,数量较少。抑郁质者对事物较敏感,易于感知对象,其选择性知觉的速度较快,但不灵活,因而其知觉数量不如多血质者。

5. 经验知识

这是指个体过去通过认知积累的、与当前知觉有关的经验知识。它们以信息的形式储存于大脑中,并形成信息系统。经验知识对知觉选择性的影响很明显,主要是使熟悉的对象易于从环境中分出,成为知觉的对象。例如,凭着经验知识,熟练工人在嘈杂的环境中能感知到机器声音的细微变化,从而发现机器故障;科技工作者能在复杂的图表中有选择地感知各种符号、图形、特殊数字等。

总之,知觉过程的选择性,是客观因素与主观因素相互作用的结果。在公共关系传播中知觉的选择性关系到公共传播的效果。作为公共关系人员一方面应注意发挥公众主观因素的积极作用,另一方面充分利用相关的客观因素,创造有利条件,以促进公众选择性知觉的产生。

三、知觉的偏见

知觉的偏见是人们在感知事物的时候,由于特殊的主观动机或外界刺激,对事物产生一种片面的或歪曲印象的心理过程。常见的原因有以下几个方面:

1. 首因效应

即第一印象的强烈影响。事物给人最先留下的印象往往有强烈的作用,左右着人们对事物的整体判断,影响着人们对事物以后发展的长期看法。第一印象一旦形成就比较难以消除。因此,在公共关系工作中要十分注意传播中的首因效应,无论是人、产品、环境还是组织行为,都要尽可能给公众留下良好的第一印象,避免因为不良的第一印象而造成知觉的片面性。

2. 近因效应

即最近或最后印象的强烈影响。事物给人留下的最后印象往往非常深刻,难以消失。对一件事物或对一个人接触的时间延长以后,该事物或人的新信息、最近的信息就会对认识和看法产生新的影响,甚至会改变原来的第一印象。公共关系传播工作亦要注意这种近因效应,注意用新信息去巩固、刷新公众心目中原有的良好印象,或尽力改变原来的不良印象。

3. 晕轮效应

即一种以偏概全、以点概面的片面知觉。人们在认识事物或人的时候,往往会从对象的某些突出的特征或品质推广为对象的整体印象和看法,从而掩盖了对象的其他特征或品质,形成某种幻化的知觉。这种幻化的知觉会产生美化或者丑化对象的作用。公共关系活动可以适当利用这种晕轮效应来扩大组织或产品的影响,美化组织或产品的形象,如"名人广告"、"名流公共关系";同时也要避免因为滥用这种晕轮效应,使公众反感甚至讨厌;更要反对利用晕轮效应来蒙骗公众。

4. 定型作用

即固定的僵化印象对人的知觉的影响,也称"刻板印象"。人们往往自觉或不自觉地凭借自己以往形成的固有经验和固定的看法去判断评价某类人或事物的特征,并对该类人或事物中的个体加以类推,如认为教师是文质彬彬的,商人是唯利是图的;国营商店的商品质量一定可靠,个体户经常以次充好等。这种看法一旦在人的头脑中定了型,造成"先入为主"的成见,就容易在新的认知中产生偏差,妨碍人与人之间的正常交往或对事物的正常判断。公共关系工作一方面要研究和顺应公众的某些刻板印象,使自己的形象与公众的经验相吻合;另一方面也要努力传播新观点、新知识、新经验,以改变公众某些狭隘的成见和偏见以及由此形成的误解。

以上几种常见的知觉现象是"心理定势"的具体表现。心理定势是人的认知和思维的惯性、倾向性,即按照一种固定的倾向去认识事物、判断事物、思考问题,表现出心理活动的趋向性和专注性。它既有积极的定向作用、推动作用、稳定作用,也有消极的妨碍作用、惰性作用、误导作用,是影响公众的态度和行为的重要依据。

第二节 需要与公众行为

人类的一切活动,总是以需要为中心的,人的行为总是直接或间接、自觉或不自觉地为了实现某种需要。本节将介绍马斯洛的需要层次理论及需要对公众行为的影响。

一、需要理论的要点

需要是人对特定目标的渴求与欲望,是推动行为的直接动力。

需要反映了有机体对其生存和发展的条件所表现出的缺乏。这种缺乏既可能是生理的,也可能是心理性的。在正常状态下,有机体的生理状态和心理状态是趋向于均衡的,这种均衡乃是个体维护其生存的条件。倘若机体内或者心理上出现某种缺乏,便会导致均衡状态的破坏。在这种场合下,机体就处于一种不舒服的紧张状态。只有减少或消除这种紧张状态,才能恢复到原有的满意状态。需要可以看做是减少或消除这种紧张状态的反映。

早在1943年,美国心理学家马斯洛在《人类动机理论》一文中首次提出了需要层次论,并于1954年在其名著《动机与人格》中作了进一步阐述。

马斯洛的需要层次理论对我们研究公众的需要与行为有很大的启发性。马斯洛认为人有许多基本需要,并将这些需要排成一个具有高低层次的系统。马斯洛的需要层次理论主要有三个方面的内容:人类有五种基本需要,需要是有层次的,行为是由优势需要所决定的。

二、需要的五个层级

1. 生理的需要

这是人类为了维持其生命最基本的需要,也是需要层次的基础。若衣食住行、空气和水等这类要求得不到满足,人类的生存就成了问题。从这个意义上来说,这些基本的物质条件是人们行为最强大的动力。马斯洛认为,当这些需要还未达到足以维持人们生命之时,其他需要将不能激励他们。他说:"一个人如果同时缺少食物、安全、爱情及价值等,则其最强烈渴求当推对食物的需要。"

2. 安全的需要

当一个人的生理需要得到了一定的满足之后,他就想满足安全的需要。即不仅考虑到眼前,而且考虑到今后,考虑自己的身体免遭危险,考虑已获得的基本生理需要及其他的一切不再丧失和被剥夺。例如,要求摆脱失业的威胁,要求在生病及年老时生活有保障,要求工作安全并免除职业病的危害;希望解除严格的监督以及不公正的待遇,希望干净和有秩序的环境,希望免除战争和意外的灾害等。

3. 社交的需要

当生理及安全的需要得到相当的满足后,社交的需要便占据主导地位。因为人类是有感情的动物。他希望与别人进行交往,避免孤独,希望与伙伴和同事之间和睦相处,关系融洽。他希望归属于一个团体以得到关心、爱护、支持、友谊和忠诚。人为什么要归属于一个团体?因为人们有一种把与自己信念相同的人找出来的倾向,以此来肯定自己的信念,特别是当一种信念发生危机时尤为如此,这时他们便聚在一起,并试图对所发生的事态及他们的信仰达成一个共同的认识。社交需要比生理和安全需要来得细致,个人之间的差异也比较大,它和一个人的性格、经历、教育、信仰都有关系。例如能力强又能自处的人其归属感的表现就比较淡薄。

4. 尊重的需要

当一个人开始满足归属感的需要以后,他通常不只是满足做群体中的一员,而且要产生自尊的需要。即希望别人对自己的工作、人品、能力和才干给予承认并给予较高的评价。希望自己在同事之间有一定的声誉和威望,从而得到别人的尊重并发挥一定的影响力。

5. 自我实现的需要

马斯洛认为这是最高层次的需要,当自尊的需要得到满足以后,自我实现的需要就成为第一需要。自我实现的需要就是要实现个人理想和抱负、最大限度地发挥个人潜力并获得成就的需要,它是一种"希望能成就他独特性的自我的欲望,希望能成就其本人所希望成就的欲望。"这种需要往往是通过胜任感和成就感来获得满足的。

所谓胜任感是指希望自己担当的工作与自己的知识能力相适应,工作带有挑战性,负有更多的责任,工作能取得好的结果,自己的知识与能力在工作中也能得到成长。所谓成就感表现为进行创造性的活动并取得成功。具有这种特点的人一般给自己设立相当困难但可以达成的目标,而且往往把工作中取得的成就本身看得比成功以后所得到的报酬更为重要。

三、五种需要的排列关系

马斯洛认为,对一般人来说,这五种需要由低到高依次排成一个阶梯,当低层次的需要获得相对的满足后,下一个需要就占据了主导地位,成了驱动行为的主要动力。在这里,生理的需要和安全的需要属低级需要,尊重的需要与自我实现的需要属于高级需要,社交的需要为中间层次,基本上也属高级需要。必须先满足低级的需要这是基础,然后才能逐级上升(见图4－1)。我国古代思想家管仲说:"仓廪实则知礼节,衣食足则知荣辱。"讲得就是这个道理。

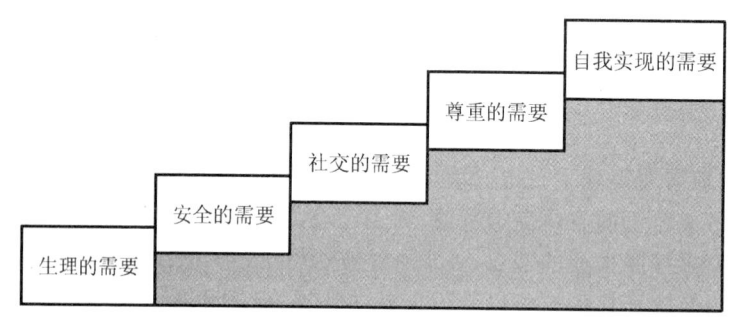

图4-1 五种需要的排列关系

马斯洛又认为,这个层次顺序并非很刻板,而是有许多例外的,例如涉及理想、崇高的社会价值等,具有这样价值观的人会成为殉难者,他们为了某种理想或价值,将牺牲一切。

当一个人同时面临多种需要时,他应该如何作出选择?这便涉及"优势需要"的问题了。

四、优势需要决定行为

马斯洛认为,在同一时间、地点、条件下,人存在多种需要,其中有一种占优势地位的需要决定着人们的行为。当一种需要满足以后,一般地说它就不再是行为的积极推动力,于是,其他需要就开始发生作用。但不能认为某一层次的需要必须完全满足之后,下一层次的需要才会成为优势。实际上,优势需要满足后出现的新需要,并不以突然的跳跃的形式出现,而是以缓慢的速度从无到有,由弱到强,逐步发生的。因此,马斯洛的层次理论并非是一种"有"或"无"的理论结构,它只不过是一种典型模式,这种需要分类只说明了一种基本的趋向,即需要具有不同层次,这种层次的优势又是不断变动的,当优势需要获得满足以后,它的动力作用随之减弱,高一级的需要才处于优势地位。

这五种需要的关系可以用图4－2来表示:

可以从图4－2心理发展过程(横轴)上任取一点,来分析了解个体动机结构的内容。例如,在A点上,此人生理需要最为迫切,其次为安全需要,其他三种层次的需要尚未提到日程上,这相当于在生活水平低下的国家,生活需要与安全需要对个体行为具有明显的推动作用;在B点上,归属和爱的需要(社交需要)对此人的影响最大,其次是安全需要,生理需要已获相当的满足,而尊重与自我实现的需要已经开始发展,但对行为的推动作用尚微;在C点上此人的行为主要由尊重的需要所决定,自我实现的需要已有相当大的作用,而生理与安全的需要已退居下位。

马斯洛认为,由于个人的动机结构发展的状况不同,这五种需要在体内形成的优势位置也就

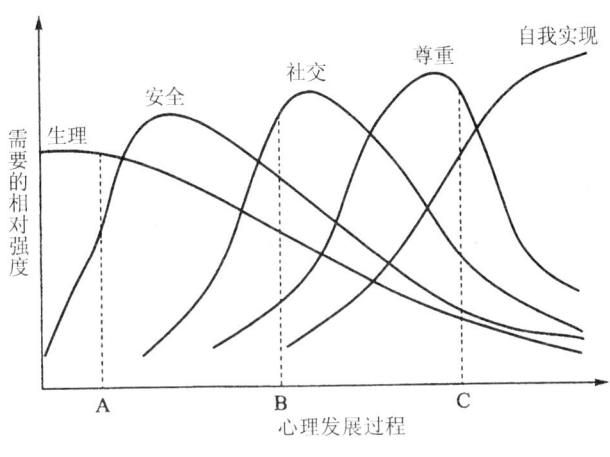

图4-2 优势需要决定行为

不同,但是任何一种需要并不因为高层次的要求获得满足而自行消失,只是对行为的影响比重减轻而已。此外,当一个人的高级需要和低级需要都能满足时,他往往追求高级需要,因为高级需要更有价值,只有当高级需要得到满足时,才具有更深刻的幸福感和满足感。但是如果满足了高级需要,却没有满足低级需要时,有些人可能牺牲高级需要而去谋取低级需要;还有些人可能为了实现高级需要而舍弃低级需要。

要争取公众的支持就必须满足公众的需要。公众的行为往往同时受多种需要的支配,在一定条件下,多种需要中会有一种最为迫切的、起主要支配作用的"优势需要"。公共关系人员应该把这一点作为制定公共关系政策的依据,并作为评估公共关系效果的标准之一。

第三节 态度与公众行为

态度与公众的行为密切相关,公众对组织的态度,反映了组织与公众之间的公共关系状态,更影响到公众对组织所采取的行动。

一、态度及其结构

态度是人们在认识和行为上相对固定的倾向,包括人对事物和社会认知的倾向、情感的倾向和意图的倾向,比如赞成或反对、喜欢或厌恶、肯定或否定等。这些倾向一经形成就比较稳定、比较持久地影响着人们对事物的判断和看法,影响着人们的行为方向和方式。

态度反映的是个人对某一对象所持有的评价与行为倾向。此类对象的范围非常广泛,包括人和各种事物,这些可称为态度对象。例如,组织管理人员与员工都愿为组织的发展而努力工作,彼此的评价都很好,他们之间有一种友好交往的行为倾向,这时组织管理人员与员工互为态度对象,这里的态度对象都是人;学生能从学习中得到求知欲的满足,对学习的评价很好,表现出勤奋学习的行为倾向,这里的态度对象是学习;消费者能从组织的产品中得到一定需要的满足,对组织产品的评价很高,有一种持续购买的行为倾向,这里的态度对象是组织的产品。以上这些都是对人和事物的评价与行为倾向,表明了人的某些态度。它们作为主体的一种内在的心理动力,激励着主体采取与态度相适应的行为并作用于态度对象。

一般说来,态度由认知、情感、意图三个因素构成:其一,认知,是指主体对态度对象的认知,包括感知、思维、理解、看法等,认知是主体对态度对象的整体了解和评价,特别是对对象的价值评价:好或坏,有用或没有用等,这是态度形成的基础。其二,情感,指主体对态度对象的情感体验。认知规定了态度对象,对它加以评价,并使主体表现相应的行为,从中获得情感体验,如喜好—厌恶,尊敬—轻视,热爱—仇恨,同情—冷漠等,同时激励着主体的行为表现。情感是主体对于态度对象的情绪反应,它以认知为基础,又左右着人的行为方向,在态度中具有调节作用。其三,意图,指主体作用于态度对象的行为准备状态。意图是由认知因素和情感因素所决定的对于对象的行为反应倾向,即准备"做还是不做","要做,该怎样做",亦即潜在的行为倾向,这是态度的外显因素。

态度并非行为,而行为以态度作为内在动力。态度可以被看做是心理向行为过渡的临界点,态度是行为的准备状态,行为是态度的表现状态。态度的变化直接影响着行为的变化,行为的变化导致态度各个因素相互关系的变化。其间,伴随着情感的激励作用,即按照情感的方向激励着主体采取一定的行为作用于态度对象。态度的这三个因素相互联系,相互制约,形成一个相对稳定的统一体。

二、态度的特性

(一)态度的社会性

这是指人的态度产生于社会中,并指向和作用于社会。没有一种不带社会性的态度。即使是对自然对象的态度,也不能例外,因为这种态度也渗透着某种社会意义。

(二)态度的针对性

这是指任何一种态度都有其相对应的特定对象即"态度对象"。没有针对性的态度是不存在的。即使是对自己的态度,也是以自己为态度对象的。这个特性也表明态度的客观性。

(三)态度的协调性

这是指构成一种态度的各个因素是协调一致的。在认知的基础上产生相应的情感,而在情感的激励下产生相应的意图,它们之间在彼此相对稳定的条件下不发生矛盾。情感是态度的核心因素,它与意图的协调性是完全的,有什么样的情感,就会产生完全相适应的意图,因为意图是受情感所决定的,它们之间的协调性高于认知与情感的协调性。认知与情感的协调性是不完全的,也就是说它们之间可能不完全一致。人们常说:"知道是一回事,做又是一回事"就是这种不协调性的一种表现。

(四)态度的稳定性

这是指态度一旦形成,将持续一段时间而不轻易改变。在这方面情感起着突出的作用。往往有这样的情况,认知因素已经改变了,但情感还在左右为难。这种特性也是客观事物处于相对稳定状态的反映。

(五)态度的两极性

这是指对事物往往有两种相互对立的极端态度。就其表现形式来看,有肯定与否定态度、赞成与反对态度、亲近与疏远态度等。就其意义来看,有积极与消极态度。积极态度对事物起着进步、提高、促进等作用,而消极态度则起着落后、倒退、破坏等作用。应该注意的是,肯定态度不一定是积极态度,如对错误的问题抱肯定态度则是消极态度。否定态度也不一定是消极态度,如对不正当活动的否定态度则是积极态度。在态度的形成中可能存在着一种"中性态度",但它是短暂的,终究会向态度的两极发展。

(六)态度的间接性

这是指态度只是行为表现前的心理状态,即行为准备状态。态度对行为的激励作用就在于此。行为与行为之间并非直接和机械的关系,而是由态度起中介作用。态度与行为之间可能存在着不一致性,这要由自我意识来调节。例如某人在考虑到某种利害关系时,可能表现出与真实态度相违背的行为,如花言巧语的欺骗行为就是例证。应当看到态度的间接性是复杂的。

三、影响和改变态度的因素

态度的形成与改变是同一发展过程不同的两个方面。态度的形成强调某一态度的发生发展,而它的改变则强调由旧的态度改变为新的态度。二者相互联系,相互衔接。

态度的改变可分为两种:其一,态度的一致性改变,指改变原有态度的强度,而其方向不变,如稍微反对(或赞成)的态度改变为强烈反对(或赞成)的态度。可以说,态度的一致性改变是态度"量"的改变。其二,态度的不一致性改变,指以新的态度取代旧的态度时其方向改变了,如由反对的态度转变为赞成的态度,或者相反。也可以说,态度的不一致性改变是态度"质"的改变。

态度的形成与改变受如下一些主客观因素制约。

(一)社会因素

社会因素是指社会上各种事物,包括社会制度、社会群体、社会交往、道德规范、国家法律、社会舆论、风俗习惯等。它们的存在和作用是强有力的,影响着人们态度的形成和改变。社会上刚出现了新的事物,往往会遭到一些人的抵制和反对。但只要这种事物有利于社会和个人身心的发展,它迟早会被人们所接受。例如公众旧的消费观念与消费习惯的改变与新的消费观念与消费习惯的形成,这个态度的转变过程可能是在潜移默化的情况下进行的。

(二)团体因素

许多社会因素往往通过各种团体而起作用,团体是社会的缩影。团体因素包括一定的信仰、目标、组织形式、规章制度、行为规范、成员与团体的关系等,也是一种强有力的客观因素。个人出于某些需要加入一个或几个团体,与团体建立一定的关系,从而团体对其成员施加影响,使他们改变和形成有关的态度。团体影响力的大小,取决于个人与团体的关系。个人与团体的关系越密切,在团体中地位越高,其归属感越强,那么团体就越能对他施加影响,使他形成有关的态度,而改变不相适应的态度;反之,个人与团体的关系越疏远,就越难对他施加影响,直至他脱离团体,重新改变和形成态度。

(三)宣传因素

许多社会因素和团体因素往往通过一定的宣传因素而起作用。宣传因素是指在宣传过程中由宣传者的威信、宣传内容、宣传方式方法等结合成为一种客观的说服力,影响着被宣传者有关态度的形成和改变。运用宣传手段进行公共关系传播,是传达组织理念、树立组织形象、优化公众环境的重要策略之一。

(四)个性因素

主观的个性因素含个性倾向性因素和个性心理特征两个因素。

1. 个性倾向性因素

个性倾向性是指个体心理活动中稳定的意识倾向性特征,主要有需要、动机、兴趣、理想、信念、世界观等因素。它们作为各种心理动力而调节着主体的行为,态度受这个系统中诸因素的影响。例如,需要对态度的形成和改变就起着很大的作用。需要是主体企求获得某种事物的一种心理动力状态,能激起主体为满足需要而采取行动。因此,凡是能够满足需要的对象,就易于对它产生喜好的、积极的态度;反之,对阻碍满足需要的对象,则产生厌恶的、消极的态度。如果某种需要能够不断得到满足,那么有关的态度就巩固下来,成为一种习惯性的态度。如果原来的需要得不到满足,或产生新的需要,则促使态度的改变或新态度的形成。可见,需要是态度的形成和改变的一个心理动力。

2. 个性心理特征

个性心理特征是指个体心理活动中稳定的心理特征,包括能力、气质和性格三个因素。例如气质和性格,气质主要以其灵活性和可塑性影响着态度的改变和形成:灵活性及可塑性较大的多血质者,较易改变态度;灵活性及可塑性较差的黏液质者和抑郁质者较不易改变态度。性格则以其类型特征影响着态度的改变和形成:外倾型者及顺从型者较易改变态度;内倾型者及独立型者较不易改变态度;理智型者善于通过认知因素改变和形成态度;意志型者易于通过目的的明确而改变和形成态度;情绪型者易受情感因素的影响而改变态度。

(五)态度系统特性因素

一个人形成某些态度,这些态度往往相互组合成为一个态度系统。该系统具有各种特性,作为主观的心理条件而影响着态度的形成和改变。态度如具有以下一个特性,则较不易改变:态度是幼小时形成的;态度发展到两个极端;态度所涉及的关系较复杂;态度在长时期内前后是一贯的,并已形成相应的信念;态度中认知、情感和意图三个因素完全协调一致;态度强烈地激励着行动,并使主体取得较多的满足;态度与价值观的联系较密切。如果态度具有更多的上述特性,则其强度更牢固,所表现的行为更强烈,因而要改变它也就更不容易。

总之,态度的形成和改变,是上述各种主客观因素相互作用的结果。其中,客观因素是外因,以社会因素为主,而主观因素是内因,以思维和个性倾向性因素为主。外因通过内因而起作用,使态度得以形成或改变。公共关系人员如能恰当地把握好这个主客观因素的相互作用,就能对公众的态度施加有效的影响。

四、霍夫兰的说服模式

第二次世界大战期间,卡尔·霍夫兰在美国陆军主持研究战争中对敌宣传和美军士气的问题。战后,他回到耶鲁大学继续进行态度改变方面的研究。霍夫兰关于态度改变的研究对于研究公众态度的改变很有启发。霍夫兰认为人的态度的改变主要取决于说服者的条件、信息本身的说服力以及问题的排列技巧。

(一)说服者的条件

为了验证说服者的作用,霍夫兰做了这样一个实验:将一群被试者分为三个组,然后让三个人分别在各个小组就一个少年犯的题目进行演说。这三位演说人分别被主持人介绍为"法官"、"普通听众"和"品行低劣之人"。演讲结束后,三组听众开始分别给演说者打分,结果"法官"得了"正"分,"普通听众"得了"中"分,而"品行低劣之人"却得了"负"分。三种不同的身份和同一题目的演说,即形成了三种大不相同的影响力。这个实验结果表明:一个对某问题享有盛誉的人总比无声誉的人更能引起更多人的态度改变。

霍夫兰之后的研究者专门研究了说服者的"声誉"问题。认为声誉的最主要成分是专门知识(或专家身份)和超然的态度。如介绍中的"意见领袖"必须是一个身份明确的权威。另外,超然的态度也是劝服者的声誉之一。如同战争中的和平使者往往必须是一位与双方均无利害关系的人一样,公共关系传播者或广告劝服者也不能以一个为厂商的利益而急不可耐的形象出现在消费者面前。

(二) 信息本身的说服力

在表达一个有争议的问题时,如某企业的产品对消费者有利又有弊,是用正面理由还是正反两方面理由都用?哪种方式更能够说服人?

霍夫兰的认为,如果对方本来就赞同说服者的意见,只讲正面理由可以坚定其原有的态度;如果对方原先或当时反对说服者的主张,把正、反两方面的理由都说出来比只讲一方面理由更好;如果对方教育程度高,说出两方面的理由更为有效;如果对方教育程度低,说一方面理由较好;如果对方的教育程度低,并且原来就赞同说服者的立场,则一定要说正面理由,若说出正、反两方面的理由,反而可能导致他犹豫不定。

例如在广告宣传中推广某种农用产品,如果是面对具有不同文化教育程度的农民消费者,应采用不同的宣传方式。对具有一定的农业科学技术知识的农民,因为他肯定会对各种农用产品的优劣进行过比较,因而应该对其既强调该农用产品的优点,也说明这种农用产品的不足之处(这样往往更会给人一种诚实的印象)。对一直坚信该农用产品的优良品质和效能而又没有文化的农民,如果向他再介绍该农用产品的不足之处反而会画蛇添足,使之对这种农用产品产生不必要的怀疑,从而影响到他的购买信心。

(三) 问题的排列技巧

问题的排列秩序在改变公众的态度时也显得比较重要,哪些问题先说,哪些问题后讲,其顺序的安排得讲究技巧。在霍夫兰看来,首先提出宣传论点,可以引起公众注意,易形成有利的气氛;最后提出的论点有利于公众记忆;如果传播内容是受众赞同的或可能接受的,那么把它们首先提出比较有利;如果首先唤起公众的需求,然后再提出问题,更易于被公众接受。例如广告文案的开头往往要先声夺人,结尾之处则较多出现需要消费者记忆的内容;如果首先唤起消费者的需求,然后再推出其产品,这种阐发内容的排列秩序是易于被公众接受的。

第四节 流行、流言及舆论

在公共场合下的流行、流言、舆论是大众心理现象的三种表现形式。这里所说的"大众"是指以接受大众传播为主要信息来源的无组织的群体。深入了解流行、流言、舆论产生的原因和作用以及它们对公众行为的影响,对公共关系传播有极为重要的意义。

一、流行

只要社会上某些有影响的特定的人物表现出某种新奇的行为,许多人就会竞相仿效,从而成为一种社会风尚——流行。

（一）流行的概念

流行（或时尚）是一种群众性的社会心理现象，是指社会上许多人都去追求某种生活方式，使这种生活方式在较短的时期内到处可见，从而导致了彼此之间发生连锁性的感染，即所谓的"一窝蜂"现象。流行既体现在人们的物质生活（如衣、食、住、行等）方面，也体现在人们的精神生活（如文化、娱乐活动等）方面。平时讲的"热"、"时髦"、"时狂"等都是流行表现的不同程度，它是一种极为普遍的社会现象，从人们的追求中，可以看到当时的社会风气或社会时尚，所以它总是带有时代的特点、时代的风貌。

流行有三方面的含义：① 流行是人们对某种生活方式的随从和追求，它涉及的范围十分广泛；② 流行是有相当多的人去随从和追求某种生活方式；③ 流行是在一定时期内的社会现象，过了一定的时间便不再流行。若长时间持续，就会转化人们的习惯，成为社会传统。

流行又可以根据表现的热情程度和持续时间的长短，分为时髦与时狂。时髦是流行的一种典型表现，它在一定时间内受人赞许而且经常发生变化，它也包含对某些被认为有待改进的行为规范的叛逆。因此，人们对时髦的追求乃是偏离传统行为而倾向于当前新颖入时的生活方式。时狂是流行的狂热表现，是热情追求某些生活方式而缺乏理智的倾向。例如"追星族"和"发烧友"之类，就是一种时狂。

（二）流行的特点

社会上流行的某些服装、发式、音乐、动作等，内容虽然各不相同，但它们都有一些共同的特征。

1. 新奇性

新奇性是所有流行项目的最显著的特征。但新奇性不在于流行项目本身是否新奇，而主要取决于当时人们的认识。

2. 时效性

流行一般表现为突然迅速的扩展与蔓延，又在较短时间内消失。例如流行歌曲就是这样，一支优美动听的歌曲可以在几天之内传遍各地，但不多久人们又在追求其他歌曲。在现代社会，电影、电视、杂志等宣传工具日渐普及，通过大量的宣传媒介，人们可以了解国内外最时兴的东西，从而加速了流行的兴衰。

3. 周期性

流行变化具有周期性。今天作为时髦的事物，几个月之后也许变成陈旧的东西；今天是陈旧的事物若干时间以后往往又被看做是新式的。有人曾研究过妇女时装的变迁，发现其款式的变化大约以 5~25 年的周期循环变化。

4. 两极性

流行项目的变化总是从一个极端到另一个极端。例如服装的款式，长到极端必回到短，短到极端必又回到长，大到极端必又回到小，小到极端必回到大；宽到极端必回到紧，紧到极端必又回到宽。从"喇叭裤"到"健美裤"就是一个实例。

人们追求某种生活方式呈正态曲线分布，有人以革新性为标准把人分为五种类型：

第一类：先驱者。他们一般都是属于财力雄厚、富有冒险精神、有勇气、经常希望尝试新构想的人。在生活中他们有时会被认为是"怪人"。此类人数很少，仅占总人数的 2.5%。

第二类：早期采用者。他们是有见解、有眼力的人，也往往是为周围人所信赖而起着舆论指导作用的人。这种人能够成功地预见新事物的发展趋势,果断地采用新的构想。此类人数较少,占总人数的13.5%。

第三类:前期随者。这些人很少带头前进,对于新的构想比较慎重,但是却能相当积极地追随流行。此类人数较多,占总人数的34%。

第四类:后期追随着。这些人对于新的构想持十分慎重的态度,直到大多数的人都采用时,才决心加以采用。此类人数较多,占总人数的34%。

第五类:落伍者。这些人对于新的构想经常保持戒备,倾向于旧传统,对于人们追随流行的倾向十分不满,并看不惯。他们和先驱者一样,在很多场合下都比较孤立,最后还是追随流行,但已经成为落伍者。此类人数占总人数的16%。

(三) 追随流行的心理原因

流行并不具有社会的强制力,它与风俗不同,违反风俗往往会遭到社会的反对,而不追随流行并不会遭到人们的指责,人们追求流行基于心理上的种种需要。

1. 从众与模仿

对于大多数人来说,被人视为乖僻、孤独是不能忍受的。于是,人们就要努力去适应周围环境,以保持心理上的平衡。可供选择的最简便而又可靠的方法,便是模仿社会上流行的东西,例如周围人们的服装、发式、行为、言语等,以适应环境。人们在追求与模仿流行事物时一定认为是正确的,自己与他们一样,也不会错。所以,流行项目便成了引导人们如何行动的模特儿。

社会上许多人竞相模仿某种新奇事物时,就逐渐形成一种社会风尚。模仿乃是再现他人的一定外部特征和行为方式、姿态、动作和行动,这些外部特征、行为方式、姿态的特点还同时具有一定合理的情绪倾向性。

人们对流行项目的模仿不是通过社会或团体的命令而发生的,被人们模仿的对象具有一种榜样的作用,有时是出自模仿者对榜样的无意识的仿效。不过,无论是自觉地还是无意识地仿效,都不是通过团体的命令而强制发生的。

2. 求新欲望

社会生活的内容若缺乏变化则会变得陈旧,人们的精神面貌也就会缺乏生气。人们企图打破这种趋向的动机与流行的追求有着密切的关系。人有一种基本欲望,即想要从自己周围环境中寻求新刺激的欲望,来满足自己的好奇心。而流行之所以能够存在,正是本身具有新奇性的缘故。

人们的求新欲望与流行的新奇性、短暂性有关。人们即使生活上自由自在,精神生活与物质生活十分满足,但若长期处于没有任何变化的社会情境中,总会逐渐感到厌倦,甚至不堪忍受,终于会产生摆脱陈旧生活模式的欲望,流行创造新的生活方式,用不断变化的新的面目满足人们的求新欲望。

3. 自我防御与自我显示

有些人感到自己社会地位不高。承受种种束缚,希望改变现状,避免受到心理上的伤害与压抑。他们往往认为摆脱压抑的感情而追求流行,或者是为了克服自己的劣等感而采用华丽的流行项目,以求消除自己的劣等感。这些都是为了自我防御。

另外,有些人往往喜欢标新立异。他们有意无意地向他人表现和主张自己与众不同,以此来显示自己的地位与个性,表明自己的嗜好与欲望。他们追求流行是为了自我显示(或自我展现）。

4. 追随流行有个别差异

人们是否追求流行,目前虽然尚未得到实证性材料,但在日常生活中可以发现,人们有很大的个别差异。追随流行有年龄与性别的差异。一般而言,女性比男性更追求流行;青年比老年更追求流行。在性格上,脾气容易变化的人、喜欢华丽的人,对流行特别敏感。此外,虚荣心、好奇心、好胜心强的人比较追求流行。

流行的研究对于公共关系工作有着重要的意义。一个公共关系活动很可能成为某种流行的倡导者、某种流行趋势的引导者;一个广告传播活动也可能对某种流行有一种推波助澜的作用。对于流行产生的原因的深入分析,尤其是对与企业产品有关的流行趋势的把握,会给企业带来极大的市场效益。在服装业界有"流行色即金钱"的说法,讲得就是这个道理。

二、流言

流言是一种极为普遍的社会心理现象,流言一经发生,传播极为迅速。尤其是那些攻击流言、恐怖流言,对个人和社会都会发生消极影响。

（一）流言的定义及其类型分析

流言是提不出任何信得过的确切根据,而在人们中相互传播的一种特定的虚假信息。

流言与政治、经济、文化以及社会生活和个人生活都密切相关。流言与时局、流言与股市、流言与物价、流言与现行政策、流言与大众传媒、流言与企业形象等,都是公共关系工作中值得研究的课题。而国家和社会在面临政治混乱、自然灾害、战时或大规模种族对立时期,企业在面临公共关系危机之时,流言最易产生,而且往往是此起彼伏。对流言不可等闲视之。

流言的类型大致分为愿望流言、恐怖流言和攻击流言三类。

1. 愿望流言

愿望流言反映人们某种要求、期望、未实现的梦想以及未满足的需求。愿望流言是凭常识就能推测到这些流言将被有目地、故意地传播给宣传对象。例如,第二次世界大战期间,有人散布流言说:"圣诞节前要结束战争"、"两个月内德国要发生武装政变"、"日本的储油只够用6个月"、"希特勒死了"等等。结果大众受到这种愿望流言的影响,等待着真实消息的公布,事实上最终是大失所望。

2. 恐怖流言

恐怖流言反映出人们内心的恐怖情绪。这种流言常见于社会紧张时期（自然灾害、战争、政变等）以及人们对某些事物产生明显的恐怖和悲观绝望的时候。例如,在第二次世界大战中曾一度相传"太平洋舰队在珍珠港全军覆没",使美国公众人心惶惶。又如,前苏联在某个时期社会上流言很多,比如"食品要涨价了",许多人闻此大为惊慌,连不急需的食品也盲目购进,结果导致市场真的发生了变化,有些商品脱销,有些商品价格上涨。研究发现,有时人们对官方宣传的信任度下降,反而对流言深信不疑。

3. 攻击流言

攻击流言与恐怖流言相似,一般产生于社会紧张时期,通常起因于群体之间的矛盾,其作用在于制造分裂。例如当进步势力掌握政权时,它的反对派常常会利用这类流言对当局发动攻击,造谣惑众以引起不满。在激烈竞争的市场环境之下,也可能产生攻击流言。例如当某企业的产品销路很好时,其竞争对手也可能会散布流言加以诋毁。

(二)流言传播的消极影响

流言一经发生,传播极迅猛,一传十,十传百,辗转相传,面目全非,越来越离奇、荒诞,成为一种精神上的传染,故流言对个人、对社会都会发生消极影响。

流言对个人心理和行为的影响,是作为一种社会情境对个人发生直接的刺激作用。流言形成并广为传播之后,就会成为一种社会心理环境。人们处于这种社会心理环境之中,就会自然而然受到影响。流言对社会、对群体的消极影响不容忽视。因为群体中人与人之间相互接触,使流言不断地变化,进而增强它的力量。若有关于不利于社会安宁与幸福的流言被散发时,往往会引起人们的恐慌,产生强烈的情绪反应。例如有人听说有多少种物品涨价了,就纷纷抢购,造成一时人为的紧张,于是市场上小至火柴、大至金银首饰,统统被抢购一空,这会对社会产生很大危害。在激烈竞争的市场环境之下,诋毁企业产品的攻击流言一旦发挥作用,对该企业尤其是企业形象会发生不利的影响。

(三)流言内容变化的特点

流言内容的变化经过一般化、强调和同化三个阶段。

"一般化"是指将流言内容压缩到只剩下有价值的若干具体细节,使流言越传越变得简略而扼要,遗漏掉许多其他细节。也就是说,流失了许多信息,越到后来越使人感到内容一般化。

"强调"是指突出某些具体细节。听到流言的人,由于对其中有些内容比较容易引注意和兴趣,留下了较为深刻的印象。经他再次传播时,就会强调其印象深刻的部分。

"同化"是指流言的接受者以自己的知识经验、需要及态度等主观因素来理解流言的内容,凡是他认为合乎逻辑的部分就接受下来,同时凭自己的想象对它进一步加工即"添油加醋"之后再广为传播。最后往往把流言套到某个对象身上对号入座,使流言内容与原来的事实相距甚远。

流言内容发生变化的主要原因是人们在记忆上的偏差所致。人们平时观察事物、记忆事物,往往不够细致,总会有所遗漏、颠倒,甚至张冠李戴;在与他人交往过程中,也可能会对对方的某些含糊、曲解之言词,凭自己的经验来理解,自圆其说,致使外界信息失真、失实、遗漏。

(四)流言的制止

流言的破坏性很大。流言之传,可以摧残一个人的精神,威胁一个企业的生存,甚至可以引起社会的震荡,进而影响到一个地区与国家的安定,因此必须及时制止流言的产生与传播。以下建议可供公共关系机构参考。

1. 建立流言研究机构

第二次世界大战期间,美国建立了"流言诊所"。当时,在波士顿爱尔兰人居住区,各种反犹太人、英国人及败北主义的流言传播极盛,引起时局紧张。流言诊所设立了由学校教授、新闻记者、工会、种族及宗教团体的代表和负责法律实施的公务人员等人组成的咨询机构,另外招募了200多名志愿"流言监视者",在波士顿《先驱报》上每周登载"流言诊所"的专栏报导,并发贴宣传画,使人们认清了流言中暗藏的分裂动机,防止了混乱局势。

受"流言诊所"启发,美国又成立了"流言控制中心"。当时流言四起,影响士气和民心,这对战争的胜负会起很大作用,使政府意识到了分析和控制流言的重要性。锡拉丘兹大学的许多研究人员因此开始了认真的流言分析与研究工作,他们每周都要对流言进行分析和否定,并在报纸上登载有关报导,从当时的情况看,常读这些报导的人比不常读这些报导的人更对时局抱怀疑态度。20世纪60年代,流言控制中心作为一个同流言进行斗争的机构获得了发展;1967年芝加哥成立了"流言论所";60年代后期,美国各地相继成立了流言控制中心;到1974年,美国人口在10万以上的城市共有36个流言控制中心在活动;更近的资料显示,设置流言控制中心的城市已近100个。

美国流言研究者纳普(Nape)根据他的经验总结出对付流言的六种方法,对我们从事公共关系工作很有启发:

(1)提高新闻媒介的可信度,让人们藉新闻媒介获取完全正确的情报。

(2)使人们对领袖人物具有信任感。

(3)为了消灭模糊的真空状态,要尽可能多而快地传达可信的情报。

(4)马上掌握可信的情报并作出权威的解释,以迅速而简便地否定流言。

(5)要防止人们的生活情境过于寂寞和单调,这些是最易导致流言、传闻出现和传播的心理条件。

(6)要慎重展开宣传活动,以便揭露流言的有害影响及制造、传播流言的人的不良动机。

2．及时制止各类流言的方法

流言是完全可以制止的,因为它缺乏事实的根据。政府和企业的公共关系部门通过调查访问,向人们提供确切的消息,就可以彻底制止流言的流传。此外,在紧急情况下必须有针对性地及时制止流言。

流言的规模大部分不是国家规模。人们希望得到关于某地区危机状态的情报和可信赖人士的说明,因此,对情报来源的信任程度同样是重要的。例如,人们会打听威胁他们安全的火山喷发以及洪水、水坝决口、地震等发生的可能性。当上述情况出现时,极可能会出现大混乱,危及人们的生命和财产安全。此时,问题的关键在于如何有效地传播有用的情报。如果政府当局能够利用广播、电视播出事实真相并做适当指导,恐慌往往就会避免。在紧急事态下还可使用其他宣传媒介,例如飞机撒宣传品、直升机装上喇叭、在地区内举行包括有影响力的人士参加的群众集会、与掌握情报的可靠机构进行接触等,使人们及时了解情报。

在出现紧急危机的情况下,为控制流言而简单地反驳说"那不是事实"的做法并不能奏效,更重要的是进行适当的忠告。这并不是说政府或企业了解事实却故意要隐瞒,而是在某些情况下需要或多或少地改变或省略事实,这对防止恐慌保持稳定是必不可少的。比如,在座无虚席的剧场里发生事故而产生流言时,如果观众们得知生命受到威胁,就会一窝蜂似地涌向出口,由于过于拥挤,有可会出现人员伤亡;相反,如果观众认为那是一个无关紧要的小事故,就会有序地退出剧场。因此,剧场工作人员切不可先表现出手足无措、心慌意乱的神情,必须用镇静从容的姿态与语言疏导观众离开剧场。

在国家发生危机时,政府应该稳定人心,恢复、保持国民对政府的信任感并尽快地将正确的情报传达给每一个人。充分利用国民对政府已有信任感,问题会更容易解决。

三、舆论

舆论也是大众社会中的一种普遍存在的心理现象,对个人或群体发生一定的影响,它既可以约束个人或群体的行为,也可以鼓励个人或群体的行为。

（一）舆论的定义及其特征

舆论是公众的意见与看法，是社会全体成员或大多数人的共同信念，是人们彼此间信息沟通后的一种共鸣。

英国《大不列颠百科全书》指出，舆论至少包括四个因素：① 必须有一个问题；② 必须有多数个人对这个问题发表意见；③ 在这些意见中至少要有某种一致性；④ 这种一致的意见会直接或间接地产生影响。

由此可见，舆论具有如下特征：

（1）舆论作为一种公众的意见，当然是为多数人赞成与支持的；反之，若社会上某种意见，即使有人大力宣传和提倡，但未能取得公众的赞成与支持，那么这种意见还不能称之为舆论。

（2）舆论总是涉及社会的安宁与幸福的问题。它总是针对社会上出现的某些特殊现象，这些特殊现象与社会固有的风俗传统、伦理道德相违反，人们感到此种情况与社会已有规范相悖，不利于社会的安宁与幸福时，于是作出种种议论。

（3）舆论本身含有合理性。由于舆论的形成是经过一个时期的酝酿与讨论，逐渐使人们看到其合理的部分，于是采纳它、赞同它、支持它。

（4）舆论是有效的。能否使某种意见成为舆论，最主要的是在于它的有效性，即这种意见能否发生社会影响。某种意见能推动或阻碍社会上的某种行为，这种意见就是舆论。

（5）舆论一般不是政府的意见，若是政府的意见，就会以政府的公告、宣言、政策等形式出现。舆论是广大民众的呼声。开明的政府提出的公告、宣言、政策等往往是充分研究社会上的舆论之后提出的，提出之后也密切关注社会对它们的舆论，作为反馈信息，以便必要时及时修改。

（二）舆论的结构

舆论有三个基本要素。一是作为舆论对象的人或事件；二是作为舆论主体的公众；三是作为舆论现象本身的意见。一个完整的舆论须三位一体，缺一不可。

1. 舆论对象

舆论对象是指与人们的现实利益密切相关，能够引起大家共同兴趣，需要公众认真对待的社会事情。它有两个显著特点：一是功利性，对社会有重要意义；二是新异性，对人们有强烈的刺激性和吸引力。功利性、新异性越强，越容易形成舆论。舆论主要有以下四种形态。

（1）社会事件。例如中国第一颗原子弹爆炸成功、北约空袭南斯拉夫首都、北京大学生愤怒抗议北约炸我大使馆等。并非所有的社会事件都能形成舆论，只有当社会生活和社会节奏受到某种冲击或震动时，舆论的发生往往不可避免，而且常常由某种突发的或超常的社会事件引起。社会事件由于具有超常的重要性而格外引人注目，成为大规模舆论的导火线。

（2）社会问题。例如人口膨胀、环境污染、物价上涨、农民纷纷涌进城市找工作、廉政建设、社会治安、青少年犯罪等。社会生活中某些方面的矛盾发展到一定程度，在一定时期内经常出现妨碍社会发展、危及正常社会生活的梗阻事件，从而引起社会的广泛关注，于是社会问题就产生了。与社会事件相比，社会问题具有更大的普遍性和历史持久性，影响和波及更大范围的群众，形成舆论过程的规模更大，时间也更长。

（3）社会冲突。例如战争、起义、暴乱、动乱、骚乱、商战、心战、论战等。社会冲突的发生，是表明社会问题没有得到及时解决或者根本不可能彻底解决，矛盾在不断激化，斗争采取了外部对抗的形式。不管哪一种形式的社会冲突，都必然伴随着或大或小、或长或短的舆论风云。如果社会冲突引发了大规模的社会改组、社会解体等危机或者社会变革,舆论风云将会演化成舆论风暴。

(4) 社会运动。例如五四运动、大生产运动、学先进活动等。人们为了战胜自然,改造社会,解决由社会矛盾引起的各种社会问题与冲突,促进社会的健康发展和良性运行,推动社会进步,提高文明水准,总要提出一定的任务,动员、组织广大社会力量,进行大规模的社会改造工程。这种工程活动涉及面广、影响大,自然被舆论所关注。不少运动本身,也往往借助舆论的力量形成声势,扩大影响。

近几年来,人们创造了一个新的语汇,叫"社会热点"。除了功利性和新异性之外,其独特之处在于"热",亦即"狂热性"。经大众媒介的广泛传播和社会渲染,有时会导致大众时狂和集群行为,伴随着持续高涨的情绪波动,兴奋、躁动、甚至不安。例如,近几年出现的文凭热、经商热、出国热、气功热、股票热等,就属于这一类情况。

2. 舆论主体

作为舆论主体的公众与人群不同,它的内聚力来自于思想的沟通和平等的交流。称之为舆论主体者的公众,具有以下一些特点。

(1) 有共同话题。话题把公众激活,并把他们联结起来。即使到天涯海角、大洋彼岸,只要谈论同一个话题,就已经进入了同一群公众的行列。话题走到哪里,哪里就有公众。现代传播媒介,如广播、电视、卫星通信、光电通信、传真技术等,为在大范围内调动和组织公众提供了条件。不同国家、不同地域的居民,都可以坐在电视机前收看当天世界各地所发生的新闻,谈论同一个人物、同一个事件。信息时代把人们的空间距离大大缩小了,一个国际性话题,常常能够吸引十几亿甚至几十亿的公众。

(2) 参与议论过程。在一个议论过程中,总有三部分人存在着,即说者(传播者)、既听又说者(接受并传播者)和听者(接受者)。前两种人传播信息,表达意见,推动了议论过程,参与了舆论的形成,是舆论的主体。后一种人只是接纳了信息,没有表达意见,终止了传播、议论过程,是沉默的多数。大众传播媒介所谓的读者、听众、观众、大部分是他们。但他们对于传播、议论过程不是可有可无的,传者与受者总是相互依赖,离开了一方,另一方也就不存在了。听者虽然没有表达意见,并不意味着没有意见,很可能与某些条件限制有关。只要具备一定的条件,沉默的多数就会开口说话,这是一股不可小视的力量。

(3) 自发性与松散性。舆论主体靠话题激活,依话题为转移,话题兴则舆论主体生,话题灭则舆论主体无。舆论主体松散而无定型,自恃自存,范围模糊,迁移流转不定,既谈不上严格的组织体制和上下级关系,也没有什么指令与服从。舆论的流动没有确定的路线和预设的界限,无论是谁,只要有了共同兴趣,愿意参加社会议论过程,他就是舆论主体。

(4) 有一定的层序性。舆论主体虽然表面上各个散在、自我独存,但数量达到一定程度,运用科学手段进行分析,却能发现不少问题。例如按照人口结构,可以分解为性别、年龄、职业、经济状况、文化水平、政治面貌、宗教信仰、种族和民族、地域文化背景等类别,每一类别又可以划分为不同的组段。显然,对于同一个问题,不同组段的舆论主体看法往往不尽一致,甚至大相径庭。

3. 意见

意见有多种含义,例如:"对特点事物的观点、判断或评价","弱于知识、强于印象的信念","被作为确实的东西广泛流行、普遍接受的观念","专家们的想法、判断和劝告"等。

美国舆论学者艾尔贝格分析了意见与态度的关系,认为意见是态度的语言表达,而任何一种意见,都包含了三种成分:一是认识成分,如事实陈述、价值评价、思维观点、信仰和信念等,统称为见解;二是情感成分,如肯定或否定的价值取舍、喜怒哀乐的情绪选择等,称之为偏好;三则是意志成分,如动机、意图、愿望、要求等,称之为意向。在议论过程中,公众针对舆论对象用语言表达出来的态度或见解、偏好、意向,总要有所赞成或有所反对,总要具有某种偏好和立场,这就是意见。

意见与知识、真理、科学既不能等同也不能对立,两者可以相互渗透、相互转化。西方有一句民谚:"民声来自天声,民意来自天意",我国古代恰好也有一句老话:"天视自我民视,天听自我民听"。由此可见,公众的意见不可小视。

(三)舆论的作用

舆论是公众的意见,它是一种巨大的精神力量,平时讲的"人心所向"以及"众望所归"等就是一种无形的动力,而"众怒难犯"等则是一种精神压力。古人曾言,"得民心者存,失民心者亡","得道者多助,失道者寡助"。这里讲的"民心"、"道",实质就是公众的意见,即舆论。舆论的作用有以下三个方面。

1. 舆论的制约与监督作用

社会舆论对个人、社会群体乃至政府都能发生一定的制约与监督作用。舆论对社会的监督内容是多方面的。从外延上看,大至社会的经济基础和上层建筑、小至每个人的个人行为;从内涵上看,上至政府的路线、方针、政策,下至社会的某一具体事件;从具体问题来看,有决策方面的监督、工作方面的监督、法律方面的监督、道德方面的监督、理论方面的监督等。

舆论可以制约个人的行为。有时候,团体内成员之间为了某个问题发生矛盾与冲突,其他人对此会作出评论,于是,理亏的一方会停止争吵,作出让步。有时,一个行为失范的人在集体舆论下会有所收敛。公共场合下的矛盾与冲突,在人们一致舆论下也会较快解决。个人在社会中总是会发生从众行为。舆论既然是代表大多数人的意见,就可以产生一种社会控制力量,使它对每个人具有一种压力作用,约束每个人的言论和行动。所以,正确的、健康的舆论能够团结公众,鼓舞公众,以阻止不道德的言论和行为在组织中发生。

舆论对群体有相当大的影响。舆论多半是反映着公众的意见和要求,群体领导人如果忽视了社会舆论,会使群众产生反感及冷漠的心理。一般说来,正确舆论可以战胜不健康的舆论,它可以抑制群体中的歪风邪气,使正气抬头。但在某些群体中,如果在正气尚未抬头时,就可能会有一些不健康的舆论。作为一个群体,必须针锋相对地制造正确舆论,以抵消那些不健康的舆论。这样才能有利于群体目标的实现。

2. 舆论的鼓动作用

进步舆论往往可以成为社会运动的先导,只有舆论先行,才能发生伟大的社会革命运动。例如没有18世纪资产阶级启蒙思想作为舆论准备,就不可能出现资产阶级民主革命。

现实生活中的事件,经过许多人对其评论、发表意见,造成舆论,便形成一种社会空气,即社会心理气氛。这种社会心理气氛包围着人们的生活,形成了客观的社会环境,反过来又影响着人们的生活。因为人的心理活动或是受着他人的心理影响或是对他人的心理发生影响,总是相互作用、相互影响的过程,从而使舆论所制造的社会心理气氛影响和控制着人们的行动。

3. 舆论的指导作用

舆论对人们的行为具有指导作用,在购买商品和欣赏电影、音乐时,舆论起着重要的作用。介绍某一商品或某一电影的人,称为舆论指导者——意见领袖,通过意见领袖的宣传,就更具有说服力。因为意见领袖总是某方面的专家,熟悉他所介绍的对象,并且和社会上各个阶层的人们有着广泛的接触。在公共关系传播中运用"名流公共关系"的做法,正是利用了意见领袖的影响力。

正因为舆论有上述的作用,故任何一个国家和政府都十分重视对公众舆论的控制与引导,尽量利用广播、电视、报刊等宣传媒介作舆论宣传,使宣传内容反映群众的呼声,传达政府的希望和要求。舆论不是一成不变的,它随着社会的发展而不断地变化着。因此,国家的有关部门必须经常研究当前的舆论,并及时把握舆论的发展动向,给公众以正确的指导。

第五节　公众心理的其他方面

一、价值观与公众行为

(一) 价值观的定义

价值观是人们对于是非、善恶、好坏的评价标准,对自由、幸福、荣辱、平等这些观念的理解和轻重主次之分,是影响个体行为的重要因素。

一个人的价值观是从出生开始,在家庭和社会的影响下,逐步形成的。一个人所处的社会生产方式及其所处的经济地位,对其价值观的形成有决定性的影响作用。另外,报刊、电视、广播等宣传活动,以及父母、老师、朋友和英雄人物的行为,对于一个人的价值观的形成与发展,也有着不可忽视的影响作用。

在特定的时间、地点、条件下,人的价值观念是相对稳定和持久的。比如,对某种人、物、事的好坏,总有个评价和看法。在条件不变的情况下,这种评价和看法不会改变。但是,随着人们经济地位的改变,以及人生观和世界观的改变,这种价值观也会随之而改变。

价值观是人生观的核心。不同的国家、民族和组织、不同的社会生活和文化传统,会形成不同的价值观,进而导致公众态度和行为上的差异。公共关系传播工作应该认真研究公众的价值观,根据公众的价值观来设计和调整传播沟通的方针、政策和形式。

(二) 影响人们价值观的四个因素

价值观决定了人们行为的方向和能达到的程度,即决定了人们向往什么,追求什么,喜欢什么,推崇什么。比如,有人祈求工作轻松,有人讲究经济实惠,有人看重地位名气,有人注重工作成就等,都因价值观不同所致。由价值观产生的人们的追求或向往,直接决定着人们的行为取向。这种追求和向往的努力程度取决于以下因素:

(1) 个人的成就感、事业心。成就感很强的人,在工作和目标的追求上,"求成功"的心理超过"怕失败"的心理。成就感弱的人,"怕失败"的心理超过"求成功"的心理。

(2) 过去的成功或失败的经历。一个能够不断实现自己目标的人,他的向往水平就高;一个追求某种目标经常遭受挫折的人,他对这一目标的向往水平就会降低。

(3) 周围环境、生活条件的影响。家庭、亲朋、同事、社会风气、团体气氛都对向往水平产生影响。一个充满生气的集体,其成员的向往水平就较高。

(4) 对目标的接近程度。距离目标越近,越容易提高向往水平。

在组织内部,公共关系工作需要根据这些因素去创造条件和气氛,促使组织的成员形成积极向上的价值观,以增加组织的活力和动力。

由不同的价值观推动的行为取向,在现实生活中有各种不同的类型。认识和分析人们的价值取向类型,对于选择公众对象、确定公共关系活动的目标、调整或协调组织与公众对象之间的关系都有意义。比如,有的人的价值取向是实惠型的,开始讲究经济实惠,不图空名,以实际利益为标准来衡量所有事物和关系;有的价值取向是功名型的,以获取功名为目标,注重个人的名誉、地位和精神价值;有的价值取向是传统型的,推崇传统习惯,决策和行动都比较因循守旧,一切以传统为标准;有的价值取向是现实型的,尊重现实和变化,决不囿于固定的传统习惯,一切随遇而安;有的价值取向是自私型的,一切从个人利益出发,不忌损害他人和公共利益实现自己的目的;有的价值取向是奉献型的,以对他人、对社会的奉献为自己的崇高目标,以为他人和社会服务为乐事;有的价值取向是享乐型的,只顾追求眼前的物质享受和生活享受,缺乏工作的上进心,甚至不顾个人和组织的长远利益和整体利益;有的价值取向是事业型的,把献身于事业作为生活的目标,是工作狂,甚至不顾个人的实际利益和健康等。这些价值取向类型大多是从个体的角度来说的,至于群体和团体的价值取向还有许多不同的、具体的类型。

公共关系工作应注意协调组织自身的价值取向和公众对象的价值取向之间的距离和关系。一般来说,组织和公众对象的价值取向相一致或相类似,沟通就比较容易,效果比较好;而价值取向相矛盾、相冲突,沟通就比较困难,障碍比较大,不容易达成共识和理解。因此,与价值观相反的公众对象沟通的难度较大,必须更加注意传播内容的设计和沟通艺术的运用。

二、团体压力与从众心理

(一) 从众心理的定义

团体是由两人或两人以上组成的,并通过人们彼此之间相互影响、相互作用而形成的。它是具有共同目标的一种介于组织与个人之间的人群集合体。团体和组织是有差别的,但差别不在于规模的大小。组织强调的是一定的职权分工和合作,而团体强调心理上的联系和作用。从团体的作用来看,它强调各成员相互依赖,在心理上彼此意识到对方的存在;各成员之间在行为上相互作用,彼此影响,有明显的认同感。

从众心理是指在社会团体的压力下,个人不愿意因为与众不同而感到孤立,从而放弃自己的意见,采取与团体中多数人相一致的行为,以获得安全感、认同感和归属感。这种现象称作社会从众行为,或叫团体压力下的顺从现象,俗称为"随大流"。从众心理对于某些公众态度和行为的产生具有明显的影响作用,值得公共关系工作者分析研究。

社会心理学家阿虚(S. E. Asch)曾做过有关社会从众行为的试验,他将试验的大学生分成8人一组,要求他们指出图4-3中的A、B、C三条线中的哪一条和X线等长。其中每组只有一位是真正地被试验者,安排在每组的最后。阿虚让每组的前7个人都有意作出错误的判断,结果真正被试验者竟有32%的人也跟着多数人

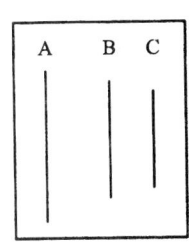

图4-3 阿虚试验卡片

作出错误的判断。

从众行为的主观原因是不愿意被孤立。当个人的意见与众不同时,心理上就有一种紧张,有一种孤立的感觉,从而使个体产生不愿意标新立异,而愿意顺从多数人的倾向。从众行为的客观原因是外来的影响和压力。当团体中出现不同意见时,为了保持团体行动的一致,达成团体目标,使团体免遭分裂,团体确实会对有异议的成员施加影响和压力。这种影响和压力是逐渐施加的,它的形式和强度也是逐渐改变的,开始是讨论协商,进而劝说、诱导,再而批评、攻击,以至孤立、排斥。

正由于上述两方面的原因,通常从现象来看,团体成员都有顺从团体的倾向,但也不都是这样。实际上有顺从,也有不顺从的。顺从有口服心服的真顺从,也有口不服但心服的暗顺从,还有口服心不服的假顺从或权宜顺从。

(二)决定团体成员是否从众的三个方面的因素

哪些因素决定团体成员顺从还是不顺从?这取决于团体、个人及问题本身的性质这三方面因素。

1. 团体方面

从团体方面来说,可以归纳为五点:第一,团体的性质起重要作用。人越需要这个团体,则越愿意顺从。第二,如果这个团体一贯是团结的,团体成员间的感情深厚,则容易顺从;反之,不容易顺从。第三,如果这个团体的气氛是民主的,允许发表不同意见,则个人的不同意见容易坚持;如果是专横的,排斥异己,打击报复,则个人不同意见不易坚持。第四,如果团体中绝大多数人的意见一致,仅有一人不一致,则易于顺从;如果有其他人或一些人和他意见一致,则不容易顺从。第五,如果团体的多数意见受到社会支持,个人意见不受社会支持,则容易从众;反之,则不容易。

2. 个人方面

从个人方面来说,也可以归纳为五点:第一,如果个人在团体中的地位比别人高,不容易从众;反之,则易产生从众行为。第二,如果个人的智慧与能力高,不容易从众;反之,则易从众。第三,如果个人的情绪是稳定的,不易从众;情绪不稳定,则易从众。第四,重视人际关系的人,易产生从众行为;不重视人际关系的人,不易从众。第五,态度与价值观对个人是否产生从众行为也有影响。如果个人整体观念强,重视组织原则,则易从众;反之,则不易产生从众行为。

3. 问题本身

从问题本身的性质与明确程度方面来说,对非原则问题比对原则问题容易从众,对一般问题比对重大问题容易从众。此外,有明确答案的,不易从众;没有明确答案的则易从众。

应该注意的是,团体压力与权威命令不同,它不是自上而下的命令,也没有硬性的条例规定,它并不是强制性的。它是通过多数人的一致意见和态度,形成一种无形的压力,对个人的心理构成影响,往往比权威命令更能制约和改变个人的行为。

三、逆反心理与公众行为

逆反心理指作用于个体的同类事物,超过了个体感官所能接受的限度而产生的一种相反的体验,使个体有意识地脱离习惯的思维轨道,向相反的思维方向探索。逆反心理会造成逆反行为、抵触行为。公共关系工作需要注意防止公众对象产生逆反心理和抗拒行为。

(一) 心理感应抗拒理论

人们的态度是否转变,与本身内在的心理状态有关,心理感应抗拒理论就是阐明人们的逆反心理形成的主观原因的理论。心理感应抗拒理论是美国心理学家布林在其专著《心理感应抗拒理论》中首次提出的。

布林指出,当一个人的行为自由受到威胁时,他会处于一种动机唤醒状态,这种状态驱使他去试图恢复自己的自由。这种动机状态是人们对其行为自由减少的一种反应,也就是一种反作用力,布林称之心理抗拒。因为人们都有享有自由行动与思考的权利,大家都坚持认为"我就是我自己行为的唯一主宰者"。

所谓自由行为,对于一个人来讲,是在某一时期他有一套可供自己选择的行为,这套行为中任何一种行为在什么时间发生都可以由自己决定,所以称为自由行为。自由行为只包括那些具有现实可能性的行为,例如抽香烟是自由行为,而到月球上漫步则不是。自由行为包括一切可能实现的行为,一个人做什么、怎样做,以及什么时候去做等。为此,人们必须具备从事某种行为的身体和心理能力,具备一定的经验、习惯,以及有关法律或其他相应的知识。根据布林的理论,如果一个人的一套自由行为中有一种行为被剥夺或者可能被剥夺的话,他将发生心理抗拒即逆反心理。

(二) 影响心理抗拒的因素

布林认为,心理抗拒的强弱是由以下因素所决定的:

1. 对自由的期望

人们对自由的期望越高,则当自由被剥夺时,其心理抗拒力量也越大。一个人越是认为自己应该拥有某种自由,当该自由被剥夺时,其心理抗拒就越强烈。如果人们根本不期望享有某种行为自由,则该种行为自由被取消时也根本无所谓,例如"禁止抽烟"的禁令对不抽烟者来说是无所谓的。

2. 对自由剥夺的威胁

有时候,个人的某种自由行为并未被剥夺,只是有可能被剥夺,即这种自由只是受到威胁,这时,人们也会产生心理抗拒且企图使自己保持这种自由。

3. 自由的重要性程度

如果一项自由对自己越重要,则当这项自由被剥夺时,其心理抗拒也越大。所谓重要性,指这种自由行为更能满足自己的需要,而无法用其他行为来替代。例如,抽烟成瘾者被剥夺了抽烟的自由,而抽烟对他来说却至关重要的,无法用吃糖等其他方法来代替,从而使他发生很大的心理抗拒力。

4. 是否会影响到其他自由

如果人们的某种自由被剥夺,还会影响到其他自由也被剥夺,则其心理抗拒会更强。例如,一个人认为,抽烟和喝酒的自由被剥夺后,会影响他的交际范围,也就是说,由于他未能自由地抽烟与喝酒,也就失去了或减少了广交朋友的自由,由此产生更大的心理抗拒力。

(三) 心理抗拒阻止态度的转变

人们产生心理抗拒以后,将会影响其态度的转变,表现在认知、行为和情感意图方面。这就告诉人们,如果宣传说服不当,要求人们不准这样,不准那样,他们认为自己的自由行为被剥夺了,非但不会转变态度,其效果反而适得其反。

逆反心理的形成也可能是出于好奇心与好胜心(自我显示)。公众对于某些表现过分的东西往往会产生厌烦、厌恶的感觉,从而形成抵触的情绪。在这种抵触情绪下,为了证实和论证自己的判断力,便力求搜集相反的信息和资料,从相反的方面得到支持和论据,形成相反的认识和判断,并根据相反的判断采取相反的行动,从而表现出个人能力的与众不同。

无论如何,逆反心理的产生,会成为组织与其传播对象进行沟通的一种障碍。因此,要防止公众出现逆反心理,公共关系工作人员就应当细心研究公众对"自由"的看法与认识,充分尊重和顺应他们的"自由",不能让他们感觉到自己的自由被剥夺。另外,从信息传达的角度来看,还要注意传播的信息量和刺激量要适度,信息量过大,刺激过度就容易造成传播对象的厌烦情绪,同样也会产生逆反心理。

第五章　公共关系传播模式与媒介

公共关系是组织与公众之间的传播与沟通行为，它所使用的手段和方法就是现代信息社会所提供的各种信息传播与沟通媒介，以及运用这些媒介所形成的各种信息传播与沟通方式。驾驭各种现代信息传播媒介与技术，成为公共关系最具时代魅力的一个特色。

本章主要介绍公共关系的传播模式与理论，以及公共关系所涉及的传播手段。这些信息传播手段和方式虽然不是公共关系所专有的，但是被如此有目的、有组织、有系统地大量运用在公共关系活动中，以至经常被直接称之为"公共关系媒介"。

第一节　公共关系传播模式

本节主要介绍公共关系的传播模式与理论。主要有拉斯韦尔的"5W"模式、香农模式、两级传播模式，受众选择"3S"论与议题设置论等与公共关系紧密相关的传播理论。

一、拉斯韦尔的"5W"模式

传播学中，总体研究范畴的规划者是美国人哈罗德·拉斯韦尔。1948年，拉斯韦尔发表了《社会传播的结构与功能》一文，使其成为传播学的始创者之一。在这篇论文里，拉斯韦尔提出了界定传播研究范畴的经典模式——5W模式。说明传播行为一个简便的方法是回答下列五个问题：

（1）谁传播（Who）。
（2）传播什么（Says What）。
（3）通过什么渠道（Which Channel）。
（4）向谁传播（to Whom）。
（5）传播的效果怎样（What Effects）。

就此拉斯韦尔把传播学的研究内容分成五个部分，即控制分析、内容分析、媒介分析、对象分析和效果分析（如图5-1所示）：

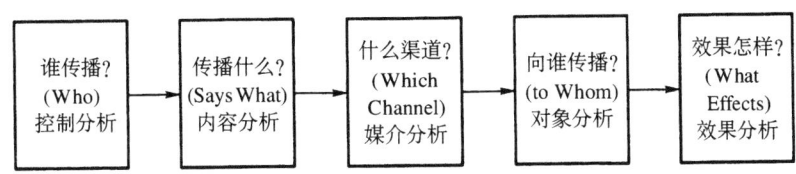

图5-1　传播学的研究内容

在对传播的研究中,拉斯韦尔所提出的研究对象的五大部分也完全可以视为传播研究的基本范畴。

传播的控制分析主要包括:传播的法规与政策;传播者的社会控制和自我控制;传播者对传播的影响;传播者的社会责任。

传播的内容分析主要包括:传播的分类;传播的符号;传播的宣传方法等。

传播的媒介分析主要包括:传播的媒介环境;传播的媒介特点等。

传播的对象分析主要包括:传播对象的心理;传播对象的劝服等。

传播的效果分析主要包括:传播的效果类型;影响传播效果的因素;测定传播效果的定量方法等。

二、把关人理论

(一) 把关人的概念

"把关人"又称"守门人"(gate keeper),它是指在信息传播过程中,对信息的提供、制作、编辑和报道能够采取"疏导"与"抑制"行为的关键人物。这个概念原出于德国著名社会心理学家库尔持·卢因在1947年所写的《群体生活的渠道》一文。他在研究群体传播过程时提出,信息总是沿着包含有"门区"的渠道流动着。信息或商品是否被允许进入流通渠道。总是根据某种"守门人"的意见。

传播学学者十分重视这种信息传播过程的枢纽作用,并且认为这是一种信息传播的普遍现象,即在一个传播系统中,信息总是通过某些决策点和关口来完成传递过程的。在信息与受众之间,存有决定中止或中转信息的把关人。把关人有时指个别人,有时指一个集体。在社会信息的提供、制作、编辑和报道的过程中,就有许多把关人,而编辑取舍新闻和传播媒介对制品的审核则是典型的把关行为。

(二) 把关人的传播行为

一般地说,把关人的传播行为包括"疏导"与"抑制"两个方面。把关人对某些信息准予流通的便是疏导行为,对另一些信息不让其流通或暂时搁置的便是抑制行为。

把关人之所以对信息交流采取不同的态度和行为,主要是出于自己的预存立场。所谓"预存立场",就是自己原有的意见、经验、兴趣和精神状态的总和。同时,也受到周围信息的影响。

传播过程中,把关人的存在方式可以从下列韦斯特图中观察到(见图5-2):其中X代表周围的信息,A表示倡导角色,C表示把关人,B表示消费者。

在这一模式中,社会中的信息一部分经过倡导人A(包括公司)而进入了信息传播渠道。渠道之中的把关人C,如新闻媒体部门中的工作人员将对此进行必要的审核,由他们决定是否通过传播媒介和何时通过传播媒介。把关人也有权以版面、时间等要求,对信息作更加细致的把关。倡导人A所提供的信息经过把关人C的"过滤"之后,才流向消费者B。

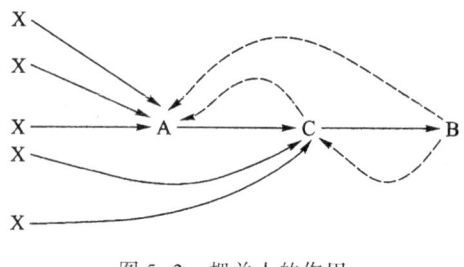

图5-2 把关人的作用

三、两级传播模式

"两级传播论"是由美国著名社会学家拉扎斯菲尔德提出的。在两次世界大战之间的二十余年内,对大众传播的威力,流行着一种"魔弹说"或"皮下注射说"。这是一种大众传播的强效果论观点,即认为大众媒介对受众具有一击中的的"魔弹"效果或类似药到病除的"皮下注射"的效应。

1940年,拉扎斯菲尔德在美国俄亥俄州开展了一项有关总统选举的社会调查。但是调查结果却使他们开始对"魔弹说"产生了怀疑。调查结果证明,只有大约5%的人确认他们受了大众传媒的影响而决定投票倾向的,而真正影响人们投票行为的仍然是个人之间的接触和方方面面的劝说。于是,他们提出了"两级传播"的假设:"观念总是先从广播和报刊传向'意见领袖',然后再由这些人传到人口中不那么活跃的部分。"也就是说,信息的传递,是按照"媒介—意见领袖—受众"这种两级传播的模式进行的。这里所提出的中间环节"意见领袖",其作用与意义举足轻重。意见领袖又称"舆论指导者",指社会活动中能有较多机会接触来自各种渠道的信息即"消息灵通人士",或对某一领域有丰富的知识与经验即"权威专家",而其态度和意见对广大公众影响较大的那一部分人。

在传播活动中,大多是通过大众传播媒介来接触社会消费者的。在人们看到报纸厚厚的版面和每隔十几分钟广告就要跃上荧屏的电视时,应当意识到:大众传播媒介的力量是巨大的,但不是法力无边的,人们在进行传播之时,千万不可忽略那些卓有成效的以人际传播和组织传播方式所达到的传播效果,即千万不可忽略"意见领袖"的指导作用。例如大众报刊今天告诉人们面向左睡健康,明天又宣称面向右睡长寿。这种在大众传播媒介中以"信息冲突"的形式出现的传播,让人们无所适从。于是,人们去向保健医生请教,应该面向哪个方向睡眠才好,从而采取相应的作法。这位最终可以导致信息的接受的保健医生,就是"意见领袖"。

在公共关系传播中,人们已十分注重"意见领袖"的作用。例如女影星娇嫩的肌肤使其成为护肤和化妆方面的"意见领袖";运动员的雄健体魄使其成为运动服装及器材的"意见领袖";营养专家当然是食品方面的"意见领袖";医生肯定是药品方面的"意见领袖"……如何发挥"消息灵通人士"或"权威专家"的舆论指导,对公共关系传播工作都有重要的意义。

四、受众选择"3S"论

信息传播者往往把一些符合自己意图的信息编成特定的符号,然后通过一定的渠道到达目的地。这个目的地就是传播者企图与之共享信息的接收对象,即受众。但是,时常发生的结果是信息在受众那里受到冷遇:视而不见、充耳不闻。人们可以在阅读报纸杂志时跳过某些版面的内容,可以随意转动旋钮调换广播波段,也可以随意按动遥控器调换电视的频道。经过长期的观察和研究,传播学者发现受众在接触媒介和接收信息时有很大的选择性,这就是受众心理上的自我选择过程。这个选择过程表现为三种现象,简称为"3S":选择性注意(Selective Attention);选择性理解(Selective Perception);选择性记忆(Selective Retention)。

(一)选择性注意

注意是指心理活动对一定事物或活动的指向和集中。而选择性注意就是指在信息接收过程中,人们的感觉器官虽然受到诸多信息的刺激,但是他们不可能对所有信息都作出相应的反应,只能是有选择地加以注意的心理状态。

从选择性注意的角度来看,如何提高信息的竞争能力,有以下几个因素值得关注：

(1) 对比。在报刊的版面和广播、电视播出的程序上,将内容大不相同的稿件或节目编在一起,表现为强烈的对比,以引起消费者较大的注意,而不致被忽略和舍弃。

(2) 强度。当许多信息载体同时呈现时,在其他条件相同的情况下,刺激强的容易引起人们的注意。如在报纸的编排中,字号、字体、色彩等都可以加强信息的刺激强度而引人注目。

(3) 位置。在传播时,报纸的版面位置、广播和电视的播出时间、杂志的插页或封底,都显示出了在信息传播中空间位置和时间位置的重要性。如果说某个时段或位置能够减少或避免与不相干信息的碰撞与干扰,那么此时此处的传播就会显现出良好的效果。

(4) 重复。对消费者的重复刺激是引人注意的一个重要手段。一般来说,重复的次数越多越容易被注意。在报纸、电视和广播中,往往有一条内容相同的信息连续出现,短则两三次,长则数月、数年地反复出现。

(5) 变化。一则信息的刺激虽然很强,放置的位置也很显要,但持续出现的时间太久,人们就会充耳不闻,熟视无睹,因失去新鲜感而失去注意,因此,变化也是吸引注意的一个重要因素。

(二) 选择性理解

选择性理解是受众心理选择过程的第二个环节,也就是消费者接受信息传播的第二关。

选择性理解,是指不同的人对于同一信息作出不同的意义解释和理解。如果说选择性注意是人们对信息的一些零散捕捉,那么选择性理解则是人们对所注意的信息作有意义的思考。信息以符号为载体表达意义,对信息的理解则是对符号的翻译以还原其本来的意义。也就是说,假如传播者与消费者遵循的是同一思维逻辑,编码和译码能力相差无几,那么,理解的结论与信息的意义大体上应该是一致的。但事实上,传播者所传信息常常并不等于公众所受信息,即接受传者所理解、还原的意义与传播者意欲传递的本来意义之间往往会有一定差距。

影响受传者选择性理解的心理因素,包括需要、态度和情绪三个方面：

(1) 需要。信息受传者对于一条信息的理解往往是为了满足自己的某种需要。美国学者麦克莱兰和阿特金森曾做过这样一个实验：被试者分为 A、B、C 三个小组。A 组有 16 个小时未进食,B 组有 4 个小时未进食,C 组则只有 1 个小时未进食。实验者拿出一张极为模糊的图片,分别让三个组的被试者看后说出该图片上的图形,结果,停食时间较长的被试者中,理解与食物有关的物体明显地比其他物体多得多,而刚吃过东西不久的被试者的判断却显然不同。

(2) 态度。态度表现为对事物的肯定或否定、赞美或批评、爱好和厌恶等心理倾向。对一种信息的理解,必然受到消费者固有态度的影响。

(3) 情绪。情绪指那种与人的需要是否获得满足相联系的内心体验。对同一则信息,公众可能因为情绪与心境的不同而产生不同的理解。

(三) 选择性记忆

记忆是一定时期内神经联系的形成和巩固。如果人们感知过的事物在事过之后并不消失,在大脑皮质上形成暂时神经联系,以痕迹形式保留在头脑中,就是记忆。记忆是一种极其主观的脑的活动。人们往往只记忆对自己有利的信息,或只记自己愿意记的信息,而其余信息往往烟消云散被忘却了。这种记忆上的取舍,就叫选择性记忆。选择性记忆,可以分为三个阶段：

(1) 输入。人们对一则信息的记忆往往只记大意。如某句精彩的口号,某个最令其赏心悦目的镜头或某段令人难忘的音乐旋律。人们记忆的不完整,还表现在往往把原有的信息按自己的惯用符号重新编排。因此,信息的传播者要设法在信息的构思和符号制作上多下工夫。

（2）储存。从心理学上看,人的记忆能力是有限的。一般地说,一个人一次只能记得8个不相关的数字,或7个不相关的字母,或6个不相关的单词,这个成果又往往只是一种短期记忆。因此,在广播和电视广告中,频繁出现一些复杂的数据、厂家的电话号码和厂址、门牌号码等做法,是不可取的。

（3）输出。记忆的输出有两种方式:辨认和回想。辨认是人们接收到某人信息后,可以辨别出自己以前是否看过或听过;回想则是人们能够把看过或听到过的信息用不同的符号予以复述。一则信息的反复出现,使得人们能够多次在记忆库里对此信息加以辨认,而记住了这条信息内容,再向其他人转述此内容时,便是凭借回想的记忆输出。

以上谈到的是信息受传者心理选择过程的选择性注意、选择性理解、选择性记忆的三个环节,三者之关系如图5-3所示:

以上三个环节可以看成是受众（消费者）心理的三层"防卫圈"。信息如果不合乎受众的个人需求,则被挡在"防卫圈"之外。

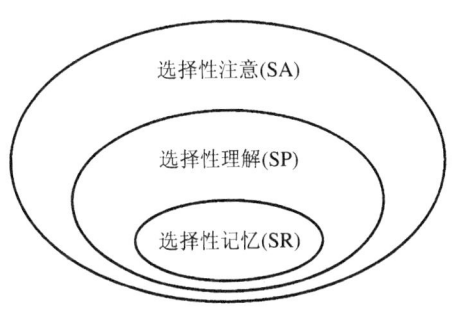

图5-3 受众心理的三层"防卫圈"

由此可见,过去曾经信奉的"刺激—反应"的传播模式,即把公众看作是对外部刺激作出被动反应、作为信息传播灌输对象的"魔弹说",已经让位于强调认知主体的内部心理过程,并把公众看做是信息加工主体的受众选择"3S"理论。这对公共关系工作有很大的启发性。

五、议题设置论

议题设置是大众传播媒介的一个重要功能。此课题是20世纪70年代传播理论研究中最热门的课题之一,传播学学者麦库姆斯是其中最杰出的研究者。

1972年,麦库姆斯等经过研究认为,大众传播媒介具有一种选择并突出某种问题,从而使这些问题引起大众和社会重视的功能,这种功能也是大众传播最重要的社会效果之一。科学调查的结果表明:大众传播对某些议题的着重强调和这些议题在受传中受重视的程度构成强烈的正相关关系。或者说,在大众传播中越突出某一事件,多次、大量地报道某一事件,就会使社会中的公众突出地议论这一话题,这便是"议题设置"。

议题设置的理论基于以下两个观点:

首先,各种传播媒介对传播信息的"过滤作用"。传播媒介对极为浩繁的信息是经过选择后才传达给公众的。当大众传播媒介热情介绍某个新闻事件,也就意味着这个新闻事件可能成为公众关注的"议题"。

其次,面对传播过多的信息环境,公众常常感到无所适从。他们需要有人出面对复杂的信息加以整理,划出重点和优先顺序,为他们选出那些值得关心和注意的事件,这正是"把关人"的作用所在。

图5-4是"议题设置模式图":

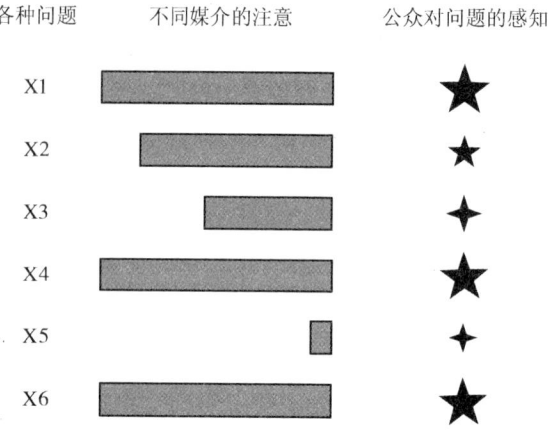

图 5-4 议题设置模式图

在公共关系传播活动中,通过大众传播媒介在社会中形成一个热门话题,让这个话题直接或间接地与组织及其产品挂上钩,从而达到良好的传播效果。一般作法可能是,别出心裁地搞出一个奇特的创意,以吸引公众的注意力。如飞机上天撒手表,高价征寻广告词,有奖打捞易拉罐,踊跃打破"吉尼斯纪录"等,这些活动都不过是为了让公众因好奇而议论此事。20世纪50年代,好莱坞影片《后窗》曾风靡香港,该片描写了一个脑部受伤的新闻记者在家养伤时闲极无聊,便买来一架望远镜,每日坐在屋子里从对面楼层的后窗窥视住户的家庭隐私,从而卷入了一场谋杀案。影片上映后,香港人竞相观看,形成了"后窗热"。这时,香港的一家生产百叶窗的企业成功地抓住了这一"议题"。他们在报上连续刊登题目为:"请留心你家的后窗"的销售广告,其生意一下子兴隆起来。这家企业借"后窗热"这个与自己产品关联度极高的议题,轻而易举地掀起了一个百叶窗热,从中获得了良好的市场效益。

第二节 媒介发展与演进

从某种意义上讲,人类的发展史也是一部传播媒介的演变发展史。本节主要勾画了有史以来媒介演进的几种形态,进而从媒介的发展轨迹中找出网络等新媒体不断出现的内在合理性,从而为公共关系的从业人员提供一些可资借鉴的宝贵财富。

一、媒介的含义

传播意义上的媒介,是指传播过程得以实现的中介,是承载、复制并传递信息的物理形式。这种物理形式,包括物质实体和物理能力两部分。物质实体包括印刷品、广播电视器材及其中的文字、符号和象征物,还包括专事传播的组织机构,如新闻社、编辑部等;物理能力则包括电磁波、声波和光波等。

媒介作为一种中介因素,存在于一切事物的运动过程中。人类传媒的产生和发展,既是人类社会政治、经济、文化、科技发展的产物,同时它又进一步推动了人类社会的进步。现代传播媒介的发展,打破了人类社会亘古以来信息传播中时间和空间的梗阻,大大缩短了人们之间的距离,整个世界变成了一个"地球村"。可以说,人类的文明史,也是一部人类不断发明和发展传播媒介的历史。从传播学的角度看,人类超越其他生命的地方,并不在于其自然的传递信息的感官能力有多强,而在于其独具的创造、使用传播媒介的能力。

二、传播媒介的发展与演变

媒介的发展过程,是人的思维不断加深符号化程度的过程,是人类文明的发展过程。媒介的发展,总是与社会经济、科技、文化的发展紧密相连。从人类脱离蛮荒到现在,传播媒介大体经历了四个阶段:口语媒介阶段、手抄媒介阶段、印刷媒介阶段和电子媒介阶段。

(一) 口语媒介阶段

人类社会产生的标志之一是人们之间社会交往的发生与社会信息传播的产生。当人类摆脱了仅仅依靠手势、表情来传递信息、互相沟通后,语言作为人类传播媒介的最重要形式就占据了统治地位。

关于语言的产生,有几种争议。其中有代表性的学说有三种,依次为"模仿说"、"歌唱说"和"工具说"。"模仿说"认为语言来于对自然声和其他声音的模仿,如风声、雨声和雷声等;"歌唱说"认为语言是古代在重大场合所举行的庆祝、祭祀等活动中的一些声音的演进;而被绝大多数学者所认同的观点是"工具说"。他们认为语言的产生应与工具的演进有许多关联。

表情、手势应该是口语发明的重要的非语言传播方式,但当有了工具后,边用手劳作边打手势来沟通显然是很不方便的。在黑暗的山洞里围猎时,语言的便利性更可见一斑。当一种约定俗成的语言以极大的便利性蔓延开来时,便很快成为了占据统治地位的交流手段。通过语言,人们可以方便地把对自然和社会的观察所得告诉他人,把生产经验、生活习俗传递给后代。《诗经》与希腊史诗《伊利亚特》、《奥德赛》便是通过口口相传得以保存下来,编辑成书的。

这种口语传播经历了相当漫长的历史过程,当其他传媒逐渐形成和发展起来后,口语媒介并未失去其应有的意义,仍是当今社会大众传媒的重要补充。美国传播学者格林伯格认为,在现代,"只有对广大公众最重要和最不重要的消息,才通过口头方式传播"。因此,当肯尼迪总统遇刺时,大约有一半美国人是听别人口头传说,而不是从其他传媒了解到这个信息的。而如今,作为一种颇为有效的营销手段,它仍广受青睐,如曾经大行其道又屡禁不止的传销活动。那么,在现代传媒不断涌现和发展的今天,口语传播为何会有如此巨大的魅力呢?这里,有必要分析一下口语传播的优点和弱点。

1. 优点

(1) 不需要辅助手段,运用简便,易于控制。作为一种与生俱来的能力,口语可便捷自在地传递人们的喜怒哀乐,不像其他一些传播手段得通过一定的媒介才能进行。如电子媒介得有一定的设备和信号才可以传递信息,而印刷媒介则少不了文字符号。

(2) 双向交流,可作到"有的放矢"。口语传播是一种双向传播,有可见的传播对象,传播者易于得到反馈。因此可根据受众的反映对沟通的内容、方式做出适当调整,以增强传播效果。这是传统的四大传媒所不及的。

(3) 能释放人的情绪能量,起某种心理平衡作用。根据马斯洛的需要层次说,不同的人有不同的需要,人的需要永远得不到满足。再高生活水准的人也有牢骚发,而诉说有时并非为寻求实质性的帮助,仅仅是一种情绪释放的心理需要而已。

正是由于这种亲和性和狭窄性的优点,在信息爆炸的当代,尽管已有许多先进媒介,但口头传播不仅是那些识字不多、缺乏收音机和电视机人的主要媒介,还是那些有知识、拥有现代化传媒的人的主要媒介。尤其在封闭性强的农村,这种亲和性强的口传文化更得以源远流长。

口语媒介虽有诸多优势,然不可否认的是它们本身在穿越时空时所具有的不稳定性和不可靠性。

2. 弱点

(1) 传播距离短,覆盖范围窄。口语是靠人体的发声功能传递信息的,由于人体能量的限制,口语只能在很近的距离内传递和交流。

(2) 口头语言消失迅速,难以直接保存。口语使用的音声符号是一种转瞬即逝的事物,记录性差,口语信息的保存和积累只能依赖于人脑的记忆力。因此,受传者必须及时理解、传播才有效果。

(3) 口语信息容易失真。当故事从一个族群传递到另一个族群或是代代相传时,它们势必丢失了许多原有的意思和来龙去脉,最终变得不可理解或成了隐喻。

为了弥补这些不足,人类还辅以其他手段,如烽火报警、击鼓传声等,但这些辅助手段传播和保存的信息量有限,还有一定的模糊性。人类需要新的媒介。在经过了极为漫长的历史阶段后,终于创造了文字,人类进入信息传递的第二个媒介形态——手抄媒介阶段。

(二) 手抄媒介阶段

文字是人类传播发展史上第二座重要的里程碑。如果说语言的产生使人类摆脱了动物状态,那么文字的出现就使人类进入了一个更高的文明阶段。

随着社会交往的频繁,人类传播的信息量日益增加。信息交流的日益扩大需要一种新的媒介来适应时代的需求。最初,人们在地上、岩石上、陶瓷上、泥板上刻画一些图像,或者在绳子上打上大大小小的结,帮助记忆事物。这些符号逐渐抽象化,最终演变成了象形文字,然后发展成各民族的文字。

早期的文字媒介是一种手抄媒介,人们用刻画、书写等方式进行传播。那时,竹筒、兽骨、羊皮及石头、泥板等,都是手抄媒介所包含的对象。

手抄文字的出现是人类一项了不起的发明。英国历史学家巴勒克拉夫在《泰晤士世界历史地图集》中指出:"公元前3000年左右的文字发明,是文明发展中的根本性的重大事件。它使人们能够把行政文献保存下来,把消息传递到遥远的地方,也就使中央政府能够把大量的人口组织起来,它还提供了记载知识并使之世代相传的手段。"

巴勒克拉夫的这段话概括了文字发明的重要意义。具体说来,文字传播媒介的优、缺点表现为:

1. 优点

(1) 传播距离延长、范围大。文字能够把信息传递到遥远的地方,打破了音声语言的距离限制,扩展了人类的交流和社会活动的空间。

(2) 信息可以保存,不再迅速消逝。文字克服了音声语言的转瞬即逝性,它能够把信息长久保存下来,使人类的知识和经验的积累、储存不再单纯地依赖人脑的有限记忆力。

(3) 信息传递的确切可靠性。文字的出现使人类文化的传承不再依赖容易变形的神话或传说,而有了确切可靠的资料和文献依据。

文字的产生使人类传播在时间和空间两个领域都发生了重大变化,它克服了口语传播在时空上的梗阻,事实上延伸了人的视觉、听觉和记忆器官。无怪乎麦克卢汉云"媒介是人体的延伸"。

2. 缺点

(1)传播速度慢、信息容量小,规模小且成本高。一部书籍,如果要抄写多册,不但耗费时日,而且需要投入大量的人工劳动。据考证,在13世纪的法国,如果要抄写一部小说作为对公主生日的献礼,其成本相当于现在的3 000美元。因此文字信息的生产规模很受局限。

(2)文字信息传递的局限性。由于文字信息的昂贵性以及文字本身的复杂性,加之当时教育的普及程度低,因此,手抄文字阶段的媒介基本上属于政府、官吏以及统治阶级的特权。这种情况,直到印刷时代到来之后才有了改变。

(三)印刷媒介阶段

手抄媒介的局限性刺激了人们的创造欲,经过漫长的探索,终于发明了造纸术和印刷术,从而为印刷时代的到来奠定了基础。印刷媒介的出现迎来了大众传媒时代的曙光,将人类的传播手段大大向前推进了一步。从此,书籍、报刊等印刷物普及到了人类生活的每个角落。

较之手抄媒介,印刷媒介可大规模地复制和传递信息,使得传播成本大大降低,传播速度大大加快,传播范围也不可与过去同日而语,其信息容量也成倍增加,保存信息更有了得天独厚的条件。而且,印刷媒介对受众的意义是明显的,他们可直接对信息的传播进行有效控制和选择,极大地增强了受众在信息传递链中的自主性。

印刷媒介的不足主要体现在两个方面:一是传播通道单一。文字符号尽管对视觉刺激强烈,但缺乏动感和声音,影响了传播效果。二是其选择性带来的局限性。由于只有受过一定教育的人才能读得懂文字,顺利完成信息的接收,从而就在那些没有受过多少教育的人面前竖起了一道屏障。

印刷媒介教会了人们有条理地、深思熟虑地、准确地修整和发展认知。它使人们的自尊心、自我中心、自我反思得到鼓励,获得了复写自我与世界的能力。人的求知欲望急剧膨胀,导致脱离了松散的宗法群体,形成更为牢固的小群体。

(四)电子媒介阶段

电子技术的发展为人类提供了新的传播媒介。广播、电影、电视相继诞生,使人类社会从20世纪中叶开始慢慢步入到电子传播阶段。进入21世纪,电子技术迅速发展,计算机、光纤通信等迅速改变了人们的传播方式。广播、电视在很短的时间里得到普及。从印刷媒介开始的大众传媒在今天获得了全新的意义。世世代代人际交往的时空界限几乎完全被打破,全球性的信息交流变得轻而易举,整个世界变成了"地球村"。

电子媒介的传播速度更快,范围更广,而且具备了多通道的特点,可以满足不同要求的受传者。它往往可与突发事件同步进行,使受传者有身临其境之感,其感染力、接受力大大增强了。而且由于音响、画面的作用,使得不同文化程度的受传者都能获得自己可以理解或需要的信息。因此,其受传者面很宽,每个人都可能成为某一个或几个电子媒介的忠实观众或听众,其渗透性显然高过前述各种传媒,受传者的参与感也明显提高了。当然,电子媒介也有其局限性,如直接记录性差,选择性不够等。

从上述对四个阶段传媒的分析,可知每种新传媒的出现都是为了克服已有传媒的局限性。口语媒介的出现是为了克服体语传播在劳作中的不便而产生的;手抄媒介突破了口语媒介在时空方面的梗阻;印刷媒介克服了手抄媒介的不普及性及传速问题;而以广播、电视为代表的电子媒介的出现则克服了印刷媒介的选择性与形象感问题。而新媒介互联网的出现则改变了旧有大众传媒所具有的单向传递信息、反馈性差的问题,使传播呈现出了崭新的风貌。互联网这种新媒介兼具了以口语传播为主的人际传播与以广播、电视为主的大众传播的优点,从而使得人类的信息交流变得更加通畅,也更为有效。同时,媒介的发展史也告诉我们,尽管新媒介的出现层出不穷,但是,"尺有所短,寸有所长",鉴于不同媒介所具有的特点,它们将长期处于相互竞争、不断融合的局面。只有充分了解共存的不同形态的媒介的特点,知道媒介之间的不可替代性,才能在公共关系的工作中有效地利用其长而避其短,综合运用不同特点的媒介,使人类的信息传递无所不在,取得最佳的传播效果。

第三节 公共关系的传播媒介

公共关系的传播媒介无限多,但鉴于大众传媒在现代公共关系中的独特地位,本节主要介绍传统的四大媒体——报纸、杂志、广播、电视与新兴媒体互联网的传播特点。在大众传播发达的社会里,"成也媒体,败也媒体",这个看似夸张的说法揭示了大众传媒在当代社会中不可小觑的影响力。因此,能否熟练地掌握和运用大众传播媒介,关系到整个公共关系工作的成败。

现代公共关系与大众传播密不可分,大众传媒是公共关系传播的主要技术手段。公共关系是随着大众传播技术的产生而形成的一门独立的学科,又随着大众传播技术的发展而发展。可以说,没有现代化的大众传播手段,也就没有现代公共关系的萌芽。只有当以大众为读者对象的现代报纸、杂志大量发行、广泛迅速地传播各种信息时,才有了现代公共关系的发端。广播和电视的问世,使传播事业完成了从印刷时代到电子时代的飞跃。同时,也使公共关系发展到新的水准。今天,大众传播与公共关系一起迅速发展,正在逐渐改变着社会,改变着人们的工作和生活方式,改变着世俗的偏见和传统观念。完全可以说,大众传播与公共关系已经起着引导人们思想行为,乃至社会发展的极其重要的作用。在大众传播时代,公共关系工作的主要内容,就是使用大众传播去影响社会公众的态度和行为。

所谓大众传播是指职业的传播者使用大众传播媒介将大量的信息传递给社会公众的过程。大众传播媒介可分为纸质媒介(也即印刷媒介)与电子媒介。纸质媒介主要指报纸、杂志、书籍等;电子媒介主要包括广播、电视、电影、互联网等。下面主要介绍深刻影响人们生活的四大媒体——报纸、杂志、广播与电视。

一、印刷媒介:报纸与杂志

报纸与杂志是通过印刷文字将大量的信息和意见传递给公众的大众传播媒介。公共关系传播工作是离不开报纸、杂志的,它要通过报纸、杂志去搜集公众的信息,更要通过报纸、杂志向公众传播信息,如刊发新闻稿、做公共关系广告等。

报纸是以客观事实报道和评论为主要内容,利用印刷文字,以较短的时间间隔定期发行的一种媒体。杂志又名期刊,是一种定期或不定期的连续出版物,每期版式基本相同,有固定名称。

报纸和杂志合称报刊。它们有面向组织公众和面向社会公众之分,面向组织公众的报刊称组织内刊,面向社会公众的报刊称社会报刊。

（一）报纸传播的优点和弱点

1. 优点

（1）可充分处理论题。由于报纸篇幅大,能容纳较大的信息量,而且还可自由调整版面,因此,对某些为社会和公众所关切的问题,报纸的报道就可以较充分地进行深入细致的分析,详细地交代一件事情的来龙去脉,而不至于像广播和电视那样受制于时间的限制而不得不简略。

（2）选择性强。报纸实现了读者在阅读方式、阅读内容、阅读时间和地点上的自主选择权。一报在手,你可细细品读,可匆匆一览,也可束之高阁;可任兴致所致,愿读什么就读什么,愿何时、何地读就何时何地读。较之"稍纵即逝"、"过时不候"的电子媒体,这种阅读的主动性让人永远心仪。

（3）易于保存、易于检索。报纸在保存信息上有不可磨灭的功能,同样的信息,如果是来自于电波,若不经过录音或录像设备,信息便无法保存。报纸则不然,无需具备任何附加条件,信息的传载物即是信息的永久承载体,对其进行保存的便利性与容易度亦人所共知。

（4）专业性强。报纸可针对不同类型的读者进行宣传和提供专门化的服务。面对受众多样化的需求,报纸可谓是最早出现对位发行的媒体。具体表现为报纸的种类非常之多,现今报纸的划分更是越来越细。

（5）经济性。报纸的制作较为容易,成本不高。无论是从人、财、物的投入上,还是从时间的消耗上说,都是一种比较廉价的媒体。

2. 弱点

（1）时效性差。因受到排版、印刷、发行的限制,报纸信息的传播速度不如电子媒体,人们所看到的信息往往是"过去时"。虽然报业也在通过种种努力进行改进,如建立自己的投递系统,在内容方面重新定位,但较之电子媒体,它始终有点"先天不足"。

（2）读者的受局限性。因是一种文字传播,没有受过多少教育的人便被排斥在此媒体之外。而由于发行方面的问题,边远地区的人也很难成为报纸的忠实受众。

（3）报纸的现场感、形象感较差。因为接收通道的单一性,记者即便有生花妙笔,但也远不如电视寥寥数语与直观形象的展现来得亲切。报纸是一种理性型媒体,其形象感不如属于感性型媒体的电视。

（二）杂志的优点和弱点

1. 优点

（1）针对性强。杂志种类繁多,形式多样。每种杂志都有自己的特定读者群,传播者可以面对明确的目标公众制定传播策略,作到"对症下药",以取得最佳的传播效果。

（2）信息的覆盖与更替周期长。杂志的篇幅较长,因此在信息的深度上比报纸更为突出。而且,由于其编辑时间较长,虽然它失之于时效性,然而它对问题的分析与调查更为深刻、详尽,信息量更大。这使杂志信息的生命周期会无限延长,无疑会增强其传播效果。

（3）印刷精良,装帧较好,更具保存价值。由于杂志所提供的信息,较报纸更具深度和理性,加之其精美的印刷,良好的内容兼具美的形式,决定了其较高的重复阅读率,因此容易取得公众心理上的认同。

2. 缺点

（1）缺乏灵活性与时效性。由于杂志出版周期较长，因而时效性方面就难免不尽人意，不能及时刊登瞬息万变的经济信息。再者，由于其出版周期长，一旦定稿之后，难于临时更改，灵活性方面远不及报纸和电子传媒。因此，公共关系人员在选择媒体时常对其忍痛割爱。

（2）阅读范围的局限性。杂志对读者的文化水平和理解能力要求较高，某些专业性强的杂志更要求读者具备一定的业务知识，因此其读者数量受到了一定的局限性。在社会公众日益分化的今天，这种现象给公共关系人员带来了喜忧参半的心理。一方面，信息传播可更具针对性，但同时覆盖面却又受到了限制。

（3）感染力较差。杂志虽比报纸生动，但它毕竟是用文字符号来传播的，与电子媒体相比，仍嫌呆板、机械，其感染力也较逊一筹。在面向低层次的受众传递信息时，公共关系人员要慎用此媒介。

二、电子媒介：广播与电视

电子媒介是指运用电子技术、电子技术设备及其产品进行信息传播的媒介，其中包括广播、电视、电影、录音、录像、光盘计算机网络等。而广播、电视是最主要的电子媒介。公共关系经常要运用广播、电视去播发新闻、广告，及时、有效地影响公众，是非常重要的信息传播手段。

（一）广播的优点和弱点

所谓广播，是以电波或导线所传送的声音为媒介的大众传播工具。而电视是以电波所传送的声音和图像为媒介的传播工具。广播分无线广播和有线广播。通过无线电波传送声音信号称无线广播，通过导线传送声音信号称有线广播。在我国，广播是一种最为大众化的传播媒介。

1. 优点

（1）迅速及时，时效性强。在各种大众媒介中，广播制作过程最为简单，加之广播是电波传播，超越了信息传播在时间方面的限制。因此，广播传播极为迅速，它能把刚刚发生和正在发生的新闻告知公众，广播新闻中的现场报道、现场实况转播等可以使新闻报道与新闻事件同步进行。

（2）超远覆盖，渗透性强。广播不仅不受时间的限制，而且也不受空间的阻隔。无论是崇山峻岭、江河湖海，还是沙漠荒滩，乃至地球以外的其他星球，只要是电波能够到达的地方，就能够传递声音的信号，就可顺利实现信息的传递。

（3）声情并茂，感染力强。广播以"声"动人，以"情"感人。通过声情并茂的播音，不仅可以把人带到现场，而且还可以调动人的感情。在录音报道中，在现场转播中，更可以使听众闻其声如见其人，闻其声如临其境。广播史上著名的"一场虚惊"的故事，足以显示声音的巨大威力。

（4）雅俗皆宜，群众性强。传播学的集大成者施拉姆曾就受众对大众传媒的选择性提出这样一个公式，即选择或然率＝报偿的保证/费力的程度。从报偿方面看，广播不及电视那样形象逼真，不及印刷媒体那样对事件的分析鞭辟入里，但广播传播迅速及时、渗透性强的特点，可满足受众"先知为快"的心理。从费力程度看，广播是财力、精力花费最少，使用最方便的一种传媒。收音机价格低廉，且在收听时可"一心二用"，是许多媒体所不可比的。因此，从报偿和费力两方面权衡，广播成为我国受众最多的一种传播工具。

2. 弱点

（1）稍纵即逝，过耳不留。听众的注意力只能追随广播播放的内容，不能像看书读报那样停顿下来推敲、思考。因广播信息的贮存不易，没听明白或理解不了的内容便无法核查，这就决定了公共关系人员利用广播媒介传播信息的局限性。

（2）顺序收听，选择性差。作为一种线性传播，广播内容是按时间顺序来编排的，听众只能服从节目表的安排，按时收听，既无法提前也不能滞后，远不如阅读印刷媒体时的自由自在。

（3）形象感不强。广播也是单通道传播，只通过语言、音响影响受传者，没有文字和图像，在形象感方面远不及电视，较之报刊，也略显逊色。

（二）电视的优点和弱点

电视是以电波所传送的声音和图像为媒介的大众传播工具。以声音和图像作媒介决定了电视既具有广播所具备的种种长处，同时还拥有自己独特的优势。因此，作为传统大众媒体中的后起之秀，电视的发展之迅速，远快于其他。现代生活已离不开电视，它已然成为人们休闲或获取信息的主要渠道。公共关系人员正是利用了电视传播的种种优点，来卓有成效地进行信息的传递。

1. 优点

（1）视听兼备，声画并茂。既能听又能看，是电视的最大特点。视听是人类接受外界信息的主要渠道。据科学家考察，人对外界的感受，60%来自于视觉。视觉在我们的感官中是最重要的。眼耳并用，便在人脑中录下了事物的基本特征。从记忆效果看，听到的能记住20%，视听并举则能记住50%。声画并茂、视听兼备的综合传播，顺应人的生理特点，是电视得天独厚的优势。

（2）现场感强，可信度高。电视可以逼真地再现信息源的多种情景。电视荧屏上所展示的是信息源所发出的真人、真事、真情、真景。受众通过自己的眼睛和耳朵直接了解、感受信息，其现场感大大提高了信息的可信度。

（3）近距离观赏，亲切自由。电视普及到家庭，受传者大多在业余时间接受信息，特别是与家人一起收看。这种近距离的收视形式和家庭氛围的收视环境，与传播内容的声画并茂和现场感相结合，便产生一种面对面直接交流的亲切感，受传者容易受到即时感染并引起共鸣。

（4）传播内容的兼容性、开放性。电视是一门综合艺术，可同时刺激受传者的听觉、视觉，展示各种信息。这种兼容性和开放性决定了其受众的多层次性，因为它对受众的文化程度和艺术修养几乎没有限制，其受众数量之多，传播效果之好，颇受公共关系人员的重视。

2. 缺点

（1）反映信息的表面性。电视最突出的优势在于其声画并茂，可信度高，但它信息传播的深度较之印刷媒体会浅很多。因此，在告知信息方面它可能会先声夺人，且因生动形象会使人印象持久，但在信息的具体细节上，它的展示可能会差一些。

（2）反映的不可再现性。电视传播缺乏记录性，不易查找和记录。且其信息传播需动用复杂的设备，诸种因素的制约使得它的灵活性不如报刊、广播，在遇到突发事件时往往会束手无策，令其优势无从发挥。

（3）费用较高。由于电视节目的制作、接收、传送和保存的成本较高，对经济的支付能力要求相应也高，社会组织在运用电视媒体进行信息的传递时所需费用就比较昂贵。

三、因特网(Internet)

因特网是现代才出现的全新的传播媒介,这个网络包含着巨大的信息资源,其双向交互式的信息传达方式与公共关系所倡导的双向交流与沟通的观点十分吻合。这种新媒体已然而且必将会越来越引起各个组织的注意,从而会成为非常重要的公共关系媒介之一。

因特网是指全球最大的、开放的、有众多网络互联而成的主要采用TCP/IP协议的计算机网络,以及这个网络所包含的全世界范围内的巨大信息资源。从网络的角度讲,因特网是一个国际性计算机网络集合体,它集现代通信技术、现代计算机技术于一体,是一种在计算机之间实现国际信息交流和共享的手段;从信息资源的角度讲,因特网是全球范围内最大的信息资源,该信息资源之大,超过一般人的想象力。

(一)因特网的发展简史

迅速发展的网络给人类提供了一个虚拟的、超越国别与文化差异的信息共享空间,使人类的信息资源得到了有史以来最大限度的利用。

因特网开始于1969年,它的前身是美国国防部的ARPAnet。ARPAnet是美国国防部为了研究如何将远地相距且型号不同的计算机互联起来,以实现军事通信服务而建立的网络。

在ARPAnet发展的同时,局域网(LAN)和其他广域网(WAN)的产生对因特网的进一步发展也起了重要作用。在这些新建立的广域网中,最引人注目的是美国国家科学基金会(National Scientific Foundation,NSF)组建的NSFnet。

1986年,NSF资助了许多地区网的建设,使全美主要的科研机构联入NSFnet。NSF资助的所有网络均采用TCP/IP协议即传输控制协议与网际协议,这是因特网中的一个最基本的协议。目前NSFnet已代替ARPAnet,成为因特网的新主干。

现今,因特网已构成了一个由不同的、相互间可通信的、由政府机构或商业组织提供资金的网络组成的大网。目前,因特网的用户在以每月10%的速率递增;因特网上的数据通信量每月以10%递增,每年增加214%。每天,世界范围内大约超过1 500万人直接使用因特网发送和接收电子邮件。由此可见,因特网的发展是非常迅速的。近年来,我国的计算机网络建设和加入因特网都在迅速地发展,在大多数的省会城市都已经可以接受个人用户通过当地电信部门的计算机网成为因特网的用户。

(二)因特网的基本特征

因特网是一个国际性的计算机网络集合体,其中包含着全球性的巨大信息资源,能根据不同用户的不同需要提供诸多不同的信息服务。与传统的四大媒体比较,网络新媒体具有许多优点,当然也有不可克服的缺点。

1. 优点

(1)兼容性。由于因特网集报纸、广播、电视三者之长于一体,实现了文字、图片、声音、图像等报道手段的有机结合,而家庭、办公室只要拥有一台接入因特网的多媒体电脑就能做各种信息处理和传递工作。在多媒体电脑采用了数字处理技术后,播放VCD、DVD及高清晰度电视信号就易如反掌。此外,因特网媒体还具有远程图书馆、远程图文音像资料数据库、电子报纸、杂志、网上购物、网上贸易、通信等功能。正因如此,功能单一的电视媒体与其比较就显得过于单调了。虽然有些厂商也有意在电视录音、录像的组合上出过一些产品,但仍然跳不出电视媒体使用上的单一模式。

（2）互动性。互动功能是指信息的传递者和受众之间的信息交流。在因特网上，信息是双向流动的，既可以从媒体到受众，也能从受众返回到媒体，双方的信息传播是相互的。这种传播的一个鲜明特征是模糊了大众传播与人际传播的界限，使传者与受者难以区分，因而实现了传受双方地位上的相对平等与自由。受众在传统媒体中接受信息的局限性被完全突破了。

（3）全球性。因特网采用了数字技术，使其成为真正的数字化媒体。在因特网上，无论是文字、图像或声音，归根到底都是通过"0"和"1"这两个数字信号的不同组合来表达，这使得信息第一次不仅在内容上，而且在形式上获得了同一性。数字化的优越性不仅便于传送和复制高质量的电视节目，更重要的是方便不同信息之间的相互转换。

（4）存储与检索。因特网上的信息是用比特方式存储的，可以存在磁盘、光盘等通用介质上。一张普通的3寸磁盘可以容纳70多万字，几年的报纸内容可以放进一张光盘中，大大节省了空间，降低了收藏成本。检索时，只要输入关键字，就可以立即找到相关内容，并通过打印机将需要的内容打印出来。

（5）即时性。因特网媒体传播速度快捷，信息来源广泛，制作发布信息简便。因此，因特网媒体可以随时发布新闻，而不必受发行、设备等方面的诸种局限性。

（6）针对性强。大众传播媒介面对越来越挑剔的受众，都在努力地研究受众需求，不断调整自己的传播内容与方式，以期更好地吸引受众达到相应的传播效果。然而，无论怎么调整，因其信息传播中地位的不对等，加之受众数量的广泛与匿名，传播者实际不可能确切地知道自己发布的信息会有多少人注意、有多少人接受或被哪些人接受。因此它们的针对性总是有限的。而因特网媒体的情况则大为不同，首先是传播者与受众的交融使参与因特网传播的人成为用户，因特网的用户是固定的，其需求也是固定；另外，用户在发布信息时，信息的接受者也是确定的。这都使得因特网的针对性大为增强。

2．缺点

（1）缺乏严谨性。因特网快捷灵活的报道、巨大的信息量，不可能像传统媒体那样字斟句酌。网站发布的新闻，比较普遍的现象是草率，重数量不重质量，以至于使人们对网络信息的真实性产生怀疑。

（2）缺乏深度与原创性。一般来说，网上发布的信息，往往少有为之折服的力度和深度，网络仅仅担当了一个信息发布平台的角色，而且，信息的原创性不高。

（3）缺乏权威性。由于传统意义上的"把关人"在网络环境里发生了重大变化，任何人可以成为信息的发布者，因此信息的权威性大打折扣。因为，权威性来自于传播者的信誉度，来自于内容的真实与严谨，而因特网在这些方面有点先天不足。

（4）缺乏规矩。计算机网络在中国得到快速发展的时间不长，但却引发了许多违规案例。主要有三种：一是侵犯版权，擅自转载其他媒体作品；二是发布虚假消息，在社会上造成不良影响；三是在网上恶意侮辱、诽谤造谣、攻击他人或组织。

由于因特网具有以上与传统的大众媒介和其他电子媒体不同的传播特征，作为政府、学校与企业，欲与自己的相关公众进行有效的沟通，不约而同地选择了因特网这个双向交流与沟通的渠道。因特网包含着巨大信息量，其双向交互式的信息传达与公共关系所倡导的"双向交流与沟通"的观点十分吻合。如今，"网上公共关系"、"网上广告"对大多数组织与公众来讲，已经不再是一个陌生的词语了。作为公共关系从业人员,如果不懂得如何运用因特网的强大功能来从事公共关系活动,就可能成为信息时代的落伍者。

但选择网络作为信息发布的平台,也要充分考虑到它的不利之处。首先,网络上信息的发布不是有效到达,受众只有在有需要时,才会去主动点击,因此它的适用面与影响力只限于那些有需求和已知的商品。其次,由于信息发布的随意性导致的受众的信任危机问题,也是制约网上信息发布的一个"瓶颈"。第三,网民的有限性决定了信息发布影响的局限性。由于设备及上网费用的昂贵,加之网络较高的技术壁垒的限制,目前在中国真正上网的人数所占的比例还不是很高。这些都是公共关系人员选择媒体时不可忽视的因素。

四、非语言传播符号

在公共关系的传播过程中,公共关系人员既可通过大众传播媒介向公众传达有关组织的信息,也可通过邮寄或面呈等其他渠道来散发资料,还可通过实物展览来对其产品的性能做详细说明。总之,公共关系手段应该非常之多,但从总体上把握可归结为两大类,即语言符号和非语言符号。语言是人类传播活动中最重要的符号中介,它包括自然语言在内的所有可能有的符号系统。语言尤其是自然语言是最重要也是使用最多的符号系统,公共关系人员用自然语言编成的公报、简报、宣传资料等也属于语言符号系统。上边所介绍的几种主要的大众传媒都是以语言符号为载体来进行传递的。

因人们所熟悉的大众传媒都属于语言传播,所以这里重点介绍一下非语言传播。

(一)非语言传播

人类交流信息,相互沟通,除了使用语言符号之外,还要使用大量地非语言符号来进行交流。事实上,在面对面的人际传播中,大约65%的"社会含义"是通过非语言符号表达的。

(二)非语言传播的类别

卢斯契和基斯将非语言传播方式分为三大类:

1. 标记语言

标记语言即用手势、代号等代替文字语言的特殊标记系统。如聋哑人的手语、交通警的指挥手势、军队的电码,以及一般人惯用的一些表意形式,如中国人跷起大拇指表示赞叹,西方一些民族将拇指朝下表示"坏"或"差"等。

2. 行动语言

行动语言包括那些不特别用于代表某种信号的所有身体运动,不但显示身体的移动或完成某种动作状态,而且泄露与此动作有关的其他讯息,如吃喝、挥手、接吻、跺脚等,兼具有功能上和传播上的双重意义。

3. 物体语言

人们有意无意地摆设的一些物体,其特定的形态也能十分准确地表达某种含义,如衣着打扮、环境布置、房间设计等,都具有表意作用。

关于非语言传播符号的类别,还有许多种划分。如从受众对信息的接收方式看,可划分为视觉符号和听觉符号等,这里就不做详细介绍了。

(三)非语言传播的特性

在信息的传递过程中,非语言符号传播出来的无声的信息是语言传播符号所不能取代的,而且对语言传播还可起到独特的辅助作用,而其功能的体现是由其传播特性决定的。

1. 传播性

在一个互动的环境中,非语言符号总是不停地传播着。一个人即便看似不行动,他的非语言行为同样发送出某种信息。在人际交往中,有时候"此时无声胜有声",由此传递的信息同语言传播一样丰富多彩。在中国文化中,体现着无尽的对非语言传播的研究与重视,如民间流传的看手相、面相等,就是通过对人的外貌的非语言符号加以综合分析,判断一个人的经历、性格、职业、家庭,以及今后的大体趋势。

2. 情境性

与语言传播一样,非语言传播也展开于特定的"语境"中。情境左右着非语言符号的含义。相同的非语言符号,在不同的情境中会有不同的意义。在跨文化传播中,这种传播的情境性体现得更为明显。如一般认为点头表示同意,摇头表示拒绝,然而在保加利亚的一些地区,情况恰恰相反。

3. 可信性

这种可信性一方面是由于语言信息受理性意识的控制容易作假决定的,另一方面是因为一个人的非语言行为是其整体性格的表现及个人人格特性的反映,更多的是一种对外界刺激的直接反映,很难掩饰和压抑。因此,人们常说认识一个人不仅要"听其言",还要"观其行"。

4. 组合性

非语言行为通常以组合的方式出现。实验表明,人们的情绪几乎都是由整个身体表达的,让身体的不同部位表达各不相同的情绪,非常困难。此外,非语言符号也常作为语言传播符号的补充,来增强或削弱传播效果。因而,在认识某一非语言行为时,应尽可能完整地把握相关的所有非语言信息。

5. 隐喻性

非语言传播行为带有隐喻性。一方面,非语言行为对语言的传播有一种补充说明的功能,如讲话中语音的突然提高就显示了传播者欲引起大家注意的含义。另一方面,非语言符号可为其他非语言传播加上某种注解。如某人与你见面,发出热忱的笑声,而握手却草草了事,这足以说明其热情的虚假。

总之,非语言传播在信息传递中起着不可忽视的重要作用。这就提醒公共关系从业人员在与他人交往时,一方面,要时刻注意自己的行为体态,防止那种不得体的衣着或表现使自己或组织的形象"失分";另一方面,也要善从他人非语言符号所透露出来的"蛛丝马迹"中,发现有价值的信息反馈,从而达到令人满意的传播效果。

第四节 公共关系的媒介运作

了解和掌握媒介特点是我们合理运用媒介的前提。本节主要介绍的是公共关系的媒介运作原则,以期达到"以最少的投入获得最大的产出"的理想信息传播状态。

一、传播媒介的选择原则

传播媒介的种类非常之多,且每种媒介都有自己的独到之处。但组织的资源却是有限的,这决定了它不可能穷尽所有的媒介来传递本组织的信息。如何以有限的投入获得最佳的传播效果,这就关系到能否合理选择媒介的问题了。

合理地选择公共关系媒介,应充分考虑目标受众、传播媒介的特性、所传信息的特性及相关媒体的选择及传播经费等因素。

(一)根据目标受众的特点选择传播媒介

受众是传播的目标和对象,是信息的最终归宿。公共关系人员的一切传播最终都以受众是否接受、接受多少信息作为评判是否成功的依据。在激烈竞争的市场经济社会里,受众对组织的认同程度更是关系到组织的生死成败。因此,对受众的研究和考察成为一种必需。

受众从来都是多样的,而且随着竞争的不断加剧,媒体也在着力打造越来越众多的只青睐自己的受众,这就是"大众传播小众化"。要想有效传递信息,公共关系人员应着力使信息实际传达的受众与该传媒的目标受众相吻合。只有这样,才能达到传播效果的最大化。那么,如何针对目标来选择信息发布媒体呢?

首先,要根据目标受众的实际情况来选择媒体。目标受众的实际情况包含了他们的年龄、民族、文化水平、信仰、社会阶层等。这些因素都会影响到他们对媒体的选择,如同是报刊,知识阶层可能更青睐时政、财经类报刊;而时尚青年可能更喜欢轻松的休闲类报刊。

其次,根据目标受众对媒体的接触率及习惯来选择媒体。由于各种社会和经济因素以及生活习惯的不同,每个人接触某一具体媒体的机会呈现出千差万别的特点。如办公室人员接触报纸的机会比其他人要多;喜爱"肥皂剧"的中青年女性较之其他人多;关注时政新闻的城市人远多于农村人,经济状况好的人要多过经济状况不好的人;早上听广播要多于看电视的,而晚上通过电视和阅读报纸来了解新闻的远多过听广播的。因此,在进行媒体选择时,公共关系人员要充分考虑到目标人群对媒体的接触率和收视习惯。

最后,要根据目标受众的居住区域的自然状况、气候条件、生活水平等来选择媒体。一般说来,文盲率高的地区,应多采用电子媒体;生活水平高的地区,宜进行多种媒体的组合以进行有强度的更卓有成效的传播。

(二)根据特性及影响力选择传播媒介

不同的媒体有不同的特性,不同特性的媒体适宜刊播不同的信息。在选择媒体时,除了要考虑媒体的特性外,更要注意它的影响力。因为媒体尤其是大众传播媒体具有"授予地位"的功能。声誉好、影响力大的媒体能使你所要传递的信息"大放异彩"。

评判一个媒体的影响力,可从两方面着手:其一是对媒体质的方面的考察。如媒体的权威性、可信度、媒体环境等。媒体信誉好、社会地位高,借助于媒体产生的"晕轮效应",所要传递的信息更能取得目标受众的认同。其二是对媒体量的方面的考察。它包含了媒体的涵盖面、接触人数、每年人的成本等,可通过媒体的覆盖域、接触率、到达率、暴露频次及有效达到率来评估。

在公共关系的传播中,媒体的影响力是个不可小觑的因素。选择媒体在传播信息时,不仅要注意每种媒体的传播特性,还要充分考虑某一具体媒体在公众心目中的影响力。

(三)根据信息的特点选择传播媒介

作为传播的内容,不同的信息有不同的特点。具有不同特点的信息宜采用符合信息特点的媒体。如信息的专业化程度较高,应选择在富有深度性特点的报刊上刊登;如信息的时间性要求很高,则应选择传递信息速度快捷的报纸及电子媒体;如信息的容量很大,可选择报刊媒介,而动态性的报道则可考虑选用广播媒介;如信息本身非常重要且有一定的深度,则可向报刊等媒介提供一些引导舆论、帮助决策、具有较大深度的报道,甚至开辟专版,进行专题研究或问题讨论;如信息非常复杂,需要经过思索才能理解,那么最好选用文字和图解相结合的印刷媒体;如信息的动感效应较强,则宜于在电视媒体上刊播,因电视在展示商品外观、突出商品形象和动作过程等方面有明显的优势。

（四）根据竞争对手的媒介运用状况选择传播媒体

任何一种信息的传播,都会在类似信息的轰炸中销蚀公众的注意力资源,商品广告的传播更会如此。为了在激烈的竞争中胜出,组织信息的媒体传播就必须考虑其竞争对手的媒体选择,就不得不与竞争对手展开"信息战"。如果组织所拥有的商品是第一品牌,抑或虽不是第一品牌,但却具有适合市场需求的独一无二的特性,那么广告媒体的选择也就应针对竞争对手的媒体选择,与之针锋相对,也就是作为"市场挑战者"的角色存在;如果组织的商品不过是同类商品中并不显眼的一员,所具有的形象冲击力与记忆容易度与竞争对手相差无几,此时则应选择竞争对手没有选择的广告媒体;否则,只会使自己的信息淹没在同类信息的"汪洋大海之中"。但不管如何对产品或服务定位,都应尽力回避与竞争对手采用相同或类似的信息告知方式,同时还要注意把由于信息相似、可能在目标受众中导致的混乱压缩到最低程度。

一般来讲,为了从信息表现的整体感、大小尺寸上都能与众不同,就应该尽可能避免使用同类信息大量出现的媒体。除非能够确信自己所采用的信息表现方式在同类信息中占据较大的优势,受众对自己信息的记忆再生率与对自己商品质量的认同也较对手高时,才可选择有大量类似信息出现的媒体。

（五）根据讲求经济效益的原则选择传播媒介

目前,在我国经济实力非常雄厚的社会组织不是很多。通常情况下,组织只能拨出极小部分的资金去开展公共关系工作。公共关系经费的短缺,要求公共关系人员应善于利用各种传播媒介。选择媒体时,应充分考虑到本组织的经营特点和支付能力,考虑到各种传播媒介的数量和质量,因为每种媒介都有自己发生影响的针对性人群。并非价格越昂贵的媒体就是最好的媒体,因为"适宜才是最好"。

二、媒体组合

媒体组合也可称之为媒体整合。媒体组合的基本考虑,就是从全局的高度,用有限的经费,对媒体资源进行合理配置和利用,以取得最佳的信息传播效果。

媒体组合的恰当与否,将大大影响信息的传播效果。在大众媒体呈现出小众化特点的今天,媒体组合尤为重要。这一方面是由媒体不同的传播特性决定的,另一方面也是由目标受众群的多层次化及需求的多样化决定的。

（一）媒体组合的目标

媒体组合应满足6个方面的要求:① 要有利于实现组织信息在内容和表现形式方面的系列化;② 要有利于组织树立良好的产品或服务形象;③ 要有利于信息有针对性地达到目标受众、影响目标受众;④ 要有利于组织针对竞争对手的信息传播开展有力进攻或实施有效的防御;⑤ 要有利于信息传播的时机性要求;⑥ 媒体组合本身要实现多样性。

媒体组合的优点可概述如下:

第一,它实现了信息的多层次化。通过利用不同的媒体,实现信息在不同形式下的传播,使信息的覆盖面更广,更具厚重感,加之不同媒体间的优势相互补充,使信息的接受更为容易。

第二,它能使信息集中传播。通过利用多种媒体,形成多层面的"信息战",能尽早增大商品信息的传播总量,增强其渗透力,这对新上市的商品推广非常重要。广播中有声、电视中有影、报刊中有所报道,路牌广告无所不在,这种地毯式的信息轰炸对人们认知新商品,其积极作用不言而喻。

第三,它可带来冲击力的乘积效果。通过利用各种媒体优势特性的互补,使信息传播实现的不只是量与量的简单相加,而是量与量的乘积,使信息传播的冲击力大为增强。

第四,它可实现最大的到达率与到达次数。由于同时调动多种媒体,会使各种媒体所拥有的受众群得到广泛动员,从而能使同一预算发挥出最大的经济效益。

(二)媒体组合的两种方式

虽然合理的媒体组合要综合考虑的因素很多,其组合的方式也非常的多样化,但归结起来,可将之概括为两种,即集中型媒体组合和分散型媒体组合。

1. 集中型媒体组合

所谓集中型媒体组合就是采取把有限的广告费用集中投入到某一特定媒体的方法。这种媒体组合能对组织所认定的目标对象施加最大限度的冲击力,进而形成这些受众对该组织所提供产品或服务的强有力的亲密度。因为消费者大多对商品具有一种因熟识而导致适应的惯性,在选择商品时,这种惯性会潜藏于意识之中,反过来促使他们产生购买某一商品的行为发生。如果某种商品以某一媒体为中心,施以集中型广告,同时只要当该商品信息的覆盖范围与目标消费者一致,就会取得预期效果。另外,采用集中型媒体组合,信息传播者可获得一些信息播放时间或版面的优惠及优先利用权,还可通过层层递进的传播方式,尽可能详尽地把本组织的相关信息告知给公众。

集中型媒体组合适用于某一特定的和已知范围的受众,且这部分受众已形成一定的媒体接触习惯。

2. 分散型媒体组合

所谓分散型媒体组合,就是组织利用不同的媒体,将有关信息传递给不同的人群。具体来说,首先,采用此组合,组织既可实现和既定受众的沟通,还能实现和不同的相关对象的沟通。其次,它可避免在单一媒体中传送信息可能导致的目标人群关心度弱化的现象。而且,信息通过不同的渠道传播,可增加潜在公众的无意注意率,提高媒体的到达率。

当组织所面对的目标受众比较广时,更为适合采用分散型媒体组合。比如对生产、销售儿童用品的公司来说,给孩子们的信息,可能会通过电子媒体来传送,而给其家长的信息则可能利用印刷媒体如家庭杂志来传递。这些长处,正是集中型媒体组合的劣势。

总之,这两种媒体组合各有千秋。公共关系人员应充分认识到它们各自存在的利弊,根据本组织的实际情况,采用最适宜的媒体组合方式。

三、媒体组合的具体策略

在具体实施媒体组合的过程中,可采用的具体策略有以下三种。

（一）各种媒体间的组合

媒体组合首先是各种媒体之间的组合。要使报刊、广播、电视、路牌、网络等媒体都能围绕着共同的传播主题来进行，同时又尽可能地发挥各自的优势。可根据媒体的不同特性，从不同的视点出发，对商品的特点加以诉求、说明。如可利用电视的直观可视性，展现商品的外在美；利用广播语言亲切动人的质感，对商品的存在感加以表现；利用报纸的准确性，详细说明商品的性能等。如此，就使整个信息传播既有广度，又有深度；且感性诉求与理性诉求兼备。媒体之间的这种优势互补，无疑会使组织以有限的信息投入获得最大的经济与社会效益。

（二）媒体内部的组合

媒体内部的组合是指各种媒体内部的栏目之间的组合，如电视台之间的组合，各电视台内部栏目之间的组合。如在北京地区，中央电视台和北京电视台各有优劣，可将之适当组合。报业亦如此。如中央级报纸与省市级报纸，它们各自拥有自己的特定影响力，组织可根据自己发展的特定目标，有面有点地进行对目标人群的告知和说服。

（三）媒体中广告内容的组合

除了媒体的组合之外，各种媒体中的广告内容也要根据需要进行组合。如以新产品的推广为例，可通过广播电视告知信息，同时通过专业性报刊进行详尽的产品介绍。在不同的媒体中，信息分别是以短消息和专家论文或研究报告的形式存在的。

在当代激烈竞争的市场经济社会中，媒体组合运用的重要性会日渐突出。它是对公共关系从业人员在新形势下的一种新要求，是对他们综合素质的一种新考验。因为对媒体特性的把握只是组织开展工作的前提，而最大的挑战来自于在此基础之上的合理运用。

第六章 公共关系策划与管理

公共关系策划在整个公共关系活动中具有极为重要、乃至决定性的作用和地位,它是公共关系四步工作法的第二步。公共关系策划是对各类公共关系活动的谋划、运筹和韬略,是一切公共关系活动的先导和核心,是富有创造性的高层次的公共关系工作。科学的策划思想和巧妙的策划艺术是公共关系成功的保证。由于公共关系策划在公共关系工作程序中处于核心的地位,发挥着承上启下的功能,其作用就显得特别重要。

第一节 公共关系策划的含义、特征和作用

一、公共关系策划的含义

通过公共关系调查研究,弄清了问题是什么,也就有了明确的工作目标,根据目标,就可以制定公共关系活动计划了。制定公共关系活动计划的过程就叫公共关系策划。

策划也可以被理解为"出谋划策",就是公共关系人员根据组织形象的现状和目标要求,分析现有条件,设计最佳行动方案的过程。西方管理学者认为,策划是与决策紧密相连的,策划是一种程序,在本质上是一种运用脑力的理性行为,是针对未来要发生的事情作当前的决策:预先决定做什么、何时做、如何做、谁来做。

公共关系策划包含如下几层意思:

(1) 公共关系策划是公共关系人员的工作,由公共关系人员来完成。

(2) 公共关系策划是为组织目标服务的,应针对组织公共关系工作的整体目标。

(3) 公共关系策划是公共关系实务的事先筹划活动,应建立在公共关系调查的基础上,是指导未来行动的构思方案。

(4) 策划是一个科学、严谨、富于创造性的过程。

(5) 策划既有全局性、长期性的公共关系战略运筹,又有针对某次公共关系活动的专题谋划,还有常规公共关系活动的技巧安排。

二、公共关系策划的特征

从公共关系策划的定义的角度来分析,公共关系策划的特征表现在以下几个方面:

(一) 目标性

公共关系策划工作有着明确而又具体的目标性。目标是指策划所指向的对象和要解决的问题。也就是在进行公共关系策划时,着手研究组织应该树立什么样的形象,要考虑在公共关系工作中应重点解决什么问题及其解决的先后次序。

确定目标作为公共关系策划全过程的首要环节,是策划的前提,没有目标就无从策划。目标选定的准确与否也直接影响着策划的进行。定错了目标,策划就失去了积极的意义,甚至南辕北辙。目标定得不明确,也会影响策划的针对性。策划目标不但要求明确具体,而且要有充分的根据。在确定目标时,应尽可能把主观愿望与客观因素有机地结合起来,测准目标的约束条件。

公共关系策划所确立的目标,可分为总目标和个别目标。总目标是指任何公共关系活动都希望达到的最终目标。但在现实中,公共关系工作不可能面面俱到,往往只能主攻一两个个别目标。因此,要把总目标和个别目标统一起来考虑。

(二) 思想性

公共关系策划是高级的公共关系工作,之所以这样说,是因为公共关系策划的思想性较强。公共关系策划的过程,实质上就是一种思维过程,它依赖于受到思想特质支配的人脑的制约,并通过策划者对社会环境、组织自身的条件和策划目标的分析来完成。所谓"运筹帷幄之中,决胜千里之外",这里的"运筹",就是策划,实际上就是一种思想活动。它尽管是在"帷幄"之中形成的,却可以指挥千军万马决胜千里,因此,策划的价值是很难用具体的数字来衡量的,这就是现代企业愿意接受公共关系专家为它们拍脑袋、出点子而策划出公共关系方案的原因。

(三) 创造性

公共关系策划不是简单的临摹,不是照本宣科、依葫芦画瓢。每一个组织,都有其自身的行业特征、资源个性和环境差异,更有其不同的公共关系预期。因此,公共关系策划必须是一种创造性的工作,公共关系策划活动的全过程是策划者、主体目标、对象、策划方案相互作用的行为过程,也是应用创造学、思维学理论和开发创造力的过程。公共关系策划是一种运用创造智谋的理性行为,是依据公共关系人员的创造性素质,遵循公共关系的基本原则,通过辩证的思维,开拓一种"人无我有,人有我优"、"不求唯一,但求第一"的境界。

创造性是公共关系策划的生命力。要将创造性思维方法贯彻到公共关系策划的始终,策划者不仅应当在公共关系策划的全过程中从整体上使用创造性思维方法,对公共关系行为的每一个步骤、每一个细小环节的设计,都应采用创造性思维方法。

(四) 程序性

公共关系策划是一种程序,它是管理活动、决策活动和计划活动之前的一种制度化的程序。同时,公共关系策划本身也是一种科学程序,为了达到预期的策划目标,策划必须对未来公共关系行为的每一步骤、每一行动细节做好安排和设定,对公共关系行为的方向、方法、度和量等作出统一的规定和要求。只有这样,才能保证未来的公共关系行为不致出现仓促应付、随心所欲、偏离目标、各自为政、主次不分、张弛失控等弊病,从而确保公共关系活动健康、科学地开展。

(五) 灵活性

由于公共关系活动是一项复杂的综合性活动,它的成功与否要受诸多外界条件的影响。这就要求公共关系策划人员时时关注条件变化对实现本组织公共关系目标的利害关系,以便随着环境的变化和方案的实施而进行适时适度的调整,包括范围的调整、程序的调整、手段的调整和目标的调整,使公共关系策略保持一定的弹性和灵活性,从而卓有成效地实现动态策划。

(六) 时机性

在瞬息万变的社会环境中,时间和速度是策划的重要因素。作战要讲究时机,策划也有一个时机问题,机不可失,时不再来,必须快速抓准。只有时机成熟,策划才能奏效,策划得过早或过晚,都会失利。这就要求公共关系策划者反应灵敏,因时而策,对不同的标的对象,因时而异,果断行策,随机策划。

三、公共关系策划的作用

作为一般意义上的策划,在人类的文明史上曾起到过重要的作用,世界各民族无论是在军事、政治斗争异常激烈的年代,还是在和平建设的时期,策划一直盛行不衰。从历史上看,策划的社会作用主要表现在政治上众望所归的向心力、军事上足智多谋的战斗力、外交上灵活多变的创造力和治国上稳定发展的管制力上。

策划在现代社会中更是发挥着巨大的作用。回顾第二次世界大战失败之后的日本,经济处于崩溃的边缘,国土狭小,资源贫乏。可是不到30年时间,它竟然一跃成为仅次于美国的经济和科技发达的强国。究其原因,用日本人自己的话说,是得益于智,是国家善于采纳高明的治国安邦之策。第二次世界大战刚结束时,日本的一些有识之士根据本国的经济状况和世界经济形势提出的"贸易立国"的国策,迎来了日本的"第二次远航"。在科技方面,日本针对本国经济落后的特点,适时采用了引进外国科学技术的"吸取"战略,在借鉴、消化的基础上寻求创新。进入20世纪80年代,面对新的科学技术革命的挑战,日本又制定了"科学立国"的国策,并在科学技术上相应制定了"自主创新"战略,力求实现其"第三次远航"。这些战略性的策划有力地推动了日本经济的腾飞,使之初步实现了经济发展的良性循环。

随着公共关系的发展,策划问题已经引起了企业和社会的高度重视。尤其是现代化的企业,如果没有高水平的公共关系策划,便没有企业的发展。策划是公共关系活动的先导。

(一) 公共关系策划是市场经济发展的客观要求

随着市场经济的发展,尤其是社会大生产的到来,市场上产品的供给越来越充足,出现了供过于求的买方市场。此时,企业就不能再无视消费者的利益、需要和情感,而必须建立并保持与消费者的良好关系,以利于本企业在产品的激烈竞争中获胜。在这个阶段,企业的公共关系活动主要是为了宣传自己企业的产品,整个市场竞争表现为企业之间的产品竞争。在当今市场经济高度发展的社会信息化时代,企业之间的竞争已由产品的质量、技术、价格等方面的竞争转向以信誉为基础的形象竞争。信誉和形象已成了企业的无形资产和财富。每一个企业要想在激烈的市场竞争中求得生存、获得发展、赢得优势,就必须开展公共关系活动,学会形象竞争的本领,研究和运用竞争的对策。而形象竞争的核心就是公共关系策划。因此,公共关系策划是社会主义市场经济发展的客观要求。

(二) 公共关系策划是企业经营管理的重要任务

公共关系策划在企业经营管理创新中具有重要地位和作用,具体表现在:

(1) 公共关系策划是企业高层经营管理者的首要任务。这是因为策划是运用脑力确定经营目标的过程。企业高层经营管理者的具体任务有策划、组织、用人、指导、控制五项,而"策划"的任务为其之首,称为"全盘性策划"。

(2) 公共关系策划是企业经营管理决策的依据。对从产生、确立企业经营管理创新意向,到寻求、确认企业经营管理创新问题,探索、确立企业经营管理创新目标,再到设计、制作和论证、评价企业经营管理方案的一系列活动,通常称之为企业策划运作,在这里,企业策划运作包括了一个完整的企业经营管理创新决策过程的前馈分析阶段的全部内容,成为企业经营管理决策理智化、程序化、效能化的前提。如果说企业经营管理决策在于选择和决断,那么,企业策划运作则在于谋划和创造。由此可见,公共关系策划是企业经营管理的重要任务。

（三）公共关系策划是塑造组织形象的关键

公共关系策划是以组织的总目标为方向,在调查研究的基础上,根据公众的需求去设计筹划方案,并运用科学的理论和方法进行决策的过程。这一过程的最终目标是塑造良好的组织形象。公共关系策划对塑造组织形象具有关键作用。

随着经济的发展和社会的进步,社会组织之间的协作在加强,同时,竞争也日趋激烈,组织的环境和公众的态度也处在不断地变化之中,组织在公众中的形象也会因此而不断变化,所以,组织要求得生存和发展,就必须开展各种公共关系活动。经过巧妙策划的公共关系活动,可以使组织收到事半功倍的效果。反之,则会给组织带来各种不利影响。

公共关系策划的思想和方法,可以帮助组织科学地设计、选择公共关系活动方案,提高组织开展公共关系活动的成功率,从而增强组织形象管理的有效性。同时,公共关系策划还可以使组织开展的公共关系活动能更有效地达到组织形象管理的目的。

（四）公共关系策划是公共关系活动成功的保证

作为沟通组织与公众关系的渠道,为组织塑造良好社会形象的公共关系活动,尽管形式多样、种类繁多、层次复杂,但是任何一项公共关系活动都离不开公共关系策划者的智谋、创意和设计,也离不开策划者的精心组织和实施。公共关系策划是公共关系活动科学化、健康化的重要保证。未经策划的公共关系活动是不可想象的,其结果必然导致平庸化、表层化、简单化和形式化。

第二节　公共关系策划的原则

公共关系策划的原则是指在公共关系策划活动过程中所必须遵循的指导原则和行动准则。它是策划活动规律的理性表现,也是策划实践经验的概括和总结。在我国社会主义市场经济中开展公共关系活动,进行公共关系策划,既要坚持社会主义方向,有利于我国社会主义现代化建设,又要遵循公共关系活动自身的规律。公共关系策划应遵循以下原则:

一、利益性原则

公共关系策划必须事前弄清组织公共关系行为的深层次动机。马克思说过:"人的一切行为,都是为了利益的获取。"利益应当是公共关系系策划和公共关系行为的原动力。组织的利益由组织的经济效益和社会效益两方面构成。组织的公共关系行为虽不表现为经济效益的直接获取,但组织良好形象的塑造和公众环境的协调,必定会给组织带来有利于生存发展的优越条件和因此而生发的更为深远的经济效益和社会效益。公共关系的行为不是慈善施舍行为,更不是一掷千金、花钱如流水的败家子行径,公共关系行为的每一分投入都必须考虑效益的产出。高明的公共关系策划,总是在利于公众的同时也有利于自己,那种毫不考虑组织自身利益的公共关系策划方案是没有实际价值的废纸,只会被决策者弃之如敝屣。

同时,在公共关系策划中首先要考虑的应当是公众的利益。这是因为:

第一,利益可以刺激公众、激发公众,使公众萌发欲望冲动,形成利益关心和利益认识,继而产生对一定利益目标的持续。

第二,利益是刺激公众产生思想动机的动力,人们为了追求利益而产生竞争。这种利益竞争是社会发展的动力,自然也为策划的产生和发展提供了条件。公共关系策划在考虑公众利益时,应注意公众的长远利益。

二、客观性原则

客观性原则是指在公共关系策划运作过程中,策划者通过各种努力,使自己的主观意志自觉地、能动地符合客观实际。主观指导符合客观事物的规律性,这是公共关系策划的一条根本原则。客观性原则就是要顺应历史潮流,合乎民意,把握社会心理的倾向性,不可逆其而策。策划要以策划主体的现实状况为基础,做到据实策划。这条原则,对处于不利情况下的组织来说尤为重要。敢于承认不利的事实,才可能理智地进行策划,企图掩盖事实真相的策划,只会使组织走向反面。

公共关系是一项应用性、实践性很强的工作,因此,在进行公共关系策划时,必须以客观事实为基础,只有这样,才能真诚地与外界往来,脚踏实地地开展公共关系工作。否则,在策划和进行公共关系活动时,倘若不遵守客观性原则,故意掩盖、隐瞒或歪曲事实真相,采取回避问题的手法,报喜不报忧,那只能使公众产生怨恨,使组织失去信誉。

三、系统性原则

系统性原则是指在公共关系策划中,应将公共关系活动作为一个系统来考虑,按系统的观点与方法进行谋划与运筹。所谓系统,都是具有一定功能的,由互相作用的若干元素组成的复合体。任何系统都具有整体性、层次性、结构性、关联性、有序性等特点。

从系统的整体性上讲,在公共关系策划中,必须从整体出发,考虑问题要全面、周到、细致,即使一个小环节、小问题,也要将它放在策划的整体方案之中来考虑。这一整体包括目标、范围、程序、手段、方法、途径等。公共关系策划工作追求的是整体效益。从系统的层次性上讲,系统是有层次的,有大系统、小系统,也有母系统、子系统,对不同层次的系统,就有不同层次的策划。从系统的结构性上讲,要使整体发挥最佳功能,就得使系统的组合结构合理。在公共关系策划中,在注意系统整体的同时,还要把握好各个局部,使之同步、协调,达到最佳组合效应。从系统的关联性上讲,公共关系活动的各种媒体、各种策略和时机组成一个系统,相互之间是互相配合、互相协调的,这就要求在进行公共关系策划时,要充分注意它们之间的这种关联性,做到相互促进。从系统的有序性上讲,公共关系策划需要有步骤地进行。

四、可行性原则

可行性原则是指策划方案可被实施并能取得科学有效的效果。这一原则要求策划者要以科学理论为指导,以策划目标为前提,调查研究分析策划对象的现状和要求,制定出切实可行的公共关系策划方案并对其进行评估。具体要求是:

首先,进行可行性分析。在进行每一项策划时都要充分考虑所形成的公共关系策划的可行性。公共关系策划方案形成后,必须进行可行性分析,以便选出最优方案或作最后的抉择。进行可行性分析主要包括利害性分析、经济性分析、科学性分析和合法性分析。

其次,进行可行性实验。为了准确弄清公共关系策划方案是否科学可行,可以对方案进行可行性实验。可行性实验是可行性分析的最高形式和最后手段。可行性实验一般以局部试点方式进行,以检查策划方案的重心是否放在关键的现实问题上;方案的整体结构和运行机制是否合理;实施结果是否有效。

再次,方案必须具备行动性和有效性。公共关系策划方案的行动性,是指方案本身是策划行动的结果,策划方案具有方案实施的行为特点,符合实施行为的要求;有效性是指策划方案实施过程中能合理有效地利用人力、物力、财力和时间,实施效果能达到甚至超过方案设计的要求。一个具备可行性要求的公共关系策划方案必然具有行动性和有效性。

五、灵活性原则

由于组织的主观条件和外部环境随时都在发生变化,策划对象也处在变化之中,因此,公共关系策划要想有效地制定出切实可行的策划方案,就必须事先注意各种可能对策划方案产生影响的各种因素。公共关系策划者要全面、及时、准确地掌握各种环境因素和信息的变化规律,审时度势,洞察秋毫,使制定的公共关系策划方案具有相应的弹性,以应付复杂多变的环境。

根据这一原则,策划者在策划过程中应努力做到:

(1)以动态的眼光看世界,以应变的头脑想对策。也就是说,策划的思路必须跟上环境的千变万化。环境变了,公共关系对象变了,谋略对策也要变,千篇一律走老路的办法,是无法解决复杂纷纭的公共关系问题的。

(2)策划方案必须具有相当的弹性。实践证明,事前再周密完善的策划,在实施过程中总会遇到各种各样突如其来、猝不及防、意料之外的问题,方案如果毫无事前应变的思考和留下回旋的余地,则事到临头措手不及,从而束手无策或举措失当。策划在总目标大原则不变的情况下,保持相当的调整弹性,对策划的成功,是很有必要的。

第三节 公共关系策划的管理和方法

一、公共关系策划的管理

目前,在公共关系活动中,被人们普遍接受并得到广泛运用的是英国著名公共关系专家弗兰克·杰夫金斯提出的策划公共关系工作方案的六点模式,亦称"六步工作法"。这"六步"是:

（一）第一步——确定目标

公共关系目标，实际上就是组织通过公共关系策划和实施所希望达到的形象状态和标准。

确定公共关系的总目标和各项具体目标是公共关系策划不可缺少的一步，因为公共关系目标不仅是指导和协调公共关系工作的依据，也是评价行动方案实施效果的标准。

公共关系目标体系包含了不同类型的各种目标，一般分为四类：长期目标、近期目标、一般目标和特殊目标。

长期目标——这类目标涉及组织长远发展和经营管理战略等重大问题，它与组织的整体目标相一致。长期目标比较抽象地反映组织在公众中应有的形象以及能够对社会所起的作用，是组织理想的信条，一般不是短期就能实现的，时间跨度在5年或5年以上。

近期目标——这类目标是围绕长期目标制定的具体实施的目标，它内容具体，有明确的指导性，对公共关系工作有实际的指导作用，时间跨度在5年以下。近期目标中常见的是年度工作目标，它依据每年度的日常工作、定期活动、专题活动的内容，确定年度工作目标和步骤。

一般目标——这类目标是依据各类或多数公众的要求、意图、观念或行为的同一性制定的。

例如，"增加销售量"是企业员工、股东、政府、顾客等公认权益要求中的一个共同点，因为增加销售量，企业员工的奖金福利才能随之增加，股东才能分到更多的红利，政府才能增加税收，顾客对产品才有充分的选择余地，才可能为当地社区提供就业机会等。所以，"促进产品销售量的增加"就成为一般企业公共关系工作的一般目标。

特殊目标——所谓特殊目标是针对那些与组织目标、信念、发展以及利益相同或相近的公众的特殊要求制定的。这类目标具有特殊的指向性。

例如，某商场为了另辟捷径独树一帜，既要树立良好的公众形象又需达到提高营业额的目的，决定改变销售结构，商品供应以老年人、残疾人为主，制定了"敬老助残之途，春风送暖之道"的特殊目标，加以实施后，成功地塑造了组织的特殊形象。

同时，公共关系目标还有其他一些分类方法。例如，按公共关系活动的类型分为：传播信息、改变态度、联络感情、引起行为等目标；按公共关系活动的作用分为进攻型目标、防守型目标等。这些分类方法都较有利于具体工作目标的确定。

目标的分类取舍以及选择的角度，这要根据自身组织的实际情况而定。认识和了解目标的几种类型，将有助于加深对公共关系目标确立的认识，而不是机械地照搬和套用。实际情况往往要比人们想象的复杂得多，任何目标的确立，都还需与相应的措施、手段配套；不然就只能成为一句空洞的口号。但是，没有目标的选择与确定，一切又将显得盲目和被动。运筹帷幄之中，决胜千里之外，首先离不开目标，离开了各种目标的追求与实践，良好的公共关系状态也就无从谈起。

一个善于运用公共关系的决策者和公共关系从业人员，在组织目标及大目标确定后，同样要对自己方面的公共关系状况有一个全面的调查评估。只有在了解己方的实力、长处及公众形象等的前提下，才能制定出一个相应的公共关系目标及计划。常言道，"量体裁衣，看菜吃饭"。做什么事都应在自己能做的范围内，做力所能及的事。这种目标也才能既可望而又可及，也才有可能成为现实。

日本有位经营旅馆业的聪明商人，根据自己旅馆的实际情况，别出心裁地想出发掘潜力的好办法，结果达到了双重目标的实现。

当时该旅馆面临来客日益增多，但客人休闲活动空间又太小的问题。此际，旅馆后山倒有一大片山地尚未开发利用,但若全面开发再种植树木,又缺乏资金。于是,经过谋划,老板在旅馆内贴出一张海报,上写:"亲爱的旅客您好!本旅馆后山有片土地,宽阔而幽静,专门留作为植树的预定地,如果你有兴趣,不妨亲手种下一棵小树,本馆特派人拍照留念,并立下木牌刻上你的大名与植树日期。如果您再度光临时,这棵树苗已枝繁叶茂,你看了一定非常高兴,因为它是您亲手种植的,纪念性非凡。仅收树苗费用日币2000元。"此一颇具魅力的海报一经贴出,许多到此度蜜月或结婚周年纪念的夫妻,或结伴而来旅游的学生,莫不跃跃欲试,每个人都想亲手种下一棵既在山地上又在心灵上属于自己的树,以作永久纪念。不用多久,后山上种满了树,环境也整理得非常整齐雅致。旅客回家后对此事广为宣传,有的还不忘常回来看看自己的杰作。而旅馆的生意日益兴旺,并带动了该地区的旅游事业。

从这位聪明商人的例子不难看出:他一是从自身旅馆所处的实际情况出发,即:① 客人休闲的空间太小;② 后山有一片空地,可供开发种植树木;③ 缺乏资金。二是围绕实际情况谋划看似较低实则绝妙的目标计划,运用的传播媒介又是造价极低的自制海报。尽管如此,其获得的效果却是事半功倍的。

首先是"借鸡下蛋",用客人的钱和力,替自己开发种植了树木,实现了有形的目标;其次,是引来了大量客人并为以后准备了大量回头客;再次,在无形中实现了扩大知名度、树立美誉度这一公共关系所要追求的目标。其实,等众多客人再回头看到的,当是这位聪明商人事业上的"枝繁叶茂"。

综上所述,可以把公共关系的目标确定及需要注意的问题归纳如下:

第一,目标应明确、具体。明确是指目标的含义必须十分清楚、单一,不能使人产生这样或那样的各种理解;具体是指所提出的目标是可直接操作的,有明确的内容和任务要求,而不是泛泛的、抽象的口号。例如,"把本公司商品销售量从现在的40%提高到70%"的目标就要比"进一步提高产品销售量"的目标明确、具体得多。

第二,目标的提出要具有可行性和可控性。所谓目标的可行性,是指确定的目标要现实,既不能太高,也不能太低,经过一定的努力可以达到。所谓目标的可控性,是指所确定的目标要有一定的弹性,要留有充分的余地,以备条件变化时能灵活应变。

(二) 第二步——设计主题

公共关系活动的主题是对公共关系活动内容的高度概括,它统帅整个公共关系活动,联结所有活动项目,使之成为一个有机的整体。主题提纲挈领,对整个公共关系活动起着指导作用。

如上海市公共关系协会成立时除举行了隆重而热烈的成立大会外,还举办了学术报告会、文艺晚会、联谊活动、桥牌邀请赛,这些活动都醒目地以"沟通渠道、增进理解、加强联系、促进合作"为主题词,这一主题贯穿于全部活动之中。

主题的设计必须要与公共关系目标相一致,并能充分表现目标。表达主题的语句要简明扼要,要有鲜明的个性,要适应公众心理的需要,因为只有这样的主题才便于宣传、便于公众记忆、便于公众接受。主题的表现形式是多种多样的,它可以是一个口号,如"为了千千万万失学的儿童";也可以是一个陈述或一个表白,如"日本精工计时公司为使'精工表'走向世界,利用在东京举办奥运会的机会,进行了以'让全世界人都了解:精工计时是世界第一流技术与产品'为目标的公共关系活动,活动的主题是'世界的计时——精工表'"。

（三）第三步——形象策划中的公众研究

形象成功与否取决于公众的评价。因此成功的形象是针对目标公众、受公众欢迎的有效形象。形象策划离不开对公众的深入研究。因此，在公共关系策划的过程中，必须要在组织的广大公众对象群中，根据实现目标的需要，去认定哪些是该项公共关系活动必须关注、交流和影响的目标公众。认定目标公众的方法一般为：

第一，以活动目标划定目标公众。例如，学校为宣传自己的办学成果而组织的人才交流会，其目标公众主要是应届毕业生、用人单位、新闻单位、毕业生家长、人才交流部门及部分教职工，而非毕业班学生和他们的家长、政府机关、实习基地等则不是该次活动的目标公众。这种划分主要强调的是关联性。

第二，以组织实力划定目标公众。在公共关系实践活动中，有时组织需要面对的公众面极广，面面俱到则深感人力有限、经费不足，应付不过来。这时就应将有关公众按与组织关系的密切程度、影响的大小程度、相关事情的急缓程度等因素进行排队，选出最为重要的"部分"作为目标公众。这种划分主要强调的是重要性。

第三，以组织需要划分目标公众。例如，当组织出现形象危机时，目标公众应首先是组织的逆意公众和行动公众，以防危机的扩散和加剧。这种划分主要强调的是影响度。

（四）第四步——选择传播渠道和媒介

传播渠道和媒介的选择也是公共关系策划的关键一步，因为对其选择是否适当，直接影响到公共关系工作的效果。

就传播渠道而言，目前公共关系工作用得最多的主要有人际传播渠道、组织传播渠道和大众传播渠道三大类。

人际传播渠道包括个人对个人所进行的传播，如个人之间的会见、电话联系、书信往来、手机短信和互联网上交流等。

组织传播通常指个人对群体所进行的传播，即根据一群人的特殊要求、特殊问题进行传播，比如报告会、演讲会等。

大众传播渠道指的是通过大众传媒进行的传播，大众传媒有报刊、书籍、广播、电影、电视、互联网等。公共关系人员一旦决定使用大众传播渠道之后，传播媒介的选择就被提到议事日程上来了。

就传播媒介而言，由于各种媒介都有自身的特性，它们既各有所长，也各有所短，所以选择媒介的时候，既要根据公共关系工作的目标和要求去选择，也要根据传播的内容和公共关系工作的对象去选择，同时还要把经济条件考虑进去，即要做到"看菜吃饭、量体裁衣"。

（五）第五步——编制预算

公共关系是一种经营管理的职能。每种管理职能都应该有正常预算，预算对于公共关系工作也是必需的。它可以从人力、财力、物力上保证公共关系的正常开展；可将公共关系的计划具体化，以便于监督管理，堵塞漏洞；便于事后核算成本和考查绩效。所以，预算也是公共关系策划的一个组成部分。

1. 公共关系预算的内容

（1）费用预算。公共关系费用大致可分为基本费用和实际活动费用。基本费用包括人工报酬、办公费用、专项器材费用、专项资料费用等。实际活动费用包括招待费、广告宣传费、赞助费、举行大型纪念活动或庆典活动等各项经费开支。

(2) 人力预算。即对实现既定公共关系目标所需的人才进行初步的估算,这种预算对于没有设置公共关系部门的企业尤为重要,因为这种企业往往聘用公共关系公司的人员来开展公共关系工作。

(3) 时间预算。即对实现公共关系具体目标所需的时间进行预算,也就是为公共关系具体目标的实现制定一个时间进程表,规定出各个时期的具体工作内容,以便公共关系人员按部就班地进行工作。此外,时间预算也包括对最佳效果时间的选择,因为同样的活动在不同的时间进行,其效果是不一样的。例如,一家生产妇女卫生用品的厂家利用电视作广告宣传,厂家单方面认为利用晚上黄金时间播出效果最佳,结果当电视播放有关它的广告时恰恰是一般家庭用晚餐的时候,使观众看了大为反感。假如它不是在人们用晚餐的时候播出,效果一定会好些。

2. 公共关系预算的编制方法

编制公共关系预算的方法主要有三种:

(1) 按销售额抽成法。即企业按其年度计划销售总额抽取一定的百分比作为年度企业形象预算经费。这种方法只能匡算出年度策划活动经费的总额,因此只适应于年度企业形象预算。而且由于预算缺乏弹性和计划性,不一定适合实际需要。

(2) 项目作业综合法。即先列出企业形象项目计划及每项策划计划所需费用细目和数额,核定单项策划活动预算;然后将年度内各个形象策划项目预算汇总,便可得出全年策划预算经费总额。这种方法具体、准确,既适用于年度策划活动经费的预算,又适用于项目企业形象活动经费的预算。但需要事先的审慎计划和预测,如预测不准确,就可能超支、短缺或浪费,且主观性较强,容易影响预算的控制。

(3) 平均发展速度预测法。即运用历史资料计算出企业形象经费实际开支总的发展速度,并计算出平均发展速度,按照这一平均发展速度确定计划期策划活动经费预算数额。采取这种方法,可以保证策划活动经费每年都有所增加。这对于十分重视开展策划活动,并已经积累一定活动经验的企业比较合适。

(六) 第六步——审定方案

策划的最后一步是审定方案,即对方案进行可行性论证。一般情况下是由有关领导、专家和实际工作者对计划的可行性提出问题,由策划人员答辩论证。论证结束后,策划工作就算基本结束了,策划人员此时所要做的就是起草书面报告。职业化的公共关系策划须建立完整的文书档案系统,每一项具体的公共关系策划都必须见诸文字,这样做不仅便于工作的回顾和检验,也可以以此向组织的决策层报告。

二、公共关系策划方法

公共关系策划是一种创造性的思维活动,这种创造性思维需要一系列方法予以配合,只有通过具体的方法,依据公共关系策划的原则,才能创造出可行的公共关系策划方案。

(一) 思维方式

1. 创意策划法

创意策划法是通过创造思维方式进行的公共关系方案的策划。它具体包括以下创造性思维方法:

（1）理论思维。理论思维是以科学理论与专业知识为依据展开的思维。它是一种高层次的思维，也是一种最基本的思维，在公共关系策划活动中应用很多。理论思维具有科学性、系统性和间接可行性等特点。它往往运用逻辑推理，预见和把握未来事物的发展变化规律，可以在一定的时空范围内预测未来，从更深层次研究策划对象。可见，理论思维往往会使制订的策划方案更加符合实际，切实可行。

（2）形象思维。形象思维是指策划者依据观察生活中的各种现象加以选择、分析、综合，然后进行形象塑造的思维方式。它具有形象性、概括性等特点。在公共关系策划工作中，形象思维主要用于组织的总体形象设计上，其程序是先选定目标，然后是确定内容。在组织的总体形象中，其内容是由不同的个体形象来表现的。这就要对采用的形象给予很好的选择、分析、综合，再加以创造。

（3）直觉思维。直觉思维最常用的形式是联想思维，联想思维是指策划者由某一事物联想到另一事物的思维活动方式。事物都是相互联系的，因此，联想是开发人的创造性思维的一种方法。在公共关系策划过程中，联想思维的运用主要有：一是在确定开展重大的公共关系活动之前，需要公共关系策划者对这次活动进行全面策划与安排，而策划者就会联想到以前很多次成功的公共关系策划方案的出台与实施，从中找到可借鉴之处。二是在其他组织开展重大的公共关系活动并取得良好社会效益的启发下，联想到自己的组织能否也开展类似的公共关系活动，这样，就可在头脑中形成公共关系策划方案。

2. 专家策划法

专家策划法是借助于专家创造性逻辑思维提出意见，并进行综合分析的一种方法。其含义是指组织各领域的专家，运用各自专业方面的知识和经验，根据策划对象的外部环境，通过归纳，对策划对象的状况和发展变化过程进行综合分析与研究，找出策划对象运动、变化、发展的规律，从而对策划对象发展的趋势及状况作出判断。

邀请各类专家学者进入策划过程，吸收他们的判断和直觉，已经成为现代公共关系策划所运用的一种最具有价值的方法。依据专家人数，一般将专家策划法分为两大类：一类为个人判断策划法，也叫个人头脑风暴法，即通过某位专家微观智能结构的创造性逻辑思维提出策划意见；另一类则为集团头脑风暴法，顾名思义，即指参加策划的专家人数较多，通过集体的宏观智能结构（借助于专家个人微观智能结构之间的信息交流而相互启发，引起思维共振，互相补充，产生组合效应）的创造性逻辑思维提出策划意见。

（1）个人判断策划法。个人判断策划法的特点是能够最大限度地发挥出专家的微观智能结构效应，充分利用个人的创造能力，同时也使被征求意见者免受外界环境的影响，从而不致产生心理压力。在市场经济发展过程中，一些企业为保证做好公共关系工作，聘请常年公共关系顾问，遇到有问题需要认真解决时，便委托所聘顾问进行单独的公共关系方案的策划，并根据这一专家的指导实施。这种方法可以保证公共关系策划工作直接、快速、及时。

但是，个人判断策划法常常囿于专家个人智能结构的限制，即受专家的知识面、知识深度、占有资料的多少，以及对策划对象兴趣大小等因素的影响，因而难免带有一定的局限性。

（2）集团头脑风暴法。集团头脑风暴法，亦即专家会议策划法。与个人判断策划相比较，它具有如下一些特点：能够发挥若干专家所组成的团体的宏观智能结构效应，而且这种效应往往大于团体中各个成员单独创造能力的总和；通过多个专家之间的信息交流而引发思维共振，可在较短的时间内取得可喜的创造性成果;专家会议的信息量,比任何一个成员单独占有的信息量都要大;专家会议考虑的因素,总比某个成员单独考虑的要多;专家会议提出的方案,比某个成员单独提出的方案更具体、更全面。

具体来说,集团头脑风暴有两种形式:一种是直接头脑风暴法;另一种是质疑头脑风暴法。

直接头脑风暴法又称畅谈会法或智力激励法。它由美国著名工程学家奥斯本于1939年首创,原文为brainstorming,意为"头脑起风暴",它最早被用于广告花样的创造上,后来发展为人们自由发表意见的一种会议形式。在会议上,成员可以无拘无束、自由奔放地思考问题,畅所欲言地发表自己的意见或看法,而无需有任何顾虑。

直接头脑风暴法必须遵循的行为规范主要有:会上严格禁止批评或指责别人提出的设想,以免阻挠创造性设想的产生;参加会议的人员不分尊卑,可以任意自由想象,产生的想法越新奇越好;对所有与会者提出的设想予以全部记录,但在会上不做结论,等会议结束后再做评价;成员可借助于别人的想法来激发自己的灵感,也可通过对几个人的想法的综合来产生新的设想,使所提设想的总量增大,越大越好;会上不准私下交谈,但每个成员的意见都必须充分表达,要让与会者都了解和知道;每个成员只能发表自己的设想和看法,而不能取代别人发表意见;每一次讨论的范围不宜太小、太窄或带有限制性,同时,讨论的范围也不宜过分宽泛,必须依问题的方向而定。

直接头脑风暴法的具体实施,可分为七个步骤:

——准备阶段。主要是指会议主持人明确议题,做到心中有数,然后根据问题的性质排选组成人员。

——"热身"。即通过提出一两个与会议主题关联不大的小问题来激发起与会者的兴趣,促使与会者的大脑开动起来并处于受激状态,从而初步形成一种紧张而热烈的气氛。

——介绍问题。要求只向与会者提供有关策划对象的最低数量的信息,切忌将背景材料介绍过多,尤其不能把自己的设想全盘说出。因为这样做会形成某些条条框框,束缚与会者的思维视野。

——重新叙述问题,即改换另外一种表达问题的方式。要求对问题进行仔细分析,然后从不同的方面对问题下结论。

——选择最富有启发性的重新叙述形式,以便保证与会者在思维最活跃、想象力最丰富、创造力发挥处于顶峰时,能够考虑那些有利于问题解决的关键方面。

——通过畅谈提出多种多样的方案。

——对方案进行评价。会议结束后,主持人应对提出的方案作出经济和技术方面的评价。

质疑头脑风暴法是要先召开两个会议。第一个会议完全遵从直接头脑风暴法的原则,第二个会议则是对第一个会议提出的已经系统化的设想进行质疑。对设想进行质疑可分为三个阶段:

第一阶段,对与会者所提出的每一个设想都要进行质疑和全面评价,以便研究有碍设想实现的问题。

第二阶段,对每一组甚至每一个设想,编制一个评论意见一览表以及可行设想一览表。

第三阶段,对质疑过程中提出的评价意见进行估价,以便形成一个对解决所论问题实际可行的最终设想一览表。

实践表明,专家策划法通过对策划对象进行客观的、连续的分析,可以排除折中方案,找到一组切实可行的办法。由于具备这一优点,近年来专家策划法在公共关系活动中得到了广泛的应用。

（二）策划可借鉴的公共关系活动模式

公共关系活动方式,是以一定的公共关系目标和任务为核心,将若干种公共关系媒介和方法有机地结合起来,形成具备特定公共关系功能的工作方法系统。公共关系没有包医百病的处方。不同类型的组织机构,或同一组织的不同发展阶段,或同一阶段中针对不同的公众对象及公共关系任务,都需要有不同的公共关系活动方式。

1. 公共关系活动的业务方式

根据公共关系工作的业务类型,可以将公共关系活动划分为以下五种方式：

（1）宣传型公共关系。宣传型的公共关系活动主要是运用印刷媒介、电子媒介等宣传性手段,传递组织的信息,影响公众舆论,迅速扩大组织的社会影响。这种模式公共关系的特征是主导性强,时效性强,传播面广,推广组织形象的效果快,能较为有效地沟通组织与公众之间的关系,特别有利于提高组织的知名度。这种模式表现的形式很多,可以归类为两大类：一类是借助大众媒介来传播信息。如在报刊、电台、电视台上刊播新闻稿、专题通讯、经验介绍、记者专访、广告等,或举行记者招待会、新闻发布会、信息发布会,向大众媒介提供各种信息；另一类是由组织自己举办各种宣传活动,如展览会、展销会、经验技术交流会、演讲会、有奖竞赛、接待参观、印发宣传品、制作视听资料等。

对于经济组织来说,在社会主义市场经济竞争趋于激烈的情况下,那种"酒香不怕巷子深"的封闭性观念已不适合形势。在同类优质商品林立的市场上,你不宣传自己的商品,公众就不了解你,你就难以打入、占领市场。此外,这种模式也有间接性的局限,往往使沟通停留在认知的层次。

（2）交际型公共关系。交际型的公共关系活动主要运用各种交际方法和沟通艺术,广交朋友,协调关系,缓和矛盾,化解冲突,为组织创造"人和"的社会环境。这种模式的公共关系,使人际沟通进入情感层次,具有直接性、灵活性,在加强感情联络方面效果突出,它融汇在日常交往的各个方面,是运用最多、最广泛的模式。

它的操作形式可分为社团交际和个人交际两大类。社团交际包括组织举办招待会、联谊会、联欢会、茶话会、座谈会、接待、工作午餐、宴会、舞会、团拜、慰问等；个人交际包括攀谈、祝贺、拜访、个人署名的信件往来等。作为公共关系人员,要和上下左右各方面公众联系接触,每天要接待不少来客,在交际型公共关系中起着举足轻重的作用,公共关系人员必须掌握这一模式,在待人接物中要热情友好,要善于交谈,使公众愿意与组织交往、合作。

不过要注意的是,社会交际只是公共关系的一种手段,而绝不是公共关系的目的。不可把私人之间的一切交际混同于公共关系。

（3）服务型公共关系。服务型公共关系是组织向公众提供各种实惠的服务为主的公共关系模式,它通过特殊的媒介——服务这一实实在在的行动,显示组织的宗旨、性质、诚意,吸引公众,感化人心,获得好评,争取合作,使组织与公众之间的关系更加融洽、和谐,为组织提高社会信誉。服务型公共关系的特点是以行动作为最有力的语言,实在实惠,最容易为公众所接受,特别有利于提高组织的美誉度。

这一模式中的"服务"是指广义的服务,即不但指工业企业的消费指导、教育,提供优质产品和售后服务,也指第三产业商品买卖中的服务、公用事业单位的服务,还包括政治组织、文化组织提供的种种服务。任何一种类型的组织都能够以独特的方式为公众提供良好的服务。服务的目的不仅是促销,更重要的是树立和维护组织的形象和声誉,因此具有公共关系的性质。

（4）社会活动型公共关系。社会活动型公共关系主要是以组织的名义发起或参与社会性的活动,在公益、慈善、环保、文化、体育、教育等社会活动中充当主角或热心参与者,在支持社会事业的同时,扩大组织的整体影响。社会活动型公共关系的特点是社会参与面广,与公众接触面大,社会影响力强,形象投资费用也高,能同时有效地提高知名度和美誉度。

这一模式的表现方式有如下几类:

第一,以组织的重要活动为中心开展活动。如开业剪彩、周年纪念酒会、庆功会、当地传统节日活动、公益赞助活动等,组织可以借此机会邀请各界人士参加,渲染喜庆气氛,结识新朋友,播下友谊的种子,重会老朋友,加深感情。

第二,以赞助社会文体、福利事业为中心举办活动。它既表现出组织对人类、对社会的责任感,又容易引起轰动效应,往往会使一个默默无闻的组织一夜之间名声传扬。

第三,组织与新闻单位合办活动。如举办大奖赛、文艺演出等,这类形式为公众所喜闻乐见,具有明显的文化性、娱乐性,它既丰富了公众的文化生活,又宣传了组织,扩大了组织的影响。

社会型公共关系的特点在于它的公益性、文化性。不拘泥于眼前的得失,而着眼于整体的形象和长远的效益。它一般不直接为推销商品、扩大市场的短期目标服务,而是着眼于树立组织的良好形象,为组织的发展创造一个良好的社会环境,着眼组织的长远利益。所以,进行这类公共关系活动时,不能拘泥于眼前的一得一失,不能急功近利,更不能要求公众立即投桃报李。当然,也必须量力而行,不能贪多求大,要根据组织的经济实力,有选择地举办或参与一些适当的社会活动。

（5）征询型公共关系。征询型公共关系是以采集信息、调查舆论、民意测验为主的公共关系模式,它通过了解社情民意,为组织决策提供依据。

这种模式以采集信息,舆论调查,民意测验为主。目的是通过掌握信息和舆情,为组织机构的经营管理决策提供参谋。如开办各种咨询业务,建立来信来访制度和相应的接待机构,开展有奖测验活动,制作调查问卷收集用户意见,建立消费者热线电话接受和处理投诉等,以各种方式广泛、及时、公正地采集信息,充当组织的千里眼、顺风耳。

反映民意,是公共关系的天职。如果说,在宣传型公共关系中,公共关系人员以企业的对外发言人的身份出现,那么在征询型公共关系中,公共关系人员则以民意代表的姿态出现。公共关系人员作为组织机构和社会公众之间的中介者,必须成为企业的耳目,及时、广泛地采集一切有关组织形象的意见和建议,为企业决策做参谋。

要使企业能经常、及时、广泛地了解民意和社会舆情,并不是一件容易的事情。因为这项工作必须有公众的密切配合才行。而公众往往会因为与自己关系不大而漠不关心。要取得公众的配合,就要站在公众的立场上来考虑问题,从公众的切身利益出发,采取各种生动活泼的形式,吸引他们主动自觉地向企业提供意见和建议。

征询型公共关系的特点在于细水长流,日积月累,持之以恒。它需要耐力和诚意。一旦取得公众的配合,那么组织机构就成了千里眼和顺风耳,能够对民意和舆情的变动及时作出反应,保持企业组织与社会环境之间的动态平衡。

上述五种公共关系模式反映了公共关系工作的不同特点。公共关系人员可以根据需要选择其中一种或几种去实施公共关系的计划。

2. 公共关系活动的行为方式

针对不同的组织环境和组织公共关系的具体状态可以采取不同的公共关系行为方式。

(1) 建设型公共关系。建设型公共关系是组织为了打开局面,采用宣传与交际相结合的方法,向公众主动介绍自己,给公众留下良好的第一印象,初步形成组织的社会关系网络。这种模式的主要功能是提高知名度,它多用于组织的开创阶段。从公众的行为方式来说,这是一种引导、启发公众认识—理解—行动的模式。这种模式包括运用开业广告、开业庆典、免费招待参观、开业折价酬宾、公司资料有奖测验、主动介入社区活动等。不过应该注意,这种模式具有明显的宣传痕迹,其主要功能是引起注意,提高认识程度。至于能不能引起人们的好感,能不能吸引住顾客,最根本的要看内在服务的质量。因此,自我介绍式的宣传姿态要恰当有分寸。另外,由于社会上新成立的组织很多,一个新诞生的组织要想给公众留下深刻的印象,在开展这类公共关系时要力求有新意,避免千篇一律、千人一面,流于一般。

(2) 维系型公共关系。这种模式是通过各种传播媒介,以较低的姿态,持续不断地向社会公众传送组织机构的各种信息,久而久之,使组织的有关形象潜移默化在公众的长期记忆系统中,一旦有需要,公众就可能首先想到你,自然而然地来光顾,并通过接受你的服务或产品亲身感受到你的好处,增强对你的好感和认同。这种模式的公共关系一般用于组织的稳定发展时期。在具体操作上,它可分为软维系和硬维系两种形式。软维系指组织传播信息的对象不具体确定于某些人,其目的只是让公众别淡忘了组织,它往往使用定期广告、报道、照片等提醒公众记住组织。硬维系是指组织的行为目的明确,对象明确,是为了巩固与组织已有业务关系的公众,公众也了解组织这些行为的意图。如国外一些航空公司宣布,凡乘够该公司航班若干次的旅客,可以免费乘机一次等。

(3) 进攻型公共关系。进攻型公共关系是组织与公众发生冲突、与环境产生严重失调,其生存、发展面临阻力、危机时,为了摆脱被动局面,组织以积极主动的姿态,以攻为守,改造环境,调整与公众的关系,创造新局面的一种公共关系模式。这一模式的特征是主动性、进攻性,以"创"为主,即充分发挥组织对环境的能动作用,使组织摆脱面临的困境。

(4) 防御型公共关系。防御型公共关系是当组织的政策或行为出现了不适应公众的现象,或双方显露出摩擦苗头时,组织通过及时调整自己的政策和行为去适应公众,防止双方关系失调的公共关系模式。这类公共关系的特征是以防为主,防患于未然,避免矛盾尖锐化。它要求公共关系人员采用调查、预测手段,及时发现矛盾的预兆,向领导部门提出咨询意见,采取防范措施,堵塞有损组织利益和形象的漏洞。

(5) 矫正型公共关系。矫正型公共关系是当组织形象遭受损害时,组织立即采取措施,做好善后补救工作,挽回影响,重建形象的公共关系模式。这类公共关系的主要功能是纠正或消除损害组织形象的因素,恢复公众对组织的信任。它要求及时查明原因,及时纠正、及时改善不良形象,如果让不利于组织的舆论较长时间内存在、蔓延,将会使组织陷入困境。组织形象受到损害通常有两类原因:一为公众的误解,尤其是新闻媒介报道中的失误,或人为的谣言和破坏;二为组织本身的失误。对前者,矫正型公共关系的重点是澄清误解,揭示真相;对后者,则为纠正过失,承认错误,争取公众的谅解。

以上这些公共关系的活动模式,实际上都是由一系列具体的工作方法、技巧和手段组成的。只有熟悉和掌握公共关系的工作方法和技巧,才可能恰当地运用不同的模式。

请看下面的一个案例:

百年校庆启动世纪专列

——北大校庆最成功的公共关系策划

1997年8月,北大未名生物集团参股的深圳科兴公司为宣传公司形象,曾在北京举办了一次别开生面的晚会。晚会的成功引起了一位校领导的关注,他鼓励科兴公司的几位北大人,争取在百年校庆上拿出自己的想法。于是几位北大人开始用心设计校庆方案。

原来他们曾想过更换北大未名湖旁的旧椅子,为北大幼儿园添置新设施等方案。但后来都觉得没有发一趟校庆专列好。

因为北大的百年是与祖国风雨同行的百年,她的每一件大事都与中国的大事件紧密相连,而最能表达这个意境的就是一列列车。这是一列世纪列车,尽管有颠簸,有风雨,但永远是向前的。

另外,专列还象征着时代列车。深圳是改革开放的前沿,专列从深圳始发,象征着祖国沿着改革开放之路滚滚向前。

开这个专列还有一个切实的考虑:校友们毕业后即奔赴四面八方,从事不同的工作。工作繁忙,使他们很难有机会相聚畅谈,专列行程32个小时,校友们可以尽情畅谈。

基于以上的各种考虑,百年校庆专列的大胆想法形成了。

这个创意得到了铁道部及下属单位的大力支持。北京到深圳有K106次车,但京九线途径的省会城市少,不方便,所以决定走京广线。可是京广线的始发站是广州。铁路部门作出一个前所未有的决定:专列起始站改到深圳,然后走京广线。他们还专门组织召开了有关铁路部门与北大校庆筹委会参加的联席会议,会上专题研究了北大校庆筹委员提出的有关车内彩旗、横幅等宣传布置问题,车上就餐问题,车上广播娱乐活动问题,老弱病残服务问题以及车上安全问题,对这些问题双方逐一进行了协商。同时为了保证落实,于当日下午,由广州客运段陪同北大校庆筹委会人员到站实地察看了K106次列车车底,为他们做好准备工作提供了条件。

1998年4月30日21:05,专列在盛大的欢送队伍的注视下顺利发车,激昂的情绪就始终伴随着大家。"北大往事"演讲最初由每个车厢推举一人参加,后来,则是大家踊跃报名,抢着要说。一名校友为百年校庆写了几首歌,一上车,他就教大家唱,许多车厢开始对歌。由三节硬座车厢组成的"长明教室",使很多人回忆起学校彻夜开放的教室,大家聊天儿、唱歌,久久不肯去睡。

在长5米、宽1米的条幅上签名留念,使校友们激动欣喜,这条签名条幅将送到北大校史馆收存。

列车每到一站,车上的校友就敲锣打鼓下车迎接上车的校友,"欢迎北大专列'新生'"的横幅令每一个准备上车的校友倍感亲切,已经60多岁的胡树海说:"新生"两个字让我想起了刚入学时的情景,仿佛自己又是一个无知青年,再次回到北大的怀抱。

这个策划最令人赞叹的是它的创意。创意者以宏阔深邃的目光凝视北大百年历史,又与中国百年历史联系起来,在发散与集中思维中进行类比联想——"北大的百年是与祖国风雨同行的百年,她的每一件大事都与中国的大事件紧密相连"。从而从北大对中国百年历史的贡献中开掘和精炼出北大的传统、北大的精神。再运用联想找到最能深刻表现北大传统和北大精神的象征物——"尽管有颠簸、有风雨,但永远是向前的"列车。联想到"专列"这种特殊形式,进而大胆迁移想象出一个新颖超俗的方案——开"北大专列"!同时又紧密与今天与未来密切联系起来,从深圳始发,沿改革开放之路前行。这样不仅宣扬了北大的传统、历史、精神,也宣扬了科教兴国战略。一个有鲜明主旨,而且这个主旨贯穿渗透在方案的每个局部中:演讲、对歌、签名、"长明教室"等,使整个方案不但特色鲜明,而且整体性强。

这个策划的另一特点是可靠性强。虽大胆,但切实。这不仅表现在对方案实施中每一细节问题都做了考虑并同有关方面进行了具体协商落实,尤其表现在策划者对北大在国内外极高的知名度、美誉度,对中国高校第一个百年校庆在国内外的重大影响,对社会广泛的鼎力支持的可能性有充分估计和自信。否则,他们也就不会去找铁道部,而且不到10分钟就拿到了铁道部领导的签字。可见创意也不能只顾大胆、新颖,还要在异想天开和限定之间探寻思路。

三、公共关系策划书

公共关系策划人员在设计方案后,必须将方案的内容写成公共关系策划书,以便于企业领导的审批和组织实施方案。

公共关系策划书是公共关系策划的书面方案。公共关系策划的理性创造至此告一段落,公共关系策划将进入实践验证阶段,策划书即是这两个阶段的中介点。

公共关系策划书的形成要经历一个完整而严密的策划过程:界定公共关系问题、搜集已有资料、进行市场调查、将资料整理成情报、产生策划创意、形成多种方案、优化选择方案等,最终确定下来一个经论证最优秀、最适当的策划方案。将这种方案按一定格式用书面形式表达出来,就是公共关系策划书,也称之为公共关系策划文案。它是策划的表现和总结,是策划实施的指导、依据和规范。

(一)公共关系策划书的构成要素

一般来说,一份完整的公共关系策划书应当具备5W、2H、1E,即:

(1) What(什么)——策划的目的、内容。
(2) Who(谁)——策划组织者、策划人、策划所涉及的公众。
(3) Where(何处)——策划实施地点。
(4) Wben(何时)——策划实施时机。
(5) Why(为什么)——策划的缘由。
(6) How(如何)——策划的方法和实施形式。
(7) Howmuch(多少)——策划的预算。
(8) Effect(效果)——策划结果的预测。

上述八个要素就是一份完整的公共关系策划书应当具备的基本骨架。针对不同组织、不同内容与形式的策划书,应当围绕这八个要素,根据自己的需要进行丰富、完善和组合、搭配。公共关系策划书的创意与个性风格,就存在于对要素的丰富、完善和组合、搭配的差异之中。

(二)公共关系策划书的基本格式

公共关系策划书因活动的需要而体现出与活动相适应的不同格式,一般也没有一个"标准化"的格式。下面列出的只是公共关系策划书的常见格式,供参考。

1. 封面

```
┌─────────────────────────┐
│                         │
│      ××××××活动          │
│                         │
│                         │
│     策 划 书             │
│                         │
│                         │
│     策划人:×××           │
│                         │
│                         │
│     日期  年  月  日     │
│                         │
└─────────────────────────┘
```

需要注意的是,策划书名称要完整,比如标明什么企业、哪项公共关系活动、实行日期、策划者的姓名、所在单位和职务、完成策划书的日期等。如之前几易其稿,可注明何时初稿、定稿。

2. 目录

3. 内容提要

4. 前言

包括策划动机、过程简介、活动意义等。

5. 环境分析

组织状况及必要性分析、实施公共关系活动的原因、关键点。

6. 确立目标

确立提升组织形象地位或促进销售等目标。

7. 确定公众

确定公共关系活动的目标公众。

8. 公共关系活动主题及宣传口号

拟定公共关系活动的主题及相应的宣传口号。

9. 实施详案

包括:活动方法、媒介选择、人员安排、活动日程、效果检测、经费预算等。此为策划书主体部分,要详细、清楚。

10. 必要说明

包括:实施重点的说明、公共关系难点提示、公共关系参考资料等。

第七章 新闻、广告与整合营销传播

新闻与广告传播是公共关系工作的重要内容之一。本章就与公共关系最密切的几个问题进行介绍,它们分别是新闻传播、广告与广告策划、整合营销传播等。

第一节 新闻传播

公共关系是一种传播活动。通过大众传播媒介同公众取得广泛的联系和沟通,是组织公共关系部门的常规工作。因此,同新闻媒介打交道,借助新闻媒介的力量树立自身美好形象,传递组织的信息,以求取得公众的好感和了解,是组织公共关系活动中常见的内容。

依靠新闻媒介传递信息,就是新闻传播。新闻最重要的特点是在真实的前提下消息的新鲜和及时。它应该是最近发生的事件,过时事件就失去了新闻价值,不能再引起人们的关注。或者即使仍可使人产生兴趣,但毕竟没有多大意义了。新闻还应该是新奇的,为人们所未闻未见的,才会引起公众的强烈兴趣。司空见惯的事,即使刚刚发生,也不会引起人们的注意。因此,新闻应该抓住特殊性,力求与众不同。毫无疑义,新闻必须是真实的,真实是新闻的生命。新闻不是文学,不允许夸张和想象,只能是事物真实面貌的反映。掌握了新闻的特点,再加上对新闻感受的敏感性,就能够在日常生活中发掘新闻题材,运用新闻手段进行传播了。

组织进行新闻传播,通常使用三种方式:撰写新闻资料或新闻稿,送交新闻媒介单位进行发表;策划具有新闻价值的事件,吸引新闻单位作报道;召开新闻发布会,向新闻界公布有关情况。

一、撰写新闻资料或新闻稿

新闻资料是提供报社、电台、电视台编写新闻消息的文字材料,它不直接同公众见面,要经过记者的加工。因此,新闻资料的撰写要求不高,只要把新闻五要素(即五个W)表达完整即可。五个W,即何时(When)、何地(Where)、何事(What)、何因(Why)、何人(Who),这是新闻中不可缺少的五个要素,把这五个方面的材料提供给新闻单位,新闻单位就可依此编写新闻,把信息发布出去。

新闻稿是直接提供报社、电台和电视台对外发布的文字材料,它的写作基本要求是:主题突出、简明扼要、生动活泼。新闻稿的主题一定要鲜明突出,让人一目了然。新闻不是小说,应该直截了当,三言两语就让人明白说的是什么。新闻稿一般简明扼要,切忌冗长。新闻是要把最本质的事实告诉人们,如果文字啰嗦,反而掩盖了最本质的东西,使人不知所云。若是供电台、电视台用稿,更应简洁,否则会使人昏昏欲睡,难以领略要点。新闻不但要让人一看就明白,而且还要吸引人,在众多的新闻中引人注意,留下深刻印象。要做到这一点,新闻稿还应该具有生动活泼的特点,有较强的可读性。

要写好新闻稿,应掌握以下三个要点:

1. 新闻稿的结构

常见的新闻稿结构有三种:倒金字塔结构、并列结构、顺时结构,其中最常见的是倒金字塔结构。倒金字塔结构由导语和事实两大部分组成,导语是新闻稿的灵魂,最新、最重要的内容即包含其中。导语之后是一般的新闻事实,按重要在前、次重要在后的原则排列,倒金字塔结构如图7-1所示。

新闻稿采用倒金字塔结构有两个优点:其一,便于读者迅速获得最新最重要的信息。读者限于时间,常常不能把新闻报道从头到尾读一遍,导语在前读者就是只看了导语部分,也已获得了最新最重要的信息。其二,便于编辑由下而上删改,而不会删掉最重要的信息,由于版面限制等其他因素,新闻稿难免会被编辑删改。采用倒金字塔结构,便于编辑由下而上逐段删改,即使只剩下导语,那么最重要的信息依旧保留着。

有时候公共关系人员发现新闻事实具有同等重要的作用,无轻重主次之分,那么倒金字塔结构便不适宜,可采用并列结构或顺时结构。并列结构是以概括性导语为主体,让新闻事实排列其中,成为一个有机整体;顺时结构是按新闻事实发生的时间先后作顺时排列,发生在前的事实排列在前,发生在后的事实排列在后。新闻导语可以是概括性的,也可以是最先发生的新闻事实。

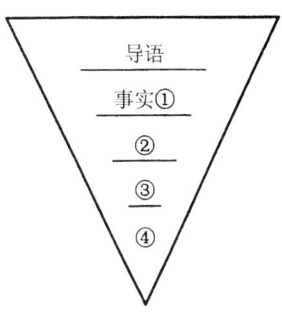

图7-1 倒金字塔结构

新闻稿的结构并不难以掌握,无论哪一种结构,都有导语和新闻事实这两部分内容,而导语是整篇新闻的灵魂,是抓住读者注意力的精华所在。导语写好了,新闻稿也就基本成功了。

2. 导语的写作

导语在新闻稿中的地位十分重要,虽然只有一两句话,却要概括一篇新闻中最新最重要的信息,使人只看导语便可了解新闻的基本要点。由此可见,导语的写作是新闻写作中极为关键的方面。

人们常把五个W作为新闻五要素,缺一不可。因此,早期的导语写作5W俱全,但不免文字多,句子长,重点难以突出。为了突出重点,让人过目不忘,现在人们在写导语时只突出一两个W,其余部分便放到新闻事实写作中逐一交代。这样一来导语就简洁明了地展现出来了。让我们一起来看下面的例子:

突出"何时"(When)的写法:"从明天(1999年12月31日)起,'千年虫'会'咬'人吗?"。

突出"何地"(Where)的写法:"珠海市满城歌舞迎回归"、"广州科交会吸引600博士"。

突出"何事"(What)的写法:"恐怖主义令美国惊魂不断,西雅图取消迎千年庆祝晚会"。

突出"何因"(Why)的写法:"为解决生存危机,澳女足全体拍裸照制挂历";

突出"何人"(Who)的写法:"刘德华、张信哲、王菲、赵薇共唱2000年主题曲"。

以上导语只突出了一个或几个W,但在接下去的新闻事实撰写中,可以补充。即使人们限于时间,只读了导语部分,最重要的信息也已印入脑海。除了以突出重点作为导语的写法以外,导语还可以用叙述法、提问法、对比法的写作技巧增强对读者的吸引力。导语写作究竟突出什么,主要取决于写作者对所撰新闻的理解和对公众心理的把握。因此,写好导语不仅是技巧问题,还有作者的新闻敏感问题。

一个公共关系人员要写好新闻稿,平时应该多留心报纸新闻导语的写作特点,学习写作技巧。同时,更应该对组织与社会环境、组织与公众的关系状态了然于胸。

3. 新闻背景材料的运用

新闻背景材料是对新闻人物和新闻事件起衬托、补充、说明等辅助性作用的材料。从新闻人物看,总有他的经历和社会关系;从新闻事件看,总有它的历史条件、自然环境、前因后果和来龙去脉。有的新闻事实本身简洁明了,一清二楚,就不必再加背景材料;而有的新闻事实较为复杂,必须讲清人物关系和事物关系,就一定要用背景材料。新闻背景材料运用得当,可以使新闻人物的形象更加丰满,使新闻事件更加吸引人。组织的公共关系人员应该保持新闻的敏感性,经常发掘本组织有新闻价值的材料,写成新闻资料或新闻稿,主动投送新闻单位。无论新闻单位采用与否,这种与新闻界的信息联络都应该长期、主动、积极地保持下去。

二、策划具有新闻价值的事件

策划具有新闻价值的事件也叫做"制造新闻"或"策划新闻",是组织争取新闻宣传机会的一种技巧。即在真实的、不损害公众利益的前提下,策划、举办具有新闻价值的事件或活动,吸引新闻界和公众的注意力,制造新闻热点,争取被报道的机会,使本组织成为新闻的主角,以达到提高知名度、扩大社会影响的目的。这需要公共关系人员具备"新闻脑",富于创造性和想象力。

人们所熟悉的北京长城饭店1984年承办美国总统里根访华告别宴会,上海金沙江大酒店接待日本影星中野良子新婚夫妇蜜月旅行,都是采用制造新闻的办法来提高自己的知名度的。实践证明,这种方法是行之有效的:长城饭店吸引了500余名中外记者,一夜之间名扬天下;金沙江酒店也不再因偏处市区一隅而遭冷落,中野良子的影迷们纷纷慕名来访。

制造新闻同样适用于产品形象的塑造和树立。香港一强力胶水销售商贴出布告,说是翌日他将把一枚价值数千美元的金币用胶水粘在墙上,谁能徒手把它剥下,便奉送给谁。结果不但招来了许多想得到意外之财的先生小姐,还引来了媒体。电视台和报纸杂志的记者。销售商用强力胶水在众目睽睽之下把金币粘在墙上,围观者一个个满怀希望上前揭剥,却一个个悄然退下。终于有好事者,拖来了一位气功师,气功师果然出手不凡,金币周围的墙板出现了裂纹,然而金币依然牢牢地粘在墙上!消息不胫而走,强力胶威力远近闻名,销路大开。这也是一则以制造新闻获得强大效应的公共关系实例,强力胶水商人未出一文钱广告费,取得了胜于广告的效果。

制造新闻的方法借助新闻媒介向公众传递组织或产品、商品信息,却不同于做广告,实惠而不费,影响广泛,不失为巧妙的传播手法。而且,用制造新闻的方法来引起公众注意,既新奇,又直接让实物展示在公众面前,增强公众的信任感,印象更为深刻。因此,制造新闻已成为不少组织乐于采用的公共关系手段。但是,并不是每一个组织都会像长城饭店、金沙江大酒店或香港强力胶水商人那样,获得轰动效应的。关键在于,使用制造新闻的方法要突出一个"新"字,跟在别人后面依样画葫芦,就失去了新闻价值,公众不会产生新鲜感,也就失去兴趣。因此,公共关系人员应善于开动脑筋,充分发挥创造性和想象力,出奇制胜,方能奏效。当然,利用名人的声望和影响,创造名人效应,是常用不衰的制造新闻的办法。公众对名人的行踪、活动总有着浓烈的兴趣。名人的活动也常受记者的注目。但是,如果老抓住一两个名人不放,日久以后,新闻也会不新,光泽也会褪色。所以,在制造新闻时,公共关系人员应精心策划、周密考虑,经常有新鲜的内容和形式奉献给公众,才能保持其魅力。

三、新闻发布会简介

新闻发布会是组织与公众沟通的例行方式。它是一种两级传播：先将消息告知记者，再通过记者所属的大众媒介告知公众。新闻发布会用于树立或维护组织形象、协调公共关系、引导舆论倾向。新闻发布会的工作环节包括：确定主题、邀请记者、会前准备、主持会议、收集反馈信息。关于新闻发布会，本书第十章"公共关系专题活动"中有更详细的介绍，这里主要介绍在协调公共关系、扭转舆论倾向时，如何运用新闻发布会的一般性原则。

在协调公共关系中采用发布新闻的方式，通常是一个组织发生了较严重的问题，引起社会公众强烈反响，需要广泛地向公众表明态度、公开事实真相的时候。这种时候，组织的公共关系部门要采取积极的姿态，作好充分准备，借助新闻媒介消除于己不利的影响。

召开新闻发布会之前，公共关系人员应对本组织所发生的重大事件作详细周密的调查和研究，对事情发生的来龙去脉摸得一清二楚。诸如问题产生的原因、造成的损失、产生的影响、采取的善后措施、解决问题的态度、发展变化的趋势等，公共关系人员均应了如指掌，以备记者咨询时对答如流。重要事件还应准备书面材料，在新闻发布会上可供记者备查，以免在报道中发生差错，因为问题的产生已给组织带来不良影响，如再发生失实报道，将更不利于组织。此外，公共关系人员还应及时写出情况报告，一来供领导层采取善后措施时作决策参考；二来使领导者正式向外界发布新闻时，不致发生遗漏或差错。最后，对本组织发生的问题所涉及、影响到的公众或其他组织，也应及时传递必要信息。

发布新闻的原则是坚持实事求是，不可文过饰非，更不可歪曲事实。对来自任何方面的咨询，都不能隐瞒事实真相，也不应回避推托。如果有些事情确实不能公之于众，应准备适当理由向公众作出解释，取得公众谅解。在不利于组织的情况发生后，召开新闻发布会有助于在较大范围内挽回影响，消除公众的猜疑和误解。新闻发布会一般都是在重大新闻事件发生后举行，否则就失去意义。

新闻发布会具体应做以下几个环节的工作：

（1）确定主题。新闻发布会的召开，总应有一个具体而充分的理由，或是解释一件已为许多人知道但不够详细的事件，或者是公布一件人所未知的重大信息，或者是介绍一件新产品，或者是澄清某些造成重大影响的事实真相内幕。总之，召开新闻发布会前，公共关系人员应明确目的，心中有数。

（2）确定邀请对象。召开新闻发布会时，新闻记者是理所当然的是邀请对象。但是，不同的报纸有不同的读者层，也有不同的新闻侧重面。因此，公共关系人员应根据新闻发布会的主题，有选择地邀请有关的新闻记者来参加。例如发布工业产品信息，就不用邀请少儿、影视等报刊的记者参加。另外也应考虑事件发生后的波及范围。若只限于地方性影响，由地方报记者参加即可；若影响范围波及全国，就应邀请全国性报纸记者参加。除新闻记者以外，凡事情涉及的其他单位、部门或公众群体，也在邀请之列。

（3）会前准备。包括印发请柬、布置会议场地、准备现场参观或实物、图片展览、编印文字材料等项。请柬应该在会议前一周分发出去。因为是新闻发布会，会后要进行新闻报道，所以布置会议场地时，应准备好录音、录像所需的辅助工具。为了便于记者自由采访、实地考察，还可以安排准备一些现场参观、实物、图片展览等。会上准备分发的新闻资料要事先准备好，材料应编写的系统简洁,以介绍事实为主,不加议论,供记者参考。此外,对会上记者可能提出的问题也应事先设想,考虑好恰当的答案,并写成文字材料供主要发言人参考。

(4)主持会议。主持会议的一般是本组织的领导人,但公共关系人员应意识到领导人形象代表着组织形象。因此,新闻发布会无论以什么为主题,都是组织形象不可忽视的亮相。公共关系人员应为会议主持者作好形象设计,并及时提出建议。服饰仪表、举止谈吐均应该给人以礼貌、真诚的感受。

(5)收集反馈信息。新闻发布会召开过程中或结束后,公共关系人员都应该注意会场气氛动态,及时了解与会者对新闻发布会的态度和意见,掌握新闻发布会的效果,以便于设想下一步的公共关系活动。

总之,新闻传播是通过新闻媒介传递本组织信息的,公共关系人员不可避免地要同新闻记者打交道。要想很好地利用新闻媒介作传播工具,为本组织与公众的沟通服务,公共关系人员还应该注意同新闻记者及新闻媒介组织协调好关系。同新闻界协调关系的诀窍在于:① 主动传递本组织信息,真诚坦率提供情况,维护本组织和新闻媒介的良好信誉;② 尊重记者和新闻单位,为他们的工作提供方便,无论大报小报、名记者一般记者,都要一视同仁,不能厚此薄彼;③ 指定专人负责,密切同新闻界人士的联系。

第二节　广告与广告策划

一、广告的概念

从词源的角度来看广告这个词,英文 advertising(广告)来源于拉丁文的 advertere,其含义是"注意"或"诱导"。中文"广告"一词,就字面上来看,可理解为"广而告之",但其确切含义,并非像字面含义那么简单。

(一)广告的定义

为了探索广告一词的真正含义,不妨看一看一些较权威的工具书上是怎样定义的。

美国小百科全书对广告的解释是:"广告是一种销售形式,它推动人们去购买商品、劳务或接受某种观点。广告这个词来源于法语,意思是通知或报告。登广告者为广告出钱是为了告诉人们有关某种产品、某项服务或某个计划的好处。"

美国人格林沃尔德在1973年出版的《现代经济词典》一书中,对广告一词作了如下解释:"广告是为了达到增加销售额这一最终目的,而向私人消费者、厂商或政府提供有关特定商品、劳务或机会等消息的一种方法。它传播关于商品和劳务的消息,向人们说明它们是些什么东西,有何用途,在何处购买,以及价格多少等细节。"

《简明不列颠百科全书》对广告的解释是:"广告是传播信息的一种方式,其目的在于推销商品、劳务,影响舆论,博得政治支持,推进一种事业,或引起刊登广告者所希望的其他反应。广告信息通过各种宣传工具,传递给它所想要吸引的观众或听众。广告不同于其他传递信息形式,它必须由登广告者付给传播信息的媒介以一定的报酬。"

美国市场营销协会 AMA(American Marketing Association)给广告所下的定义是:(为了准确传达该定义的原始含义,这里引用英语原文)

Advertising is the nonpersonal communication of information usually paid for and usually persuasive in nature about products, services or ideas by identified sponsors through the various media.

其参考译文如下：

广告是由特定的广告主通常以付费的方式，运用说服的技巧，通过各种传播媒介对产品、服务或观念等信息的非个人的介绍及推广。

本书中采纳这个定义。仔细分析一下这个定义，可以明确以下几点：

（1）广告由特定的广告主（identified sponsors）所发布。任何一个广告都是由特定的人或特定的组织为了一定的目的而发布的。

（2）广告是非个人的传播（the nonpersonal communication）。广告所面对的不是个人，而是特定的某些人或整个公众。当广告受众在读广告时，他所面对的也不是某个推销员。换句话说，广告传播不是一种人与人、面对面的人际传播，在广告的传播过程中，广告主和广告受众并没有直接的接触。

（3）广告通常需要支付一定的费用（usually paid for）。一般来说，做广告需要支付费用，这个费用是由广告主来承担的。但也有一些广告是不用付费的，如某些公益广告。

（4）广告要传达某些信息（information）。广告所要传达的信息内容可以是有关产品（products）的，也可以是有关服务（services）的，还可以是关于某些观念（ideas）的。

（5）广告要运用说服（persuasive）的技巧。广告在其信息的传达过程中、在其信息传达的形式上，还得运用说服的方法与技巧。对消费者来讲，广告活动实际上（in nature）是一种劝服性的营销活动。

（6）广告传播可以通过各种各样的媒介（through the various media）来传播。一般来讲，多数广告是通过报纸、杂志、广播、电视等大众传播媒介来传递信息，但也有不少的广告是采用邮寄、传单、路牌、电影、互联网等其他各种各样的传播媒介来传递信息的。

（二）广告活动的构成要素

对一项具体的广告活动来讲，其主要构成要素有广告主、广告代理商、广告信息、广告媒介、广告受众等。

1. 广告主

广告主是指为推销商品、提供服务或者传达某种观念，自行或者委托他人设计、制作、发布广告的组织或者个人。广告主是广告活动的行为主体。做广告是一种投资，要做广告就必须付费，做广告的费用是由广告主来承担的。因此，广告主对广告的发布具有一定的控制权，同时，广告主对自己的广告活动负有法律责任。若从传播与沟通的角度来看，广告主是广告信息的"信源"。

2. 广告代理商

广告代理商是指受广告主委托，负责广告活动的策划与执行的广告经营机构。广告代理商为广告主提供广告的设计、制作、代理等项服务。在广告主与广告媒介之间，广告代理商扮演着沟通桥梁的角色。依照现代广告代理制的运行规则，广告代理商通过为广告主和传播媒介提供双重服务发挥其主导作用。

3. 广告信息

广告信息是指广告的内容及其传达的形式。广告的内容主要是由广告主提供的，它可以是关于产品的、关于服务的或是关于某种观念的。当这些内容被广告经营机构的创作人员赋予某种传达形式时,它在广告活动中才具有实际的意义。从这个角度来看,如果说广告主是广告信息的"信源"的话,那么广告代理商则是广告信息的"加工者"、"传达者"。

4. 广告媒介

广告媒介是广告信息的载体。广告媒介是联结广告主与广告受众的纽带,是广告信息得以传播的工具。广义来讲,凡能在广告主与广告受众之间起到传递中介作用的载体都可以称之为广告媒介。从传播与沟通的角度来看,广告媒介是广告信息的"信道"。

5. 广告受众

广告受众是广告信息的接受者,是广告信息传播的对象。广告受众可以是广告主所要推广产品的消费者,可以是广告主的服务对象,也可以是广告所要传达观念的接受者。这里所说的消费者、服务对象或接受者,可以是"此时此刻"的,更可以是"未来"或"潜在"的。事实上,凡是看到、听到或接触到广告的人,都可以称之为广告受众。若从传播与沟通的角度来看,广告受众是广告信息的"信宿"。

二、广告的功能

广告的发展,一方面以市场经济和商品经济的发展为基础;另一方面,广告又会积极反作用于它所赖以生存和发展的经济制度、社会环境以及其他因素。广告的这种反作用便可称之为广告的功能。广告的直接功能是它的商业功能,间接功能是它的文化功能。如果从公共关系管理的角度来看广告,则广告是组织文化传播的重要手段之一。

(一) 服务市场营销——广告的商业功能

广告得以产生并发展的直接功能,是其对经济和商业或者说市场所带来的效应。人们承认并肯定广告也多半因其所具有的商业功能。在西方发达国家,人们从市场营销功能的角度给予广告的肯定程度是很高的。美国广告专家波特说,报纸、杂志、广播、电视等大众传播媒介的大量信息培养了人们对各种商品的需求,也使人们为满足需求加倍努力。生产水平的提高扩大了就业和投资,其结果也就使国民收入有所增长,从而使整个经济和再生产得到扩大。具体来讲,广告的商业功能有以下几点:

1. 沟通产销,刺激需求

广告为社会和公众提供商品和劳务信息,有助于沟通产销,促进社会再生产过程的循环。经济学家们认为,广告扩大了社会整体的需求,提高了个人收入,增加了就业机会。

2. 扩大销售,加速流通

在市场营销中,促进流通的方式多种多样,如人员促销、广告促销、公共关系促销与业务推广等形式,但从实际的销售业绩与效率来看,有证据表明广告是最好的方式之一。例如我国,土地辽阔、人口众多、市场广大,没有广告,假如仅仅以人员销售为公司产品的推广手段的话,想开拓全国市场几乎是不可能的。

3. 鼓励竞争,活跃经济

在现代市场活动中,除了一些垄断行业,总会有大大小小的竞争存在。这些大大小小的竞争当然包括日益激烈的广告竞争。为了获得相对于其他企业的市场优势和有利的市场地位,竞争企业除了采取了各种各样的营销手段之外,利用广告影响消费者也是非常重要的竞争手段之一。

（二）传播组织文化——广告的文化功能

作为一种独特的文化传播形式,广告传播功能带来的广告传播效果有由浅入深的三个层次,它们是:① 认知(感知和理解)层次;② 情感体验(喜爱和偏好)层次;③ 行为(尝试和购买)层次。只有站在消费者的心态、社会文化的角度来观察、研究与分析,才能针对这些层次找到合理的传播理由、合适的传播策略、合用的传播媒介、合乎公众心理的切入点,最后才有了广告主(公司)满意的广告效果。

美国总统罗斯福曾经表示:"如果我能重新生活,再次挑选我的职业生涯,我想我会进入广告界。"有不少广告人把这句话理解为:"不做总统,要当广告人!"并以此而感到骄傲。罗斯福说:"若不是有广告来传播高水平的知识,在过去半个世纪中各阶层人民现代文明水平的普遍提高是不可能的。"在这两句话里,罗斯福看到了广告与人类文化进步的对应关系,他看重的并不是广告本身,而是广告文化及广告的社会文化功能。

如果从组织文化传播与管理的角度来看广告,广告不仅是公司市场营销的工具,而且是**传播组织文化的手段**。作为营销的工具,广告所带来的销售业绩只能是眼前的、暂时的。由于对于销售业绩的关注,一般公司对于广告功能的认识只是停留在其商业功能上,总是以一种急功近利的心情去设计、制作、发布公司的广告。这种急不可待的心情正是许多愚蠢的、俗不可耐的广告产生的真正原因。正是因为如此,一般普通大众才躲避广告、讨厌广告,不为广告的言辞所动。而作为传播组织文化的手段,广告以感性的形式将组织的理念、组织的价值观、组织的精神或意识、组织的使命或社会责任、组织的处世态度、组织独特的经营方式与作风、组织对顾客的服务承诺、组织的产品的属性以及它们能够给顾客带来什么利益等,以受众喜爱的、最易于接受的、充满美感的形式传达出去,意在消费者的心目中构建组织的整体形象、品牌个性及文化品位。站在文化的角度上,美国著名的广告大师大卫·奥格威曾经说过:"广告,就是对组织文化及品牌形象的长程投资。"事实上,国际上卓越的商业企业,都能够很好地将广告的商业性与文化性兼顾起来,以文化的品味来"包装"广告,尽量淡化广告的商业性。换言之,如果以公共关系的眼光来看待广告,那就是尽可能将广告的商业动机隐藏起来,以文化的魅力去接近公众,让广告发挥其最大、最好的效益。

三、广告与公共关系的融合

广告,无论从表现手法、策划创意上讲,还是从营销目标、市场战略上看,都与公共关系有着千丝万缕的联系。据统计,世界上有 80% 的公共关系公司是与广告公司融为一体的,它们不是从属于广告公司,便是与广告公司同属一个传播集团。在我国,广告公司与公共关系公司的业务也是大量交叉的。

在广告的前科学时期,广告作为企业的一种促销手段,它以推销产品、推销服务为核心内容。公共关系的前科学时期则侧重于人际关系,强调人的关系和谐,并慢慢转向对个体与社会形象的重视。从起点上讲,公共关系与广告完全出自不同领域,具有不同功能。然而,随着企业竞争日益激烈、市场格局日益复杂,广告与公共关系的功能都开始延伸。广告的功能从简单促销,向宣传推广甚至改变人们的思维习惯与观念方向发展,企业形象与信誉的树立被日益重视,着眼点更趋长远。公共关系运作中,塑造组织形象逐步成为统率整体公共关系运作的核心,公共关系从被动适应环境向主动改良环境、积极影响环境、努力营造环境转移。由于广告与公共关系内涵的拓展,二者之间逐步相互交叉、互相汇流、互相补充,成为企业对外传播中不可分割的两大工具。

从企业对外传播的角度来看,广告与公共关系的联系是十分紧密的。表现为以下四个方面。

（1）都以企业的市场营销战略为依据。无论是广告还是公共关系,都是企业市场营销战略中的重要组成部分。从目的性的角度来看,广告与公共关系的目的必须为企业的市场营销战略服务。

（2）都以目标公众为对象。无论广告还是公共关系,都会针对特定的公众(在广告中则常用"潜在消费者"这个词)来展开,并根据目标公众的差异,采取不同的策略。

（3）都以传播信息为手段。尽管广告和公共关系的工作方式有所不同,但传播信息的理念是一致的。如果离开了传播,广告创意与公共关系策划都只能是纸上谈兵。因此,广告与公共关系都大量地研究传播规模和传播方式,认真研究公众的接受心理,努力探索传播策略,以达到最佳的传播效果。

（4）都以形象的塑造为使命。无论广告还是公共关系,都是为了将组织的形象、产品的形象、观念的形象有效地传递给受众,让受众喜悦接纳,并加以选择。

综上所述,广告策划与公共关系有着亲近的"血缘"关系,作为公共关系工作人员必须熟悉广告及广告策划方面的知识。

四、广告策划及其内容

广告策划,就是对公司广告运作的全过程作预先的考虑与设想,是对公司广告的整体战略与策略的运筹与规划。

一项较完整的广告策划,一般包括五个方面的内容：

（一）市场调查

市场调查是进行广告策划的基础。只有对市场和消费者了解透彻,对有关信息和数据掌握充分,才可能作出较为准确的策划;但是,另一方面,市场调查又不能漫天撒开,这样的代价太大,也不必要。市场调查安排,就是要确定要向什么市场、什么用户、进行何种方式的调查。

（二）广告定位

采取广告定位,是为了突出广告商品的特殊个性,即其他同类商品所没有的优异之点,而这些优点正是特定的用户所需求的。广告定位确定了广告商品的市场位置,符合消费者的心理需求,就可以保障广告取得成功。根据广告定位,广告主题也就可以确定下来。

（三）广告创意

广告创意是决定广告策划成败的关键。广告定位之后的问题就是如何根据广告定位,把握广告主题,形成广告创意。成功的广告在于它能够运用独创的、新奇的诉求办法,准确地传递出商品信息,有效地诱发消费者的购买动机、欲望和行为。因此,创意是广告策划的中心环节。

（四）广告媒介安排

广告媒介安排是广告策划中直接影响广告传播效果的重要问题。媒介选择和发布时机安排得当,广告发布的投入产出效果就会比较好;反之,公司投放的广告费用就不能收到预期的效果。

（五）广告效果测定

广告效果测定是全面验证广告策划实施情况的必不可少的工作。公司委托的广告公司的工作水平、服务质量如何,整个广告策划是否成功,公司是否感到满意和更有信心,将以此为依据来作出评价。

五、产品定位及其策略

所谓产品定位,就是在潜在消费者的心目中为你的产品设置一个特定的位置,这个位置只为你的产品所独占而其他同类产品则不可能拥有。公司的产品定位是广告诉求的基点。无论是在激烈竞争的市场上还是在消费者的心目中,如果没有公司产品明确的位置,公司就不可能有好的广告传播效果与产品销售业绩。所以在广告策划中的首要任务就是确定公司的产品在市场上和消费者心目中的位置。

(一)产品定位的客观依据

产品定位的客观依据有以下几点:

1. 关于产品的调查研究

要充分了解公司产品的属性、特点、长处和短处,从而可以明确广告对产品定位的针对性。

2. 关于消费者的调查研究

要通过对于消费者的调查去发现消费者和潜在的消费人群。在调查中要了解消费者为什么要购买这种产品及服务,同时还要弄清具有不同需求的消费者的性别、年龄、收入、教育、职业、婚姻等情况,以及这些不同的消费者对于产品品质、耐用性、样式、价格、使用方法等方面需求的差异性。

3. 关于市场情况的调查研究

应了解公司的产品适合哪些市场?这个市场的成长前景如何?稳定性如何?公司产品在市场上的现实占有率和所能达到的占有率又是多少?对这些都必须做到心中有数。

4. 关于竞争对手的调查研究

要弄清竞争对手的现状与背景,同时认真分析双方竞争的条件和各自的利弊,寻找自己的产品应在哪一个位置上和竞争对手竞争。最重要的是在如何避免与竞争者发生正面冲突的同时,求得一个决定性的位置,并在这一位置上去创造一个与竞争者不同的产品形象。

5. 关于传播媒体的调查研究

公司在利用广告宣传手段来为产品定位时,也必须了解哪个阶层的消费者在什么场合、什么时间、接触哪些传播媒介,从而确定选择什么样的传播媒介来进行广告传播工作,才能达到产品定位的具体实施。

6. 关于流通领域情况的调查研究

每一个公司的产品都要进入市场,并在流通领域加以流动。因此就必须要调查了解各个流通领域是如何划分的,在这个流通领域内有多少机构?各个机构中有多少潜在的消费者?这个调查其实是为了在进行广告宣传时,保证广告起到推动社会需求的作用。

(二)产品定位策略

产品定位的策略大致分为以下三种类型。

1. 市场领导者的定位策略

定位就是让公司的产品形象在消费者的心目中占有一个不可取代的位置,无关紧要或可以被人取代就意味着失败。在现实生活中我们都有同样的体验,在任何领域当中不可取代的人或事物总是被人们牢牢记住的:"第一位发现新大陆的人——哥伦布"、"美国的第一任总统——华盛顿"、"世界第一高峰——珠穆朗玛峰"、"第一位进入太空的人——阿姆斯特朗"……可是当问及那些可被取代的对象时,人们往往因印象不深而答不出来。例如"美国的第二任总统是谁?"、"世界第三高峰是哪一座?"等等……因此,作为名列第一的、不可取代的对象如"世界软饮料市场的第一品牌——可口可乐"、"全球时装的第一品牌——皮尔·卡丹"、"中国白酒市场的第一品牌——茅台酒"等等……它们是最容易进入消费者的内心世界的。

在产品的心理竞争中,胜利者往往是第一个闯进消费者心中不可取代的品牌。这就是所说的"先入为主"的道理。市场管理者的定位,就是在市场上,在同类产品中寻求并确定其产品的不可取代性,使之以唯一的身份进入消费者心中。所以,市场领导者定位的战略思想就是以先入为主的原则作为思维主线,逐渐达到长远定位的目的。

对于绝大多数公司而言,大家都想成为本行业的领导者,没有一个公司甘心落后。有资料显示,最先进入消费者大脑的品牌,平均比第二位进入消费者大脑的品牌在市场上的占有率要高出一倍以上,而第二位的又比第三位的市场占有率高出一倍以上。如果以此推理下去,其数字足可证明在市场上占有领导地位是多么的重要了。在市场上,一切优势都归在领导者身上,因为对于消费者而言,一般都有会买自己心目中印象深刻的品牌的产品,除非有重大的原因促使他改变方向。一个公司的某类产品是市场上的领导者,他们就会在消费者的心目中有较为深刻的印象,这便是市场领导者无往而不胜的原因所在。要保持住市场上的领导地位并非易事,作为市场领导者的公司必须注意以下几点:

(1) 不能用自己的话来建立一个领导地位,而必须用消费者的客观评价来建立,自吹自擂一定会引起消费者的反感。一个应该注意的情况是,当一些二、三流公司正在拼命狂叫自己是"行业老大"、"唯我独尊"、"舍我其谁"的时候,真正的一流公司却在说:"让我们做得更好!"(飞利浦)。

(2) 持续强化公司最初的产品概念及经营理念,并充分利用这个最初概念或理念所创造的"先入为主"的优势。如 IBM 的"品质卓越"的产品概念,麦当劳的"S、Q、C＋V"的经营理念等。当消费者一看到 IBM 的产品就想到"品质卓越",一进麦当劳的店门就能够感受到"服务、品质、干净卫生"的良好氛围。

(3) 必须克服自满倾向,密切注视同行业竞争者每一样新产品的发展。像 IBM、P&G、Intel 等公司在新产品的研究与开发上,一是密切注视同行业竞争对手的发展动向,二是在前期投入上舍得花大本钱。

(4) 领导者的定位策略一旦实现,千万不能以为这样便可以一劳永逸,必须意识到这只是定位计划的开始,要不断地巩固这种定位。说到品牌的知名度,麦当劳、可口可乐、万宝路等都是够大的吧,可是它们在全世界范围内的广告宣传一天也没有停止过。

(5) 处于市场领导者地位的公司和品牌,要善于用自己的力量(财力和物力)抑制竞争对手而确保自己的领导者地位。应该经常不断地利用其领导地位的权势与影响力,始终保持公司优越于竞争者的良好状态。

(6) 领导者的内在力量来源于自己的产品,而不是组织。因为是产品在消费者心中扎下了根,而不是其他虚无缥渺的东西。所谓"产品的质量是公司的生命"讲的就是这个道理,良好的公司形象来源于优质的产品及良好的服务。

(7) 领导者应该有众多的著名的产品和品牌,并使每一个品牌都能在消费者心中定在一个好的、有利的位置上。这样就能让消费者相信,作为领导者的公司所生产的任何产品肯定都是一流的。如P&G公司所采用的"多品牌战略"就是这样。在中国,光是在洗发水市场上P&G公司就有"潘婷"、"飘柔"、"海飞丝"、"沙宣"等四个品牌,个个牌子都能受到消费者的喜爱。

2. 市场跟进者的定位策略

跟进者的含义就是在领导者之后的位置上的公司或品牌。所以,有些事情对于在市场上处于领导者地位的品牌是可以做的,但对于跟进者则是不可以做的。一个公司、一个品牌如果不能成为本行业的领导者,那么它该如何定位才能使自己逐渐强大呢?这就必须要有作为跟进者的定位思想。在市场的竞争中,一些处于领导者地位的公司和品牌,常常能用自己的力量(财力和物力)、地位来压制另外一个竞争对手而确保自己的领导者地位,而跟进者是不能的。跟进者大部分只能是模仿领导者,可模仿者是永远也不能超过领导者而成竞争对手的。现今,大部分在市场上排名第二的品牌都认为,只要他们在市场上推广较好的模仿产品就是成功之道。这丝毫没有定位的思想与策略。

市场跟进者的定位思想主要是在消费者心目中寻找一块空隙,然后迅速加以补充。可是寻找空隙是不容易的,如果你和众多竞争者一样,大家都往同一个方向上去寻找空隙,那肯定你是永远也找不到的。

寻找消费者心中空隙可以从以下几个方面去找:在商品的类别上去找,在高价格或低价格位置上去找,在公司的经营特色上去找,在消费者的姓别、年龄及自我意识的强弱中去找……挖空心思在一切可能找到的有效的位置上去找。

对于市场跟进者来说,最有利的定位已经被市场领导者所占领,因此早找有效的定位显得比较困难。通常可以采取以下的策略:

(1) 在消费者心目中强化自己的特点。例如德国大众汽车关于"小"(think small)的定位;美国艾维斯汽车关于"第二"的定位;美国哈萨维衬衫用一个戴眼罩的绅士作为自己品牌形象的定位等,都是典型的强化自己特点的定位。

(2) 寻找为消费者所重视的、尚未被市场领导者占领的定位,如在价格方面的高价位、低价位,在技术上的新突破,在功能上的独创性等。这些如果是市场领导者所忽视的市场空隙,市场跟进者就应该毫不犹豫地去占领它们。

(3) 退出竞争性定位,寻找新的定位。如果市场跟进者发现自己采取的是与市场领导者正面竞争的定位,则千万不要与市场领导者发生正面冲突。应该放弃原来的定位,采取迂回的战术,从市场领导者的侧翼去寻找对自己更为有利的定位。

(4) 通过进入"高级俱乐部"的策略来提高自己的定位。"高级俱乐部"往往是市场领导者所在的地方,如美国《幸福》杂志所排列的"全球经营最好的500家公司"等。如果跟进者发现自己没有成为领导者的机会,那么可以通过进入"高级俱乐部"将自己与领导者联系在一起,想方设法去"沾他们的光"。"比附定位策略"就是提高自己定位的一种有效的手段,如让消费者知道自己是"世界500强之一"、"百家(或十家)最大的公司之一"、"与某某公司合作开发出……"、"技术达到某某标准"等。或在这些公司当中、或与这些公司合作、或在某个技术标准之下,自然会与市场领导者沾上边,与领导者站在一起定会使自己的定位得到明显的提升。

3. 市场挑战者为其竞争对手重新定位的策略

当一个公司既不是领导者,又不想作为跟进者以模仿发展时,他便只能作为竞争对手出场,这对于那些不甘现状,希望能用自己的力量拼搏一下的公司,也不失为值得一试的定位策略。因为这一策略具有震动感与挑战性,它能引起消费者的关注,甚至有助于唤起人们的"挑战权威"、"同情弱者"或"后来者居上"的心理。激烈的市场竞争造就了不少市场的领导者,并在这个竞争的过程中又造就了一部分善于寻找空隙的跟进者。而另有一些竞争者既没有领导者的名气与财力,又不能很快找到立足之地的空隙,那唯一的方法就是搬掉竞争对手,自己占据原来竞争者的位置,从而创造了在消费者心目中的新次序。也就是说,你要想把一个全新的观念或产品搬入消费者的心目中,你就必须把他们心中旧观念或产品挤出去才行。这就是竞争者应该定位的思想与策略。简单地说叫"为竞争对手重新定位"。当今的市场上每种产品类别都有成百上千,在这样产品过剩的环境中,寻找一个不可取代的现成的定位几乎是不可能的。一个公司要想进行重新定位,一般会利用"比较性广告"来打通侵入人心的途径并在消费者心中重新定位,以创造一个新的次序。说自己,或说竞争对手的产品"并非某某属性"的陈述往往是一个颇为有效的办法。

挑战者为其竞争对手重新定位的策略具有以下几个特点:

(1)否定性。重新定位中的关于"并非某某属性"的陈述是一个具有否定属性的负断判。一般的产品,只向消费者承诺利益,而很少明确传达关于自己的不足的否定信息,而挑战者抓住的往往是这样的信息,并且以这些否定信息作为广告诉求的重点。一般说来,消费者以往并没有意识到这些,但是挑战者将它们作为广告的诉求重点,很容易使消费者意识到问题的严重性,对对手产品的信任很快发生动摇,转而信任挑战者的没有这些不足之处的、更好的产品。例如七喜汽水关于自己是"非可乐"的定位,实际上是在向两大可乐产品发起攻击,是对可乐类饮料的一种否定。

(2)强制性。重新定位中的关于"并非某某属性"的定位,是挑战者率先发现并公之于众的,不管竞争对手承认不承认、愿意不愿意。同时这也常常是对手定位中的致命弱点,这些弱点往往是对手不愿意承认、有意无意忽视或者虽然意识到但还没有来得及弥补的。例如当某品牌的饮料公司在声称自己的产品是"不含糖分"、"没有防腐剂"的时候,正是对含糖饮料、有防腐剂食品的致命一击。

(3)突然性。重新定位中的关于"并非某某属性"的定位,是挑战者向竞争对手突然发起的。挑战者往往是抓住竞争对手及其产品的致命弱点,向其突然发起攻击,使之措手不及,很快陷入被动。而自己则凭借与竞争对手的对比优势很快把握主动权,打一个"时间差",乘竞争对手还没有来得及调整,迅速占领市场,从而获得成功。

广告大战是竞争对手之间通过广告进行的争夺消费者的对抗战,而为对手重新定位所引发的"比较广告战"则是其中最为激烈、最具对抗性的一种。虽然有效的比较广告可以一举打击对手、提升品牌优势,但是在广告策略与表现手法上应该十分谨慎小心,以免引发不必要的、对双方利益都有损害的事端。使用比较广告应该在合法的前提下进行。我国1994年颁布的《广告法》第十二条中有明确规定:"广告不得贬低其他生产经营者的商品和服务"。这一条应该引起人们的重视。

六、广告主题策划

（一）广告主题的三个要素

广告主题由广告目标、信息个性和消费心理三个要素构成。用公式表示，即：

$$广告主题 = 广告目标 + 信息个性 + 消费心理$$

该公式可用图7-2来表示。

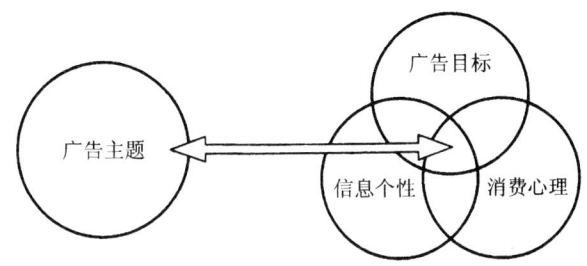

图7-2 广告主题的三个要素

由图可见，广告主题的三个构成要素，不能理解是简单的叠加，而应理解为一种有机的融合，是各要素的相互结合和渗透。

广告目标，是根据公司营销决策、广告决策而确定下来的。广告主题要服从和服务于广告目标，一是要有的放矢，二是要讲求效果，三是要与公司的整体广告策略协调一致。

信息个性，是指广告内容所宣传的商品、劳务、公司和观念，要有鲜明的个性，要与其他的商品、劳务、公司和观念明显地相区别，突出自己的特点。信息个性也可称为销售重点（sale point）即"卖点"，在具体的广告诉求中，又称为诉求重点（appeal point）。

消费心理，即广告目标和信息个性，要符合消费者某一方面的心理需要。如果不适应顾客的心理欲求，这个主题也就不能成为好的主题。

在生产导向时期的广告，只要广告目标加上信息，就可以确定广告主题。它侧重于介绍商品或劳务的功能，不强求信息个性，也不必多考虑消费心理，因为其时商品匮乏，供不应求，消费者方面自然有饥不择食的感受，能够告之商品，或告之商品的功能，消费者就会蜂拥而至，商品就能很好地销售出去，广告主要起到传递信息的作用。

在当今的市场环境中，情况发生了较大变化。商品供应充裕，品种繁多，消费者的选择余地很大，公司之间的竞争非常激烈，广告主题只从广告目标（即公司利益）出发是远远不够的，商品信息不讲个性就不能突出自己，同时还必须考虑消费心理这个动态的因素。广告应当通过确立广告主题，让消费者发现自己，认识自己，调整自己，满足自己。广告必须同各种各样的具体的个性相结合，才能打动人心，调动需求。

（二）确定广告主题的题材

对于广告主题的策划来讲，同一个主题可以选择不同的题材加以表现。广告题材的选择要多层次、多侧面，要富于新意，丰富多彩。一般说来，有下列的题材范围可供选择：

1. 健康

这是人类赖以生存发展的基本欲求，是为维持生命和发展生命所必需的生理条件。增强体质、身心康宁、获取营养、防病治病等都可以选择健康作为广告主题的题材,如医药、卫生用品、营养食品、体育器械等商品都可以选此题材进行诉求。

2. 食欲

食欲是人类最基本的需求之一,是人的肌体生存的根本所在,它不仅解决人们生理饥渴的需求,还满足人们追求营养、讲求口味等心理方面的需求,是食品、饮料、饮食服务业常选用作为广告主题的题材,通过食品的美味芳香吸引消费者,刺激其食欲的需要,可以取得良好的促销效果。

3. 安全

保障自己的财产和生命不受威胁侵犯和掠夺,是人们基本需要的一个层次,是保证人们正常工作、生活和社交活动的重要因素,是人们十分关注和敏感的问题。如交通工具、防盗设备、银行信托、卫生用品等可选择安全作为广告主题的题材,诉求如能吻合消费者的关心点,就可以发挥良好的传播效果。

4. 美感

人们对某些产品的选择往往是以其欣赏价值为主要目的,注重产品本身的美感和对人体的美化作用以及对环境的美化功能,目的不仅在于产品的使用价值,而且还为了从中得到美的享受。随着社会生产的不断发展,物质和精神文明的不断提高,消费者对自身的美化和产品美感的渴求会越来越强烈。化妆品、服装、饰品等的广告常将美作为主题题材,突出美的风采与格调,渲染美给人们带来的心理上的满足,刺激人们对美好事物的追求。

5. 时尚

在消费品市场中,尤其是在一些软性商品的消费过程中,消费者的购买潮流对人们的心理有很大的冲击力,表现出一种追求商品的趋势和以新颖为主要目的的需求,成为时髦流行的消费趋向。它刺激和诱发消费者产生一种同步的心理欲望,在购物时特别注意商品的款式和社会流行样式,而不太注意商品本身的实用价值和价格高低,追求变化,喜逐潮流,表现出凭一时兴趣而产生的冲动性购买。流行与时尚往往是化妆品、服装、摩托车等广告主题选择的表现题材。

6. 爱情

爱情是人类精神的一种最深沉的冲动,是在传宗接代的本能基础上产生于男女之间,使人能获得强烈肉体和精神享受的综合的(既是生理的,又是社会的)互相倾慕和交流之情。爱情是人类追求向往的目标,渗透了个人的理想与情趣。爱情创造了美,使人们的感受力敏感起来。选用爱情题材来作为广告诉求,能产生亲切动人、感人心扉的心理号召力,能有效地表达广告主题。

7. 荣誉

人类通过实现自己的潜在能力,发挥自己的聪明才智,在事业上获得一定的成就,有所发明,有所创造,对社会作出贡献,以期能得到社会的尊重与赞赏,给予一定的评价和社会承认,从而得到精神上的慰藉和满足。一些消费者为了显示个人的成功或成就,而购买某种特殊产品以产生一种建立荣誉的心理满足。广告如能针对这种欲求进行诱导性的诉求,则会很有效地唤起消费者的需求欲望。

8. 母爱

母爱是人类情爱中最为诚挚的一种感情,也是人类情爱中天性的自然流露,具有震撼人心感人肺腑的力量,是人类存在以来一种古老的艺术表现题材。纯真高尚的母爱动人心弦,催人泪下,具有不可抗拒的心理感召力,这种出于天性的依恋之情,对人有很强的感染力,在广告中作为某些主题的题材,运用得好能产生很好的移情共鸣作用。儿童用品、食品、玩具、衣物等广告均可选择母爱作为主题题材。

9. 地位

人们有一种显示自己地位和声望的欲求,这种心态在具有一定的社会地位、经济实力的人士中较为多见。他们往往产生一种"扬名"和"炫耀"的购买动机,购买商品时特别注重商品本身的象征意义,以此显示自己超过一般人的社会地位和表示生活富裕,或表示自己卓越的生活能力,从中得到心理上的满足。这类消费者在购买中具有很强的感情因素,出发点往往是为了领先,超过他人或赶上他人,以维持或提高自己的社会地位,获得一种自豪感、优越感的满足。

10. 社交

作为社会的人,人类有得到社会团体重视与接纳,希望得到和给予别人友谊、关怀和爱护的欲求,以期结交朋友、获得友情、进行感情交流。人们参加社会活动,以满足自己、了解社会和别人,也使自己被社会和别人了解,得到精神上的支持与满足。社会越发展,物质精神文明越进步,人们的这种要求也会越强烈。食品、化妆品、服装、家电等广告常用社交作为题材。

11. 快乐

追求生活的欢快与乐趣,是现代人类的重要的心理趋势,也是人们生活高层次的必然需求。人类在解决了生理上生存的基本需求后,必然转向精神上的追求与满足,以适当的刺激来调节生活节奏,使身心得到一定的放松与调整,让生活变得丰富多彩而又充满情趣。针对这种心理欲求,广告在旅游、轿车、摩托车等门类产品和服务上多选取快乐为题材进行创意表现,以期获得理想的传播效果。

12. 效能

这是广告运用最广泛的题材,强调广告的产品或服务与众不同的特殊功能,突出地表达产品和服务能给消费者带来的某种利益和好处,满足消费者某个方面的要求,以此差别化的策略来建立产品和服务的定位,塑造独树一帜的产品或服务的形象,激发消费者的购买需求。效能通常是化妆品、清洁用品、药品、家电产品等的广告题材。

13. 方便

在生活节奏很快的现代社会中,人们都十分珍惜时间与体力,购买产品的消费者都希望能获得方便快捷的服务,如能迅速而方便地买到产品,购买方式明确、简便、易行,售货效率高,同时还希望产品携带方便、使用方便、维修方便等,以满足在购物后的不同需要。家用电器、轿车、摩托车等广告常选用方便作为表现的题材。

14. 保证

在市场推销中,公司为了在消费者中建立良好的信誉,使消费者对公司和产品产生良好的信任感,解除消费者在购物过程中的心理障碍,对广告的产品予以认可,需要在广告中针对消费者的心理特点,在某个方面作出具体明确的许诺与保证,以增强产品在市场上的竞争力,刺激消费者购买广告的产品,这样常常可以取得理想的促销效果。家用电器、建筑材料、精密仪器等常选用保证为题材来表达广告主题。

15. 经济

消费者在购物活动中产品的物美价廉常是选择的重要标准,尤其在一些收入不高的消费者阶层中产品的经济实惠更是首先要考虑的因素。另外人们通常还有一种爱占便宜的心理,力图以更少的支出换取更多的产品或服务。因此,在中、低档的产品上,突出价格的优势,能很好地刺激一些消费者的购买欲望,产生良好的促销效果。日用品、食品、家用电器等常选用经济为题材来表达广告主题。

(三)确定广告主题应注意的事项

在决定广告主题时,对某种商品用哪个主题并没有一定之规。但是,就选定广告主题而言,无论哪个公司、哪种商品,也多少有一些应当共同注意的方面。

(1)引人注目。选择广告主题的最大标准,就是要选择那些能够引人注目的主题,也即能够吸引目标受众注意的主题,应当争取尽可能多地引起人们的注意。

(2)浅显易懂。对广告主题来说,浅显易懂也很重要。当广告主题在把广告概念换成语言和图像时,从某种意义上说是进行了"加工",通过选择浅显易懂的广告主题,向消费者正确地传递概念。广告主题不仅要一看上去就让人愉快,而且要细读起来也会让人舒服。依此将公司的意图、产品的特征,更正确、更迅速地传递给消费者。

(3)整体统一。广告主题应着力体现商品和公司的整体统一性。同一个公司或商品的广告,由于环境不同、时机不同,会发生许多变化,这样就会使接触广告的人不易建立起一个整体印象。因此,在广告主题中把公司、商标与产品进行有机整合,这样才有助于消费者树立起公司的整体形象。

(4)独特个性。广告主题如果没有自己的独特之处,就很容易在广告的汪洋大海中被淹没,这样就不可能在消费者的心目中留下深刻的长久的印象。

在确定广告主题的过程中,要尽可能避免如下一些情况:

(1)泛化。由于目前市场上充斥大量生产、大量推销的情况,互相模仿的情况也较普遍,因而每一类商品所具有的品质,大多趋于雷同,任何一种商品与其他同类商品相比较,所具有的特征非常相似。在这种情况下广告主题更应防止泛化。

(2)分散。这是指在一个广告内有太多的主张,什么都想说,内容分散,不得要领,给消费者的印象零散。另一种情况是,在一个广告片或一个广告画面上,充斥了过多的语言或文字,传达的信息庞杂,冲淡了广告主题,从而分散了消费者的注意力。

(3)共享。即广告主题所选取的形象代言人为不同公司或产品共同使用的情况。比如,一个名演员同时为多个不同公司的产品做形象代言人,这种与其他公司共享明星光彩的情况不利突出广告主题的个性,更不利于公司形象与产品个性的塑造。

第三节 整合营销传播

一、整合营销传播及其发展

整合营销传播(Integrated Marketing Communications,简称IMC)又称统合营销传播。有人称它为新广告(new advertising),是近年出现的营销广告新概念,其核心思想是将与公司进行市场营销有关的一切传播活动一元化。一方面把广告、促销、公共关系、直销、CI、包装、新媒体等一切传播活动都涵盖到广告活动的范围之内;另一方面则使公司能够将统一的传播资讯传达给消费者,所以整合传播也被称为"speak with one voice"(用一个声音说话)即营销传播一元化策略。

现代广告的发展根据广告公司在不同时期为广告主提供的服务的涵盖面可以划分为不同的阶段。从海外广告的发展历史来看，已经经过广告分离期、广告全面服务期、传播分离期，进入一个全新的阶段——整合营销传播期。

广告分离期：在这一阶段，广告主负责广告制作，广告公司负责媒介购买，二者各自独立进行，在运作上是完全分离的，因此称为广告分离期。

全面服务期：在这一阶段，广告公司受到广告主的全面委托，负责包括广告调查、策划、制作、媒介购买的全部广告业务，提供全面的广告服务。

传播分离期：在这一阶段，与广告主营销活动有关的所有传播活动分别由不同的机构负责，广告公司负责广告和促销作业，广告主或者公共关系公司负责公共关系业务、广告主或者专业的活动公司负责活动、CI设计公司负责CI设计、包装设计公司负责包装设计、直接邮寄广告公司负责直接邮寄广告业务，专业化分工非常鲜明。

整合传播期：在这一阶段，与广告主营销活动有关的各种传播活动统一运作，在广告主内部由产品经理和整合传播部门负责，在外部则由整合传播公司或者整合传播集团负责。整合传播公司往往包括广告、公共关系、促销、CI等方面的专门部门和各专业的人员，整合传播集团则由广告、公共关系、促销、CI等方面的专业公司构成，整合传播以专业化分工基础上的整合运作来进行。近年出现的整合传播观念正是为广告主提供的信息传播服务发展到这一阶段的强有力的助推剂。

二、整合营销传播的特性

整合营销传播有两个明显特性：一是战术连续性，二是战略导向性。

战术连续性是指所有通过不同营销传播工具在不同媒体传播的信息都应彼此关联呼应。战术连续性强调在一个营销传播战术中所有物理和心理的要素都应保持连续一贯性，与此对应分别称其为"物理连续性"与"心理连续性"。物理连续性是指在所有营销传播中的创意要素要连续一贯。比如在一个营销传播战术中可以使用相同的标语、口号或解说词，以及在所有广告和其他形式的营销传播中表现相同的行业特性等。心理连续性也同样重要，它是指消费者对该公司及其品牌的一贯态度，以及消费者对公司的"声音"与"性格"的知觉。这可通过贯穿所有营销传播形式的统一主题、形象或语音语调等来达成。例如IBM公司，因为它的物理连续性，使我们能够感受到它是一家电脑公司而不是一家快餐店（行业特性）。同样，因为它的心理连续性，使我们能够感受到"IBM就意味着服务"，即它是一家服务优良的电脑公司（性格知觉）。

战略导向性是指营销传播的设计要服从公司战略目标的需要。该设计的重点不是在于搞出一则有创意的广告，单纯吸引消费者的注意。有许多传播专家虽然能够制作出超凡脱俗的广告作品深深感动受众，甚至获得广告大奖，但是未必有助于完成公司的战略目标（如在销售量、市场份额以及利润目标等方面的目标）。真正能够整合诸项营销传播战术的，应该是公司的战略目标。因此，营销传播的信息设计必须服务于公司的战略目标，而媒体的选择也必须服从公司战略目标的需要。

三、整合营销传播的发展层次

整合营销传播在不同的发展阶段有不同的形式表现，主要有以下几个层次：

（一）认知的整合

认知的整合是整合营销传播最基础的形式，这里只是要求营销人员认识或明了整合营销传播的需要而已。例如，某个媒体策划人员在替某公司购买媒体和投放广告的时候，他应该对不同媒体类别和相同媒体的不同表达方式都应有所考虑，以反映该公司的一致形象。这是实现整合营销传播的第一个层次。

（二）形象的整合

第二个层次牵涉到确保信息、媒体一致性的决策。信息、媒体一致性，一是指广告的文字与其他视觉要素之间要达到的一致性，二是指在不同媒体上投放广告的一致性。也就是说，图像要强化和补充文字的信息，并且必须与其他媒体上投放的广告保持一致。

（三）功能的整合

第三个层次是与功能整合有关。功能整合，是把不同的营销传播方案编制出来，作为服务于营销目标（如销售额与市场份额）的直接功能。也就是说，对每个营销传播要素的优势和劣势都经过详尽的分析，并与特定营销目标紧密结合起来。

（四）协调的整合

第四个层次是协调的整合，指把人员推销功能与其他营销传播要素（广告、公共关系、销售促进以及直效营销等）直接整合在一起。这意味着，各种手段都用来确保人际形式的营销传播与非人际形式的营销传播的高度一致，即推销人员所说的内容也必须与其他媒体上广告的内容协调一致。

（五）基于消费者的整合

第五个层次是，营销策略必须在了解消费者的需要和欲求的基础上锁定目标消费者。在给产品以明确的定位之后，才能开始营销与广告的策划。换句话说，营销战略的整合，使得战略定位的信息直接到达目标消费者。

（六）基于风险共担者的整合

第六个层次是基于风险共担者的整合。这里，营销人员应认识到目标消费者不是本机构应该传播的唯一群体，其他共担风险的经营者也应该包含在总体的整合营销传播战术之内，例如本机构的员工、供应商、配销商以及股东等，都应该包括在内。

（七）关系管理的整合

第七个层次是关系管理的整合，它被认为是整合营销的最高阶段。要向不同的风险共担者作出有效传播，本机构必须制定有效的战略。这些战略不只是营销战略，还有制造战略、工程战略、财务战略、人力资源战略以及会计战略等。也就是说，为了加强与组织风险共担者的关系，本机构必须在每个功能环节内（制造、工程、研发、营销、财务、会计、人力资源等）制定出管理战略，以达成不同职能部门的协调。

四、整合营销传播的方法

基于以上对整合营销传播的发展层次的分解与认识，对整合营销传播方案的实施有五种方法供参考。

（一）同一外观法

让营销人员认识和明了整合营销传播的"同一外观"的概念。如在营销传播的所有形式中采用同一的颜色、图案及识别符号。公司必须把用于传达信息的载体保持一种统一的"外观",在颜色、视觉以及识别符号的处理上与广告代理公司制作的广告保持一致。

(二) 主题线方法

这个方法的要点是使用非广告的传播形式提示消费者进行广告回忆,以提高消费者对广告信息的记忆质量。例如对于重要的视觉设计或响亮的广告口号,可以作为产品包装或放在销售点展示,这些提示能够帮助消费者记住广告信息。如果让消费者从收音机中也能听到与电视广告同样的文稿内容,那么他们会把电视广告的内容记忆得更好。在投放电视广告前,营销人员可以在电台广播和平面媒体上投放与电视广告相关联的广告。在这里,平面广告与广播广告事先为电视广告做好铺垫,当电视广告投放之时,就能够增加消费者看电视广告的兴趣与动机。

(三) 供应面的策划方法

提供一套营销传播服务的系统。例如,某家广告代理公司可能承包了当地有线电视台、广播电台以及一家地方报纸的广告业务,它能提供"配套广告服务",它允许当地的广告主可以在有线电视、广播电台以及地方报纸上同时投放广告。这家广告代理公司给预期的公司推销这个"配套广告"所强调的优点就是整合营销传播,也就是说,这家广告代理公司会给广告主创造统一外观、统一主题,同时会把广告投放到不同媒体上去。

(四) 特设会议的方法

许多营销人员尝试整合其营销传播方案的不同要素,办法就是把有关各部门召集来开一个"特设会议"。例如,让代表不同利益的不同人物出席会议,并取得共识。这个特设的会议组员包括广告公司来的客户主管、公共关系代表、销售促进机构的销售人员以及营销调研人员等,这个会议由营销总监组织和主持,不同供应商的代表可纷纷表达他们对营销传播的理念,然后讨论得出尽量统一脉络的传播方式。

(五) 基于消费者的方法

这个方法的第一步是建立消费者和潜在消费者的资料库。资料库的内容至少应包括人口统计资料、心理统计、消费者态度的信息和以往购买的记录,这对一个扎实的整合营销传播计划是必需的。第二步是要尽可能使用消费者及潜在消费者的行为方面的资料,作为市场划分的依据。第三步是"接触管理",即决定在何时何地以及如何与消费者进行接触,同时接触的方式也决定了要和消费者沟通什么诉求主题。第四步是"发展传播沟通策略",即在什么样的背景环境之下,该传达何种讯息。最后一个步骤是选择有助于达成营销目标的传播手段,这里所用的传播手段可以无限宽广,除了广告、直销、公共关系及事件营销以外,事实上产品包装、商品展示、店面促销活动等,只要能协助达成营销及传播目标的方法,都是整合营销传播中的利器。

第八章　公共关系专题活动

公共关系专题活动又名"公共关系专门事件"或"公共关系特别节目",是企业公共关系日常业务的内容之一,它是指企业为了实现公共关系目标,与公共关系日常活动相对的,围绕某一明确主题,邀请新闻界人士和社会公众集中参加,充分利用各种传播媒介而开展的一种专门活动。公共关系专题活动的种类很多,一般有展览、庆典、赞助、记者招待会、对外开放参观等。

公共关系专题活动具有如下共同特点:第一,具有与公共关系总目标密切相关的单一的主题,采取独特的活动方式,给人留下的印象比较深刻。第二,公共关系专题活动可以在较短的时间内,迅速吸引公众的注意力,达到尽可能广泛的传播范围,取得良好的公共关系效能。第三,充分发挥各种传播媒介和传播手段的综合效果,形成强大的宣传攻势,有效传播组织信息。

第一节　展览活动

俗话说"百闻不如一见",展览会正是从满足人们这一心理要求出发,把要宣传的某种思想观念、技术成果或商品,用实物(有时也附带一些图片)直观地展示出来,接受公众的评判。这是组织与公众相互了解和沟通的重要形式和最佳途径,能够有效地扩大组织的知名度和增强影响力,为组织带来效益。

一、展览会的类型

按照不同的标准,展览会可分为不同的类型:

(一) 宣传展览会和贸易展览会

从展览会的性质看,有宣传展览会和贸易展览会。宣传展览会的目的是为了宣传某种思想、观点或某一成果,或揭露某种骗局;贸易展览会的目的是开拓商品市场,以展促销。

(二) 室内展览会和露天展览会

从举办展览的场地看,有室内展览会和露天展览会。大多数的展览都在室内进行,显得较为隆重,且不受天气影响,举办时间可以延长。但室内展览布置较为复杂,所需费用也较大。露天展览会最大的特点是布置工作较简单,但受气候条件限制,时间不宜过长。一般来说,较为精致、贵重的物品在室内展览,而农副产品(如各色花卉)等则多在露天展览。

(三) 单一商品展览会和混合商品展览会

从展出商品的种类看,有单一商品展览会和混合商品展览会。单一商品展览会又称纵向展览会,是指展出的商品品种的单一性,如"世界汽车博览会"、"自行车展览会"等。由于展出的商品品种单一,其型号与牌号必然琳琅满目,来自不同厂家,因此,这种展览会竞争往往非常激烈。混合商品展览会又称横向展览会,这种展览会展出的商品种类多,参加厂家也来自不同的行业,如一年两次在广州举办的中国商品交易会即属此类。

(四) 大型综合展览会、中型展览会、小型展览会和袖珍展览

从展览的规模看,有大型的综合展览会、中型展览会、小型展览会和袖珍展览。大型综合展览会通常由专门的单位举办,规模大、参展项目多,如国际博览会、全国性展览会等。中型展览会,如各行业、各省区的展览会。小型展览会一般由企业自办,如各企业、公司独家举办的展览会。袖珍展览,如橱窗陈列展览和流动车展览等。

展览会最正规、最庄重的形式是博览会。在现代社会里,展览会变得日益重要,当今最著名的大型国际博览会有意大利米兰博览会、德国莱比锡博览会、巴黎国际博览会等。据统计,现在每年全球都要举行近千次综合性的和专业性的商品博览会。

二、展览会的特点

(一) 传播媒介的多样性

展览会采用的传播媒介包括声音媒介,如讲解和交谈;文字媒介,如介绍材料;图像媒介,如各种照片。所以展览会的沟通效果通常比较令人满意。

(二) 传播方式的直观性

展览会是一种十分直观、形象、生动的传播方式,一般以展出实物为主,观众看得见、摸得着,又有专人当场进行示范、讲解。这种形象生动的传播方法,能够强化观众的记忆。

(三) 双向沟通的直接性

展览会能给组织提供与公众直接进行双向沟通的机会。展览会上,一般都有专人回答参观者的问题,并就他们感兴趣的东西进入深入的讨论。这样,参展单位在让公众了解自己的同时,也在了解公众,能即刻了解公众对传播意见的反映。

(四) 传播过程的高效性

一方面,展览会上有许多组织和产品参展,是一种高度集中和高效率的沟通方式;另一方面,展览会是一种综合性的大型活动,往往能成为新闻界的对象,成为新闻报道的题材,因此对公众的影响效果很大。

三、举办展览会应做的工作

展览会是一种面向全社会的传播活动,参展单位既要开展业务和宣传活动,又要树立自己的形象,因此需要细致、全面的公共关系工作。举办展览会应做的具体工作如下:

(一) 准备阶段

第一,先要搞清楚展览会的目的、主题和类型。参加展览会首先要目的明确,比如商品交易展览的目的是推销产品,扩大贸易;再如以介绍新产品为目的的展览,新产品就是展览会的主题。明确主题后,围绕主题将展览的实物、图片、图表、文字等进行有机的组合、排列。主题不明确,就会造成版面结构的混乱,给人杂乱无章的印象,达不到宣传效果。

第二,充分做好本企业展台传播内容的准备工作。要指定一名展版主编,由主编作出整体构思和布局,然后根据整体构思收集实物和资料,对画面、图表、文字等进行绘制,加工美化。还要由专人负责写出解说词,解说词要具体、生动、简练。此外还要搞好解说员的培训工作等。

第三,邀请参观者,要采用不同方式发出请柬,并同时告知展览会的主题、类型、要求、时间、

地点等。

第四,要向新闻机构采取合适的形式发布消息,提供充足的新闻稿和资料,通过广播、电视的宣传在展览会开始之前充分做好宣传,吸引更多的参观者。

第五,准备好业务洽谈处、组织好工作人员等。

第六,对展览会的各项费用,要仔细预算,并报上级有关部门批准。

(二) 展览会期间

第一,要安排好接待工作,要强调工作人员尊重参观者。如展览会接待某位重要人物,公共关系人员一定要抓住时机及时报道,可增加展览会的效果。要做好签到统计工作,当人数突破整数,如100万或200万时,应特别报道,并采取简单方式庆祝。

第二,加强新闻发布工作,搜集参观者所反馈的信息,除了迅速向新闻媒介提供外,最好每天出版简报,及时发放。

(三) 展览会结束后

第一,要搜集编印新闻媒介对展览会全过程的各种报道资料。这样做一是有利于总结经验教训,二是为了存档保留,给以后参加展览会提供参考依据。

第二,对展览会效果进行测定,目的也是总结经验,找出问题。测定的手段主要有:拟出知识测验题,以有奖问答方式吸引参观者回答;设置留言簿或召开座谈会,对参观者进行追踪调查等。

此外,人们还经常看到叫做××节的一些类似展览的活动,如大连的国际时装节、潍坊的国际风筝节、北京中关村的电脑节、北京大兴的西瓜节、还有啤酒节、小吃节……也有叫做××周的,如"第×届北京高新技术产业国际周"等。这些活动比一般展览的内容更加丰富多彩,除了介绍企业产品和进行贸易之外,还有更多的动态活动,如大型演出、评奖、研讨、交流、游行等,成为树立企业形象,宣传企业成果,提高企业知名度和美誉度的公共关系好时机,也是公共关系人员要积极策划参与的专题活动。

第二节 庆典活动

庆典活动是指企业主办的各种庆贺典礼型专题活动。一般有开幕(开业)庆典,周年庆典,乔迁庆典,重大成果庆典,受到特殊嘉奖庆典等。

一、开幕(开业)庆典

开幕(开业)庆典是指企业开业、博览会、交易会、重要工程竣工或奠基等大型活动的第一天举行的庆贺仪式。企业这种仪式如果组织得好,可树立企业良好形象,给公众留下深刻美好的记忆,可以体现领导者的能力、气质与风度,以及企业的面貌与员工素质,往往会成为社会公众取舍和亲疏的标准。同时,办好庄严隆重的开幕(开业)典礼是获得政府及有关部门重视和支持的重要环节。

开幕(开业)典礼形式并不复杂,但要办得热烈隆重,丰富多彩。开幕(开业)典礼的一般程序及工作要求是:

(一) 开幕(开业)典礼前

(1) 在典礼前一星期左右要对出席典礼的宾客、新闻记者发出邀请,对重要人物是否出席要逐一落实。

（2）要写好热情庄重的发言稿。

（3）拟定好开幕（开业）典礼的程序。

（4）安排好工作人员，如：接待人员、来宾引导、会场保安等，布置好场地环境，准备好典礼所需的设备和物品等。

（二）开幕（开业）典礼的一般程序

（1）主持人宣布典礼开始，奏国歌或奏乐等。

（2）介绍来宾。由企业内地位较高的人员或主持人介绍来宾。

（3）剪彩、题词等。一般由来宾中地位或名望较高的人担任。

（4）有关领导和来宾致词。这是典礼的主要内容。

（5）安排其他助兴节目。如文艺演出、舞会、电影等。

（三）开幕（开业）典礼仪式后

安排来宾参观、座谈、题词、留言、合影等，最后做好来宾送别工作。

有些企业的开业仪式不拘一格，别开生面，请看一例：

青岛某家具公司在开业之际，举行了别开生面的开业仪式。这个仪式，既听不到震耳欲聋的鞭炮轰鸣，也看不到成群结队的领导光临。伴随着阵阵悠扬悦耳的军乐，商店工作人员向在场的第一批顾客献上了20束有编号的鲜花，然后由得到号码8、18的两位顾客当众为公司剪彩。这样的开业仪式，让顾客们真正找到了"上帝"的感觉。

有些企业经过重修、重建又重新开业，也应该借此机会树立形象。下面的案例就很有新意：

长沙某商场经装修后，准备于元旦重新开业。但是，焕然一新的商场怎样才能吸引更多的顾客呢？经策划，他们决定以商场的名义，请长沙市内元旦这天出生的人在开业的当天到店里过生日。

元旦那天，过生日的顾客怀着兴奋的心情手持户口本排队领取生日礼物，这种情形吸引了不少过往的行人。不一会儿，店里就挤得水泄不通。家住北区幸福桥的81岁高龄的曾今炳老人闻讯后，高兴地说："我活了80岁，从来没有看到商店为顾客做生日的，今天看到了。"他特意打发60岁的儿子到店里代他受喜。这位花甲老人替父亲领了生日纪念品后，又被琳琅满目的商品所吸引，看了这个柜台又看那个柜台，边看边买，出店时，大包小盒提了一大串。下午两点钟，一个男子手持医院证明来到店里，说他女儿当天上午10点钟刚降生。商场经理立刻向他表示祝贺，并向他女儿赠送礼品，这名顾客激动地说："你们给顾客带来了生日的乐趣，把你们商场的美好情谊送到了顾客心里。"到下午5点钟，共发出生日礼品千余份，而商店的客流量已超过二十万人次，销售额达一百万元，相当于以往日平均销售额的十几倍，创该店历史上的最高纪录，并为以后扩大销售奠定了良好基础。

二、周年庆典

周年庆典即指开业一周年、三周年、十周年、五十周年等纪念。周年庆典有利于加深企业在公众心目中的形象，是企业前进的加油站。

1986年5月8日，美国可口可乐公司迎来了它的100周年纪念日。为了策划好这次专题活动，可口可乐公司使出了浑身的解数，4天的时间里，可口可乐公司用最盛大最壮观的庆祝活动来装点公司总部所在地亚特兰大：

14 000名工作人员分别从办理可口可乐业务的155个国家和地区飞往亚特兰大；30辆以可口可乐为主题的彩车和30个行进乐队从全国各地迂回取道开进亚特兰大，夹道欢迎的群众多达30万人，公司向这些群众免费供应充足的可口可乐。亚特兰大市长安德鲁·扬和可口可乐公司总裁戈伊祖艾塔一起亲自引导游行队伍，其后是1 000人的合唱团和60种乐器的交响乐队，他们引吭高歌着可口可乐的传统颂歌——"我愿给世界买一杯可口可乐"。亚特兰大市洞穴状的奥姆尼中心的四周竖立着巨大的电视屏幕，通过电视屏幕，观众们可以看到在伦敦举行的可口可乐公司百年庆典的场面：为了响应可口可乐公司"跟上浪潮"的最新广告口号，伦敦的典礼策划者准备一次推倒60万张多米诺骨牌，这一活动把亚特兰大、伦敦、里约热内卢、内罗毕、悉尼和东京连接起来，各个地点通过卫星相互联系，当多米诺骨牌天衣无缝地一浪一浪倒下去并在伦敦到达终点时，一个巨大的可乐罐出现了，多米诺骨牌爬上最后一个斜坡，引起了一次小型爆炸，可乐罐被炸得粉碎。顿时，全世界可口可乐公司的职员都欢呼起来了。

可口可乐公司策划的这一精彩庆典给人以津津乐道的长久话题，而这正是可口可乐公司举办百年大庆所追求的效果。

企业周年纪念每年一次，这是企业开展公共关系活动的良好时机，几乎所有成功的企业都十分重视借周年庆典来扩大企业的影响，即便已是十分知名的企业也很少有放过这种机会的。

企业的周年庆典活动的具体形式要根据企业生产经营的特点、企业自身的发展历史、企业所能投入的经费来决定，无论庆典活动采取什么形式，策划者都应牢记这样一点：庆典活动的策划要以激起广大公众的兴趣，尤其是激起广大新闻媒介公众的兴趣为出发点和追求目标，只有达到了这一目的的庆典活动才能算是成功的。

怎样达到这一目的呢？三个字——新、奇、特，即要求庆典活动与众不同。

福特公司75周年的庆典活动可以说是对这三个字的充分体现。

1978年是"福特"75岁的"生日"，这一天，在美国密执安州由恩伯尔的"绿野村"，似乎又重现了75年前的岁月：一群汽车专家身穿老式服装在装配一辆遗留在那儿的1903年产的A型福特汽车，电视台与报社的摄影师们将装配过程的每一步都详细记录下来，车装配完毕，用曲柄发动，然后开车去参加游行。这个浩浩荡荡的车队共75辆车，分别代表着福特75年中每年生产的车，那辆最老式的车作为车队的"领队"行驶在最前面……

这仅仅是福特周年庆典中的一幕，而这一幕无疑是与众不同的。

新、奇、特，其实并不只是对周年庆典活动的要求，其他类型的专题活动也应该以此为策划的出发点。在这里，有一点要特别注意，在追求新、奇、特时，不能忽视了公众的心理承受能力，不能引起公众的反感，否则将事与愿违。

三、乔迁庆典

企业因某种原因迁往新址，可举行声势浩大的庆祝活动，这样一来可将搬迁的信息传达给公众，尽量减少因搬迁给企业带来的不利影响，二来可以扩大对企业的宣传。

日本最大的广告公司——电通公司66周年纪念日的搬迁活动，即是开发新闻的最佳范例。

1966年7月1日清晨，在总经理的率领下，2000多名员工举着"谢谢银座各界人士的照顾"、"欢迎驻地各界人士多多赐教"等旗帜和标语，浩浩荡荡由银座旧址行往驻地新厦。沿途工商界人士目睹了这一壮观场面,各大新闻媒介的记者纷纷赶到现场,直播和报道了电通公司的周年庆典和乔迁之喜合二为一的大型活动。人们赞叹:"了不起,到底是电通,公司搬迁都成了新闻报道的最佳题材。"

四、重大成果庆典

企业取得重大成就后,可通过举办某种形式的庆祝活动,将信息迅速传播给公众,从而进一步提高企业声誉,使公众进一步了解和评价企业,增加公众对企业的信任感。

比如:某银行存款突破亿元大关,某产品全国销量第一,某产品全国抽查合格率全国第一等,都是值得庆贺的成果。

五、受到特殊嘉奖庆典

当企业被上级政府部门授予某某称号,参加国际博览会荣获金奖等,要举办庆祝活动。这样做,一方面可以进一步提高企业的声誉,取得公众对企业的支持;另一方面,也可以使公众与企业共享成功的喜悦,并借此机会答谢公众的支持和厚爱,具有良好的公共关系效果。

第三节 赞助活动

赞助活动是指企业对各种公益事业提供的资金、物力等方面的支持,是以社会服务形式进行的公共关系活动。现代企业,不但要盈利,追求经济效益,同时,也要追求社会效益。只有获得好的社会效益,才会更有力地提高企业的经济效益。

一、赞助的作用

(一) 表明自己承担社会责任

企业向社会掏腰包,表明企业作为社会一员,乐于承担一定的社会责任和义务,是为公众做贡献,必然获得公众好评,并因此赢得更大收益,达到"名利双收"的效果。

(二) 培养与社会公众的良好感情

赞助的对象是单位或个人,通过赞助,可密切企业与公众的关系,培养与公众的良好感情。

(三) 通过赞助活动做广告

赞助的社会活动,通过新闻媒体宣传,容易引起公众兴趣和关注,赞助单位的名称或产品都可能出现在赞助活动的现场,必然起到广告的作用。通过赞助做广告还具有两个特点:

(1) 提供赞助单位可在活动中垄断某种产品或服务的广告,使竞争产品无法在此活动中进行宣传,从而使本企业产品的影响力大增。

(2) 一些不能直接通过广告做宣传的产品可以通过赞助活动进行宣传,争取公众,如烟草经营企业等。

二、赞助活动的种类

根据赞助的对象,赞助活动可以分为以下几种类型:

（一）赞助体育活动

人们对体育运动的兴趣越来越浓，选择体育项目进行赞助，可使企业的形象深入人心。从赞助对象看，有的是赞助某项比赛，有的是赞助某个运动队，有的是赞助优秀运动员等。从规模看，有的赞助地区性比赛，有的赞助国内比赛，有的赞助国际性比赛。如有的集团赞助乒乓球队，由于乒乓球队在世界各地巡回比赛，企业的名字就通过电视传播媒介在世界各地传播，使企业产品销售量剧增。

（二）赞助新闻出版、文化艺术事业

文化艺术已成为人们不可缺少的精神享受和追求，企业要抓住这一重要阵地来扩大自身影响。在这方面，有对文艺事业的赞助，有对出版物的赞助，有对影视节目或知识竞赛的赞助，有的提供优秀新闻奖等。

（三）赞助教育和科研事业

赞助教育、科研事业，有助于教育科研事业的发展，有助于提高企业热心教育科研事业的形象，有助于密切与教育界及科研部门的关系，可获得知识的援助和优秀人才的录用。显示出企业知识经济创造经济效益的威力。赞助的形式主要有：支持希望工程，赠送教学设备、提供教学场地，提供各种奖学金、助学金和科研基金等。近几年来，海内外企业向全国各地教育科研事业提供赞助的实例举不胜举，他们提供赞助的项目不一，提供赞助的资金数额不等，但对推动我国教育科研事业的发展，有着不可磨灭的功劳。并且提供赞助的企业在公众心目中的名望大增。

（四）赞助福利事业和受灾地区

福利事业都是为公众谋福利，通过赞助可大得人心，赢得公众好感，增进企业与公众的感情。赞助的对象主要有养老院、福利院、卫生防疫机构、环保机构等。赞助灾区，不仅是对灾区人民的支持，而且是对国家做出的贡献。

赞助活动的最大特色是其"利他性"，因此深受社会大众的喜爱。组织进行赞助能增强其广告的说服力和影响力，树立该组织关心社会公益事业的良好形象，培养与某个组织或某类公众的良好感情，能表明组织对社会效益的追求和乐于承担的社会责任。因此，它是企业界和社会公众共同认可、效用卓著的一种公共关系传播活动。

常见的赞助活动还有，赞助壮举和探险及赞助重大节日活动。因壮举和探险很容易使赞助者在一段时间内成为社会公众和新闻界关注的焦点，有利于提高企业的知名度；赞助国防事业，如为部队战士提供文体娱乐设施，为营房开设某项服务等；赞助重大节日活动，为节日捐赠用品，支持节日工作人员。总之赞助活动多种多样，可涉及各个领域和各条战线，公共关系人员要进行调查研究，抓住有利时机宣传自己。

三、赞助活动的实施步骤

（一）确定专人负责

企业参加赞助活动，要组织一个负责赞助的班子，指定负责人，具体负责处理赞助活动的有关事宜。

（二）确定赞助政策

赞助机构首先要根据企业经营管理方针政策，结合企业的公共关系目标，企业具体情况以及发展趋势，确定企业赞助政策。

(三)进行前期研究

无论是主动选择的赞助,还是被要求的赞助,都要进行前期研究。

(1)研究企业赞助是否具有积极的社会意义和广泛的社会影响。

(2)研究赞助的价值,受赞助单位与本企业经营方向和经营政策的关系,看企业互利互惠的原则是否得到实现。如:赞助播放"家庭菜制作"节目,因厨师介绍做每道菜都少不了食用油,所以对推销食用油起到宣传作用。

(3)研究赞助数目的多少。

(4)要想方设法吸引新闻界注意,使之予以报道,扩大影响。

(5)通过调查研究,要坚决杜绝赞助那些以社会公益事业为名,实为骗人骗财勾当的事情发生。

(6)适当地提出赞助要求。比如在受赞助的运动场周围树广告牌,电视节目中出现表明企业赞助的文字,在运输工具设备上印出赞助单位名称等。

(四)测定、评估效果

赞助活动结束,要对其效果进行测定,测定时将赞助的具体实施情况和赞助之后社会公众与新闻界的反应,与方案中的预期目标进行对照,以检查赞助方案的完成情况,找出存在的问题以及没有达到预期效果的原因。最后写出文字报告存档,为以后赞助活动提供依据。

第四节 对外开放参观

俗话说:"耳听为虚,眼见为实",把公众请进来,让事实说话,往往具有极强的说服力,因此,安排公众参观访问是让外界了解组织实际状况的绝好机会,也是效果较好的公共关系专题活动方式。此外,让公众亲临现场,也可以表示出组织对社会各界人士的善意和诚意,促进组织搞好同外部公众的关系。

像最近这几年的一些大学,虽然校门平时把守很严,但每年到填报高考志愿的时候,就要打开大门,热情地邀请学生和家长进校参观咨询,这叫"大学开放日"。校门一开,接待员热情接待,领着成群结队的中学生和家长参观,一边介绍情况,一边耐心地解答问题,还举办各种丰富多彩的活动,极力向参观者推介学校的形象。现在参加"大学开放日"的人数之多、场面之热闹,实在可以和喜庆节日媲美。

对外开放参观主要有两种形式,一种是一年四季都向公众开放,另一种是根据具体情况,选择某一日或某节日把公众请进来。这两种形式都能加强公众对组织的了解,增进公众对组织的好感,扩大组织的知名度。因此,开放参观也是组织不可或缺的公共关系必须活动之一。

组织的对外开放参观,既是一种很好的公共关系活动,也是一项很繁杂的工作。因此,需认真研究以下的一些问题。

一、目的

任何一次对外开放参观活动都应有明确的目的。公共关系人员要搞清楚通过参观活动可以达到怎样的效果,让观众留下怎样的印象,是否真正值得报道的材料。例如,我国政府邀请香港代表参观大亚湾,就是为了向他们说明在大亚湾建核电站并不危害香港人的健康,反而可以提供更充足的能源。有了这样的明确目的之后,就可以围绕它展开一系列的活动。

二、规模

参观活动开展之前要确定规模的大小,从而作出相应的安排。少数几个人参观,可以陪同他们到几个部门去,并介绍情况,赠送资料和纪念品等;如果是较大规模的团体参观,最好制定一个计划,安排好接待次数、每次参观人数和开放时间等。一次接待 15 个人比较恰当,每天接待 2～3 次,有专人伴随进行讲解介绍,回答参观者所提出的问题。

三、时间

不但要考虑开放参观的时间,也要考虑整个参观活动所需要的时间。开放参观的时间最好安排在一些特殊的日子,如周年纪念日、企业开工日、节日等。例如上海电视台每逢元旦、中秋节、春节便邀请本台职工家属来电视台参观,让他们知道自己的亲人在从事一种多么重要、多么崇高的工作,使他们为自己亲属在这里工作而感到骄傲,从而支持并协助本台职工的工作。

要有足够时间准备对外开放参观活动。规模较大的开放参观活动需要 3 到 6 个月的准备时间,如果还要准备大规模的展览会、编印纪念册或其他特别节目,则需时间更多,这时就需要注意时间安排的合理性,要尽量避开假期,并考虑好天气、季节的变化等。

四、人员

从有开放参观的构想起一直到活动的结束,都应有高层主管人员参与其中。组织大型的参观活动,最好成立一个专门的活动筹备委员会。委员会成员应包括企业领导、公共关系人员、行政和人事部的人员等。还要根据参观的不同目的,选择不同的人参加,如果参观的目的是强调服务或产品,还要请销售部门人员参加。

五、准备宣传材料

要想使开放参观获得成功,最重要的是做好各种宣传工作,准备一份简单易懂的说明书或宣传材料,发给参观者。正式参观前放映电影、电视片或幻灯进行介绍,这样可以帮助参观者了解组织的主要概况。之后,由公共关系人员引领参观者沿规定线路参观并给予解说和回答问题。要想使参观活动产生持久的效果,应赠送参观者一份有纪念性的小册子,上面记载参观的过程以及其他有关本组织的资料。这些小册子有可能被转送给有兴趣但无法亲自来参观的人,从而成为很有用的传播媒介。

六、选择参观线路

选择参观线路的主要要求是可以引起参观者的兴趣与保证他们的安全,并且对组织的正常工作持续干扰最少。参观线路应有明确的路标,在参观活动开始前,需要事先采取安全措施,安全人员应在必要的地方设置警告信号和障碍,以防止意外发生。

七、做好解说和接待工作

对导游或解说人员事先要进行认真选择、培训和联系,使他们熟练掌握参观过程中每一个参观点的解说内容。参观点的员工应佩带印有个人名字的标牌,并应学会有礼貌地向参观者介绍有关情况,耐心认真地回答来宾提出的各种问题。

对参观者应热情周到地做好接待工作,如安排合适的休息场所和各种茶水饮料;需要招待用餐的,也要事先做好安排;如果邀请的对象有儿童,更要特别小心,应准备点心、休息场所、必要的盥洗设备等,也可送一些印有介绍组织材料的玩具。

八、对参观者一视同仁

组织要以真诚的态度对待每一位参观者,不论其地位高低,均应热情接待。接待的态度和对参观者意见的反映,不能因人而异。

第九章　组织形象策划与 CIS 管理

一个组织的社会形象体现了它的社会关系状态和社会舆论状态。良好的公共关系形象意味着良好的公众关系和社会舆论。建立良好的公共关系，争取社会舆论的支持，需要一个良好的组织形象。组织形象的对外传播需要围绕着塑造良好的公众形象这个主题展开，即运用 CI 战略，通过传播沟通手段协调关系、影响舆论，建立、维护、优化组织形象。追求良好的公众形象是公共关系管理活动的重要目标之一。

第一节　组织形象概论

一、组织形象的概念

从心理学的角度来看，形象就是人们通过视觉、听觉、触觉、味觉等各种感觉器官在大脑中形成的关于某种事物的整体印象，简言之是知觉，即各种感觉的再现。有一点认识非常重要：形象不是事物本身，而是人们对事物的感知，不同的人对同一事物的感知不会完全相同，因而其正确性受到人的意识和认知过程的影响。由于意识具有主观能动性，因此事物在人们头脑中形成的不同形象会对人的行为产生不同的影响。

组织形象是组织内外对组织的整体感觉、印象和认知，是组织状况的综合反映。"组织形象"一词是指组织的总体特征和实际表现在社会公众中获得的认知和评价。

组织形象是组织在与社会公众（包括组织员工）通过传播媒介或其他接触的过程中形成的，它包括公众印象、公众态度和公众舆论三个层次。

公众印象 = $\sum$ 个体印象 i，其中 $i = 1, 2, 3, \cdots, n$。

在印象的基础上，加入人们的判断，进而形成具有内在性、倾向性和相对稳定性的公众态度，多数人的肯定或否定的态度才形成公众舆论。公众舆论通过大众传播媒介和其他途径（如人们的交谈、表情等）反复作用于人脑，最后影响人的行为。

组织形象有好与不好之分，当组织在社会公众中具有良好组织形象时，消费者就愿意购买该组织的产品或接受其提供的服务；反之，消费者将不会购买该组织的产品，也不会接受其提供的服务。组织形象的好与否不能一概而论，多数人认为某组织很好时，可能另有一些人感到很差，而这种不良的印象将决定他会不会接受该组织的产品或服务。任何事物都不能追求十全十美，因此，必须把握矛盾的主要方面，从总体上认识和把握组织的形象。

二、组织形象的分类

组织形象的分类方法很多，根据不同的分类标准，组织形象可以划分为以下几类。

（一）组织内在形象和外在形象

这是以组织的内外在表现来划分的，好比我们观察一个人，有内在气质和外在容貌、体型之分，组织形象也同样有这种区别。内在形象主要指组织目标、组织哲学、组织精神、组织风气等看不见、摸不着的部分，是组织形象的核心部分。外在形象则是指组织的名称、商标、广告、厂房、厂歌、产品的外观和包装、典礼仪式、公开活动等看得见、听得到的部分，是内在形象的外在表现。

（二）组织实态形象和虚态形象

这是按照主客观属性来划分的。实态形象又可以叫做客观形象，指组织实际的观念、行为和物质形态，它是不以人的意志为转移的客观存在。诸如组织生产经营规模、产品和服务质量、市场占有情况、产值和利润等，都属于组织的实态形象。虚态形象则是用户、供应商、合作伙伴、内部员工等组织关系者对组织整体的主观印象，是实态形象通过传播媒体等渠道产生的印象，就好像我们从镜子中去观察一个物体，得到的是虚像。

（三）组织内部形象和外部形象

这是根据接受者的范围划分的。外部形象是员工以外的社会公众形成的对组织的认知，一般所说的组织形象主要就是指这种外部形象。内部形象则指该组织的全体员工对组织的整体感觉和认识。由于员工置身组织之中，他们不但能感受到组织的外在属性，而且能够充分感受到组织的精神、风气等内在属性，有利于形成更丰满深入的组织形象；但是如果缺乏内部沟通，员工往往只重局部而看不到组织的全部形象，颇有"不识庐山真面目"的感觉。内部形象的接受者范围虽小，但作用却很大，与外部形象有着同等重要的地位，决不可忽视。

（四）组织正面形象与负面形象

这是按照社会公众的评价态度不同来划分的。社会公众对组织形象的认同或肯定的部分就是正面形象，抵触或否定的部分就是负面形象。任何组织的组织形象都是由正反两方面构成的，换言之，组织形象应是一分为二的，公众中任何一个理智的个体都会既看到组织的正面形象、又看到组织的负面形象。对于组织来说，一方面要努力扩大正面形象，另一方面又要努力避免或消除负面形象，两方面同等重要，因为往往不是正面形象决定用户一定购买某组织的产品或接受某项服务，而是负面形象一定使得他们拒绝购买该组织的产品和拒绝接受其服务。

（五）组织直接形象和间接形象

这是根据公众获取组织信息的媒介渠道来划分的。公众通过直接接触某组织的产品和服务，由亲身体验形成的组织形象是直接形象，而通过大众传播媒介或借助他人的亲身体验得到的组织形象是间接形象。对组织形象作这种划分十分重要，如果一个用户在购买某种商品时看到的是粗陋的包装、落后的设计，试用时这也有毛病、那也不如意，无论别人再告诉他这个产品如何好、这家组织如何不错，他也一定不会购买，因为直接形象比间接形象更能够决定整个组织形象。有些组织以为树立组织形象只能靠广告宣传，而不注重提高产品质量和服务水平，就是只看到间接形象而忽视了直接形象。

（六）组织主导形象和辅助形象

这是根据公众对组织形象因素的关注程度来划分的。公众最关注的组织形象因素构成主导形象，而其他一般因素构成辅助形象。例如，公众最关心电视机的质量（图像、色彩、音质等）和价格（是否公道合理），因而电视机的质量和价格等构成电视机厂的主导形象，而电视机厂的组织理念、员工素质、组织规模、厂区环境、是否赞助公益事业等则构成组织的辅助形象。组织形象由主导形象和辅助形象共同组成,决定组织形象性质的是主导形象;辅助形象对主导形象有影响作用,而且在一定条件下能够与主导形象实现相互转化。

三、组织形象的基本特性

了解组织形象的基本特性对于正确把握组织形象的内涵、认识组织形象的作用、探索组织形象的发展规律是十分必要的。

（一）主客观二重性

主观性是指组织形象作为组织在公众心目中的印象,必然受到公众自身价值观、思维方式、道德标准、审美取向、性格差异等主观因素的影响,因此同一个组织在不同公众心目中会产生有差别的形象。客观性则是指,组织形象的存在这一事实,不受组织规模大小、经营业绩好坏的影响,也不受包括组织领导人在内的任何人承认与否、喜欢与否的左右,也不管组织是否主动去塑造,它与组织本身如影随形。组织形象从组织诞生之日起便开始形成,伴随组织的成长而发展变化,甚至组织由于各种原因不存在了(如倒闭、被兼并),组织形象也还会在一定时间、一定范围内存在,其生命力超越了组织本身。因此,自组织创办之日起,组织形象便是一种客观存在。当然,承认组织形象的客观性,并不是说组织在自身形象面前无能为力。组织是由具有主观能动性的人组成的社会组织,人们可以通过管理组织、改善经营和公共关系及对外宣传等有意识的实践活动,来主动影响和塑造组织形象,而不是只能被动地接受它。

（二）系统性

组织实态形象本身是由复杂因素组成的,有公众容易感知的产品质量、功能、形状、色彩、包装,有组织的标志(商标)、服装、旗帜、厂房、店面;有公众不太容易感受到的组织员工素质、行为规范、风俗习惯;还有一些看不见、摸不着,因而公众最不容易感受到的组织目标、宗旨、精神、风气等。这些看似复杂的组成因素之间有着内在的必然联系,相互依存,互为条件,因此决定了组织实态形象是一个具有很强系统性的整体。主观建立在客观的基础上,因此公众主观形成的组织虚态形象也应该具有很强的系统性。公众形成对一家组织的整体感觉、印象和认知,需要通过多种媒介渠道,由多方面信息综合作用的结果。系统性的特点告诉我们,在塑造组织形象时要从整体着手,全盘规划,绝不能只重视其中一个方面或某几点而忽视了其他方面。

（三）动态性

由于组织的生产经营情况、构成公众的人群、信息传播所借助的媒介渠道等决定组织形象的因素总是处于发展变化之中,因此组织形象也是动态的,而不是静止不变的,这就是动态性的第一层含义。正面形象和负面形象,主导形象和辅助形象,以及内部形象和外部形象、直接形象和间接形象,它们作为组织形象的组成部分也不是固定不变的,而是相互间处于矛盾运动之中,在一定条件下对立面之间还能相互转化,这是动态性的第二层含义。例如,过去"经久耐用"是构成产品及组织的正面形象,甚至成为主导形象的因素,而随着物质生活水平的提高,人们开始希望丰富多彩、追求时髦,某些产品的"经久耐用"已经变成保守、陈旧、落后的象征,甚至构成组织的负面形象了。把握动态性,对于探索塑造组织形象的科学规律是很重要的。

（四）相对稳定性

组织形象具有动态性,始终处于发展变化之中,并不意味着组织形象神秘莫测、不可认识和把握。组织形象不是凭空想象出来的,其产生、更新和发展是一个连续的过程,在一段时间内它又是相对稳定的、静态的,这是我们可以从客观角度认识、了解、分析和把握其基本规律的重要前提。从相对稳定性出发,还可以看到组织形象发展变化离不开原来的基础,即组织形象具有继承性,组织形象策划与塑造中任何割裂历史的做法都是非常危险的。正是因为组织形象有了这种相对稳定性,才能够将其划分类别、剖析层次结构以及进行评价。

四、CI战略——塑造组织形象的利器

在"信息爆炸"、媒介渠道过分拥挤的情况下,如何使组织的信息有效地传递出去,并准确地到达自己的公众对象那里,这是实施组织形象管理所面对的一个难题。为了加强形象宣传的一致性、形象宣传的视觉冲击力,可以实施CI战略,导入"组织识别系统(CIS)",以加强组织整体形象的个性和统一性。

CI最早源于第一次世界大战前,当时德国AEG电器公司率先采用设计师被德·贝汉斯所设计的商标,并将其应用在该公司的系列电器产品上,遂成为组织统一视觉形象设计的早期代表。

第二次世界大战以后,市场经济蓬勃发展,企业经营范围日益扩大,逐步迈向多元化、国际化,为适应这种突飞猛进的形势,诸多有远见的企业已经开始意识到:必须建立统一的、营利性组织识别系统,才能正确传达组织情报,建立有影响力的组织形象。1956年,IBM公司在其总经理的全力支持下导入CI计划,建立了一套完整的CI识别系统。树立了"公司制度健全、充满自信、永远走在电脑科技尖端的国际性企业"的良好形象,成为CI开发成功的典型范例。1970年,可口可乐公司以崭新的公司标志为核心,更新企业的CI计划,带来视觉形象的强烈冲击,令人耳目一新,更好地提升了组织形象,进一步扩大了市场占有率。从20世纪60年代至今,是欧美CI运动的全盛时期,众多的大型企业先后导入CI,形成了组织经营战略与设计形式更新的新高潮。

日本的CI引进较之欧美晚了20年。1975年,日本东洋物产株式会社马自达(MAZDA)汽车的开发设计CI,树立了日本第一个开发组织识别系统的典范。其后,大荣百货、伊势丹百货、松屋百货、麒麟啤酒、亚瑟士体育用品等知名企业也纷纷导入CI计划。再后,富士胶片、美津浓体育用品、华歌尔内衣、白鹤清酒等的导入CI更把这股热潮推向一个新的高峰。

台湾最早引入CI计划的是大企业家王永庆的台塑关系企业,随后有味全、和成窑业、声宝电器、肯尼思体育用品、普腾电器、中华航空、台湾电视事业股份有限公司、统一等一大批公司、企业先后导入CI计划,宣告了台湾地区CI时代的到来。

20世纪80年代后期,作为改革开放的前沿地区的广东,以太阳神集团为代表的一些企业开始导入CI计划,随后健力宝集团、今日集团(乐百氏)、白云山制药厂、浪奇化妆品、潘高寿药业、凯达化妆品、富绅衬衫、科龙电器以及广州白天鹅宾馆为代表的各大企业也都先后导入CI计划,在实施CI计划的短短几年中,以崭新的企业形象、优质的产品和经营服务昂首挺胸地走向市场,其鲜明的独具个性的企业形象正是其成功之所在,它们向人们展示了CI战略的价值,它将会促使越来越多的企业界人士认识到CI战略的价值与作用,推动我国企业界CI战略开发与实施的深入发展。

五、CIS的基本构成

CI是Corporate Identity的简称,Corporate是"企业"、"组织"、"社团"的意思,Identity是"身份"、"同一"、"识别"的意思。可以将CI直译为"组织(企业)身份的同一"或"组织(企业)识

别"。完整的 CI 应该是一个不可分割的系统,即 CIS(Corporate Identity System),通常译之为"组织(企业)识别系统"。

组织识别系统(CIS)包括组织经营理念、行为活动、视觉传达等实体性与非实体性的整体传播系统,其中又以标志、标准字、标准色、组织精神口号等基本要素为主要的识别要素。

CIS 的基本构成包含下列三个子系统:

(1) 理念识别系统(Mind Identity System),简称 MIS;

(2) 行为识别系统(Behavior Identity System),简称 BIS;

(3) 视觉识别系统(Visual Identity System),简称 VIS。

三个子系统相互推衍依存,共同带动组织经营的步伐,塑造组织独特的形象。

理念识别系统(MIS)是组织识别系统的核心与原动力,属于思想文化的意识层面,经营理念是由内向外扩散,经由这种内蕴动力的贯彻,最后达成认知识别的目的,塑造独特的组织形象。MIS 是组织经营战略、生产、市场等环节的总的原则、方针、制度、规划、法规的统一规范。在设计层面上,MIS 具体表现为组织的经营信条,精神标语、座右铭、经营策略等形式。

行为识别系统(BIS)是以明确而完善的经营理念为核心,显现组织内部的制度、管理、教育等行为,并扩散回馈社会的公益活动、公共关系等动态识别形式。BIS 具体包括对内和对外两部分。对内包括干部教育、员工教育(服务态度、电话礼貌、应接技巧、服务水准、作业精神)、生产福利、工作环境、内部修缮、生产设备、废弃物处理、公害对策、研究开发等,对外包括市场调查、产品开发、公共关系、促销活动、流通政策、代理商、金融业、股市对策、公益性和文化性活动等。

视觉识别系统(VIS)是运用系统的、统一的视觉符号系统,对外传达组织的经营理念与情报信息,是组织识别系统中最具传播力与感染力的要素,它接触的层面最广泛,可快速而明确地达成认知与识别的目的。VIS 的基本要素包括组织名称、组织标志、组织标准字体、组织标准色、组织象征图案等,应用要素包括事物用品、办公用具、设备、招牌、旗帜、标识牌、建筑外观、橱窗、服装饰品、交通工具、产品、包装用品、广告传播、展示陈列等。视觉识别是静态的识别符号、具体化、视觉化的传达形式,其项目最多,层面最广,效果更直接。

综上所述,组织的理念识别系统(MIS)是实施 CI 的重心,能否开发完善的组织识别系统,要看组织经营理念的建立与贯彻,才能由这一思想体系带动动态的组织活动与静态的视觉传达设计来创造独特的组织形象。在组织识别系统中,视觉识别系统(VIS)的传播力量最为具体而直接,它能将组织识别的基本精神——差异性充分地表达出来,让社会大众清晰地了解和掌握组织的情报信息,从而达到认知识别的目的。

若以 CI 战略的眼光来看待组织文化的对外传播,组织必须统筹设计组织的各种形象要素,全面管理各种信息传播渠道和媒体,综合运用各种传播沟通手段和方法,在市场上进行一体化的形象宣传。在当今全球化的大众传播时代,世界变得越来越小,组织间的竞争日益激烈,因此形象宣传的一致性和形象宣传的视觉冲击力就显得越来越重要。而 CI 战略所强调的整体性和多元性正适应了时代变化的这一特征。因此,实施 CI 战略是塑造组织形象的有力手段。

第二节　组织形象调查

组织形象管理工作的第一步是甄别公众对象,测量舆情民意,评价组织形象,在掌握大量信息的基础上寻找差距,确定问题,为组织形象管理工作指明方向。

一、组织自我形象分析

组织自我形象即一个组织自己所期望建立的社会形象,这是一个组织形象管理工作的内在动力、方向、目的和标准。事实上,组织自我形象也是组织未来愿景中的一个组成部分。自我形象的设计要注意主观愿望和实际可能相结合。作为动力和方向,组织自我形象的要求越高,组织自觉作出组织形象管理努力的可能性就越大;但作为标准和目的,组织自我形象的要求越高,实际的成功率也可能越低。组织形象管理工作首先需要通过组织内部的调查分析,了解组织的自我评价,揭示组织对组织形象管理工作的期望值,这是组织形象管理调查的第一个环节。

自我形象分析包括以下几个方面:

（一）组织实态的调查分析

组织实态即组织客观的实际状态和基本条件。自我形象的设计不能脱离组织客观的实际状态和基本条件。因此,首先需要明确:组织正在做什么? 能够做什么? 做得怎么样? 具备哪些有利条件和不利条件? 比如一个组织,它生产什么产品,提供什么服务,其生产状况、技术状况、财务状况、产值和利润、市场销售状况、组织人事状况等,都需要进行客观、准确的分析,为组织形象管理目标定位和策划提供客观依据。

（二）员工阶层的调查研究

员工阶层的调查研究即了解本组织广大基层和一线人员对自己组织的看法和评价。一个组织的目标和政策需得到其广大成员的认同和支持,才可能有效地转化为该组织的实际行动。因此需要通过内部调查(如员工座谈及员工问卷调查),了解员工对组织的凝聚力、满足感、权利要求及各种批评建议,了解他们对领导层提出的总目标的信心和支持程度,发动全体成员寻找组织形象管理的薄弱环节及改善措施,鼓励大家积极参与组织形象管理目标和计划的拟定。

（三）管理阶层的调查分析

一个组织的行政和技术业务管理阶层是一个组织的核心力量,他们对组织的看法和评价既对基层员工产生影响,也对决策上层产生影响。因此需要重点了解和分析管理阶层的观点、意见和态度,从中分析本组织的优势和劣势。

（四）决策阶层的研究分析

一个组织的形象蓝图最终来源于决策阶层。决策阶层决定着组织的总体目标,从而决定着组织形象的基本定位,决定着组织形象管理的总政策。决策阶层的价值观和行为方式,也影响着组织形象的个性和风格。在进行组织形象设计之前,必须尽可能领会和熟悉决策阶层的观点、意见、态度,以此作为组织自我形象规划的重要依据。

二、组织实际形象分析

组织实际形象即组织的实际状态和行为在公众舆论中的投影、反映,亦即社会公众和社会舆论对组织实际状态和行为的认知和评价。这种认知和评价体现为组织在社会公众中的知名度和美誉度。组织实际形象分析就是通过舆论调查和民意测验,了解组织在社会公众中的知名度和美誉度,测定和分析组织在社会上的实际形象状况,这是组织形象管理调查的第二个环节。

组织实际形象分析包括以下三个步骤:

（一）公众辨认与分析

公众是反映组织形象的镜子，要分析组织的公众形象首先需要找到这面镜子。谁是本组织的公众对象？他们在哪里？通过辨认、甄别公众对象，确定组织形象调查的对象和范围。如果公众对象不清楚，就无法实施组织形象调查与分析，也不可能获得正确的调查结果，或者增加不必要的调查成本。

（二）组织形象地位测量

在综合分析公众评价意见的基础上，可以根据知名度和美誉度两项最基本的形象指标，测定组织的实际形象地位。

知名度指一个组织被公众知晓、了解的程度，是评价组织名气大小的客观尺度，侧重于"量"的评价，即组织对社会公众影响的广度和深度。

美誉度指一个组织获得公众信任、好感、接纳和欢迎的程度，是评价组织声誉好坏的社会指标，侧重于"质"的评价，即组织的社会影响的美丑、好坏。

良好的组织形象是由知名度和美誉度构成的，两者相互依赖、缺一不可。但实际上知名度和美誉度并不一定能够同步形成和发展，有知名度不一定有美誉度，没有知名度也不意味着没有美誉度；反过来也一样，美誉度高不一定知名度高，美誉度低也不意味着知名度低。总的来说，知名度需要以美誉度为客观基础，才能产生正面的积极的社会效果；美誉度需要以一定的知名度为前提条件，才能充分显示其社会价值。

根据知名度和美誉度在现实状况中的不同构成，可以将组织的实际形象区分为四种状态（见图8-1）：

组织形象地位分析：

（1）高知名度/高美誉度（见图8-1象限1中的A、B）。组织处于这种形象地位，属于最佳的组织形象管理状态。但同时要注意，知名度越高，美誉度的压力就越大。因为在公众高度注目的情况下，公众对组织美誉度的要求会变得更加严格和苛刻，美誉度方面即使发生微小失误，都有可能造成较大的负面影响。因此，组织处于这种组织形象管理状态绝不是高枕无忧、万事大吉。如果知名度超过了美誉度，就更应该警觉，以防美誉度跟不上而造成知名度方面的负面压力（如图中的B）。

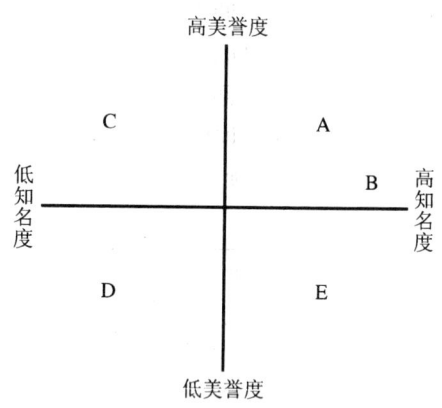

图8-1 组织形象地位四象限图

（2）高美誉度/低知名度（见图8-1象限2中的C）。组织处于这种形象地位，属于较为稳定、安全的一种组织形象管理状态，其美誉度高于50点，知名度则低于50点。由于美誉度是形象的客观基础，因此这种状态具有良好的形象推广基础。其缺陷是知名度偏低，美誉度的社会价值得不到应有的体现，因此组织形象管理工作的重点是在维持美誉度的基础上提高知名度，扩大其美誉度的社会影响面。

（3）低知名度/低美誉度（如图8-1象限3中的D）。组织处在这种形象地位，表明组织形象管理处于不良状态，知名度和美誉度都处于50点以下，既没有名气，公众评价也不好。但因为其知名度低,公众不良印象和评价的影响面也比较窄,负面作用相对比较小。在这种情况下,组织形象管理传播工作应该保持低姿态,甚至从"零"开始,首先努力完善自己的素质和信誉,争取改善组织的美誉度,然后再考虑提高知名度的问题;或者通过良好的传播控制,使组织的知名度和美誉度协调发展。如果在这种情况下片面地扩大知名度,便会使组织的形象地位滑至更恶劣状态。

(4) 低美誉度/高知名度(如图8-1象限4中的E)。组织处在这种形象地位,表明组织形象管理处于"臭名远扬"的恶劣状态,不仅信誉差,而且知之者甚多。在这种情况下,组织首先应该设法降低已有的负面知名度,向象限3转移,然后再努力挽救信誉,为重塑形象打基础;或者在特殊的情况下,利用已享有的公众知名度,大刀阔斧地改善信誉,将坏名声迅速转变为好名声,直接向象限Ⅰ跳跃。这样的成功例子也不是没有的。

可见,测量组织的形象地位,不仅可以确定组织形象管理的实际状态,初步诊断组织形象管理的问题,而且可以为制定组织形象管理的方针、策略提供依据,是组织形象管理决策的必要步骤。

(三) 组织形象要素分析

组织实际形象调查还要具体分析构成某一种组织形象状态的实际因素,解释形成某种形象地位的具体原因,说明组织形象的要点。这就需要将组织形象分解为公众对组织的各类具体评价,通过统计分析各种具体评价,确定组织形象的要点和特征,勾画出组织形象的细节。

在具体操作上,可根据"语意差别分析法"制作"组织形象要素调查表",作为分析形象要素的工具。其方法是,将事关组织形象的重要项目,如经营方针、办事效率、服务态度、业务水平等,分别以正反相对的形容词表示评价的两个极端,比如"好"与"坏"、"高"与"低"、"大"与"小"等,在这两个极端中间设置若干程度有所差别的中间档次,以便公众可以根据自己的感觉对每一个调查项目作出不同程度的评价。比如,对"经营方针",可以用"正直"和"不正直"表示两种截然相反的评价,而中间,则可以设置"相当正直"、"稍微正直"、"一般"、"稍微不正直"、"相当不正直"等不同程度的评价档次。以图8-1中的D组织为例,假定这是一家管理顾问组织,我们列出影响其形象的6项要素作为调查项目制成下表,选择100个受访者进行调查(见表8-1)。

表8-1 组织形象要素调查表

评价 调查项目	非常	相当	稍微	中等	稍微	相当	非常	评价 调查项目
经营方针正直		65	25	10				经营方针不正直
办事效率高			25	65	10			办事效率低
服务态度良好				15	20	65		服务态度恶劣
业务有创新					20	70	10	业务缺乏创新
专家名气大						15	85	专家名气小
组织的规模大				5	25	55	15	组织的规模小

调查时,请受访人(被调查者)就自己的看法给出评价。组织形象管理人员对所有调查表格进行统计,计算每一个调查项目中各种不同程度的评价所占的百分比。分析这份调查结果,可以

勾画出 D 组织的形象要素如下:经营方针比较正直,办事效率平平,服务态度较差,业务缺乏创新,管理顾问知名度甚低,组织规模较小。这就是 D 组织处于象限 3 的形象地位的具体原因。组织的组织形象管理人员必须针对这些具体原因去研究和制定组织形象管理的计划和措施。

三、组织形象差距分析

组织形象差距分析即将组织的实际形象与组织的自我形象作比较分析,揭示二者之间的现实差距,指明组织形象管理工作的目标和任务,这是组织形象管理调查的第三个环节。这一环节主要是综合研究"组织自我形象分析"和"组织实际形象分析"的结果,为下一步组织形象管理策划与设计工作提供依据。

可以借助"形象要素差距图"进行组织形象差距分析,见图 8-2。

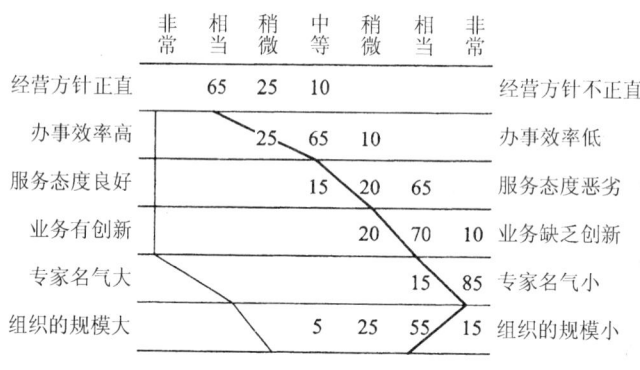

图 8-2 形象要素差距图

"形象要素差距图"可以较为直观地显示组织的自我形象和实际形象之间的现实差距。方法是把"组织形象要素调查表"上表示不同程度评价的 7 个档次相应数字化,转化成为数值标尺,如:1 表示"非常差",2 表示"相当差"……4 表示"中间状态"……7 表示"非常好"。然后根据上表的调查统计结果,计算公众对每一个调查项目评价的平均值①;将各个平均数值分别标定在数值标尺相对位置上;连接各点,即成为组织的形象曲线。图 8-2 中的粗线是表示 D 组织的实际社会形象,细线则是表示 D 组织的自我期望形象,两条曲线之间的差距就是组织的"形象差距"。

从图 8-2 可以看出,除了"经营方针"一项的实际评价与自我期望值相近以外,其他各项形象要素均有较大的差距。D 组织的组织形象管理工作的任务就是要调整和缩小这些差距。至于组织形象策略和具体实施计划中的轻重缓急、先后顺序,还要结合 D 组织在"形象地位四象限图"中的具体位置来考虑。在知名度和美誉度都较低的时候,比较稳健的策略是首先考虑如何

---

① 公众评价平均值计算方法:
(1) 计算各档次评价总分:该档次分值×评价人数(如表 8-1 中第一项"经营方针":65×6 = 390;25×5 = 125;10×4 = 40)。
(2) 计算每一调查项目获得的评价总分:将该项目各档次评价总分相加(如将上面的计算结果相加:390 + 125 + 40 = 555)。
(3) 计算该项目评价的平均值:该项目评价的平均值 = 该项目评价总分除以调查总人数。如:555 除以 100 = 5.55,$\left(\frac{65 \times 6 + 25 \times 5 + 10 \times 4}{100} = 5.55\right)$。即"经营方针"一项的公众评价平均值是 5.55。最后,将这一数值标明在标尺的相应位置上。

改善美誉度的问题,即提高业务质量、改善工作效率和服务态度等;而涉及知名度和规模的大小方面的改善,则应暂缓一步。

找出差距、发现问题,是组织形象管理工作程序中的重要步骤。

第三节 组织形象策划

组织形象管理工作的第二步是根据现存问题和差距确定组织的组织形象管理目标,制定组织形象管理工作规划和实施方案,为组织设计形象,使组织形象管理工作建立在科学计划的基础上,从而得到良好的控制。这是组织形象管理的重要环节。

一、组织形象的构成

为组织策划形象首先要了解形象是由哪些具体要素构成的。组织形象是一个完整的系统,它由各个形象的子系统有机构成。其中任何一个形象子系统出现问题,都会对整个组织形象构成影响。因此,组织形象的策划与管理是一个系统工程,需要从不同的方面去塑造和维护一个组织的形象。不同的组织有不同的形象构成,同一类组织其形象子系统也会有不同的特点。就组织形象的共性而言,组织形象的构成大致包括以下八个方面:

(一) 组织的产品形象

组织的产品形象即公众对组织的产品所形成的认知和评价。产品是组织形象的物质载体,是公众对组织进行认知与判断的主要依据,通过产品体现出来的组织形象最为直观,公众直接通过产品了解一个组织,组织也直接运用产品去争取公众,产品形象是整个组织形象的客观基础。产品形象的基本要素包括质量、性能、款式、包装、品牌、商标等。不同的组织有不同的产品形式,比如政府的公共政策、组织的工业产品、餐馆的菜肴、宾馆的客房、银行的服务项目、出版社的书籍、电视台的节目、学校培养的学生等,这些都是产品的特殊形态,都有其特定的产品形象。

(二) 组织的管理形象

组织的管理形象即公众对组织的管理行为所形成的认知和评价。通过组织的管理行为展现的形象是全面的、整体的,包括组织的管理体制、方针政策、规章制度、办事程序、工作效率、服务态度、人事政策、财政资信、遵守合同的信誉、技术实力、公共关系能力、参与社区活动的影响等,综合地反映着一个组织的管理形象。比如,现代形象竞争很大程度上在于服务的竞争,谁的服务好谁就容易赢得人心。结合组织的特点,针对公众的需要,完善组织的服务管理,增加服务的种类,扩大服务的范围,延长服务的时间,挖掘服务的深度,改善服务的态度,提高服务的效率等,对于树立组织形象相当重要。

(三) 组织的人员形象

组织的人员形象即公众对组织的人员所形成的认知和评价。组织的人员是最活跃的形象载体,通过组织成员所展现出来的组织形象,包括人员的品行、素质、作风、能力、行为、仪表等具体的形象因素。组织领导人的形象、管理群体的形象、全体员工的形象,都是组织形象的缩影和化身。

(四) 组织的环境形象

组织的环境形象即公众对组织的内外环境所形成的认知和评价。环境对组织起着烘托、装饰的作用,通过组织内部及外部环境设施所展现的形象,包括组织的门面、招牌、厂容店貌、展览室、会客室、办公室、生产场地,以及橱窗、指示牌的陈设、装修等,属于组织形象的"硬件"之一,构成现代办公文明、生产文明、工程文明、商业文明的一部分。

（五）组织的文化形象

组织的文化形象即公众对组织的特定文化所形成的认知和评价。通过组织文化系列要素展现出来的形象,构成组织形象的"软件"部分。组织的特定文化制约着组织形象的个性,标志着组织形象的特定风格。组织文化包括组织的价值观念和管理理念,组织的历史与传统,组织的榜样人物和标志性事件,组织的职业意识与职业道德,组织的礼仪与行为规范,以及组织的口号、训诫、厂歌、厂旗、厂服,各种宣传品,均鲜明地体现出一个组织的形象内涵。

（六）组织的社区形象

组织的社区形象即公众对组织的社区活动形成的认知和评价。组织的社区形象是一种睦邻形象、地方形象、左邻右舍的形象。社区是组织生存和发展的根基,与组织在空间上紧密地联系在一起,组织的各种社会关系是通过社区形成和延伸的,组织的社会形象首先表现为社区的认知程度和评价状况。一个组织如果不能得到社区公众的认同,就很难在社会上获得良好的名声。因此,组织需要对社区的经济发展、劳动就业、文化教育、社区福利、慈善事业、环境保护等承担必要的社会责任和义务,树立一个"合格公民"的社区形象。

（七）组织的标识形象

组织的标识形象即公众对组织的标识所形成的认知和评价。标识本身就是组织形象的标志,能够帮助公众识别和记忆组织的形象。通过标志和识别系统所展现的组织形象,包括组织的名称、产品的品牌、商标或徽记,广告代言人、宣传的主题词和典型音乐,标准字体和标准色彩、包装的风格,宣传的格调等。这些视觉形象或听觉形象的基本要素,是组织识别系统（CIS）的基本构件。

（八）组织的媒介形象

组织的媒介形象即公众对组织在大众媒介上有关的宣传报道所形成的认知和评价。在现代信息社会和大众传播时代,人们对外界的认知和判断越来越依靠各种传媒,大众媒介是广大公众认知一个组织的重要渠道,通过电视、广播、报纸、杂志以及因特网上的宣传、广告,公众能够了解到某一组织的政策、行为、产品、人物或事件等等,从而形成关于某一组织的认知和评价。也就是说,公众对组织的认知与评价,很大程度受媒介宣传的引导,媒介宣传的概貌影响和制约着组织的社会形象。组织必须高度重视和谨慎处理自己的媒介形象,包括宣传的对象、内容、渠道、方法、时间、地点的选择和设计,都应该纳入传播管理的范畴。

以上组织形象的各个要素,都可以进一步分析其形象的内涵和形象的外显两个方面。比如质量和性能是产品形象的内涵,外观和包装是产品形象的外显;素质、能力是人员形象的内涵,作风、仪表是人员形象的外显;历史传统、价值观念、职业意识是文化形象的内涵,口号、厂歌、厂旗、制服是文化形象的外显;情调、风格、含义是标识形象的内涵,品牌、商标等文字、图案设计是标识形象的外显等。

二、组织形象策划的基本特性

组织形象策划是一种艺术性、创造性很强的工作,没有固定的模式和不变的蓝图。但需要了解和把握它的基本特性才能形成组织形象策划思维的基本原则。组织形象管理策划的目标决定了它不同于其他策划的特性主要有三个方面：

（一）主观性和客观性的统一

1. 主观性

组织形象的形成离不开组织自身的规划和传播，同时也离不开公众的主观认知和评价，从而使形象带有主观性。从组织方面来说，它是自身形象塑造的主体，组织形象是根据组织自身的特征和需要设计和策划出来，又经过组织不断地建设和推广塑造起来的，因此，组织在形象策划、设计、管理和传播的过程中极富于主观的、能动的创造性。从公众方面来说，公众是组织形象认知与评价的主体，与组织相关的各类公众从各自的具体利益和需求出发，带着不同的价值观和审美取向，依据各自不同的思维方式和信息理解能力，对某个组织形成各自不同的具体印象，从而使得在社会上显现出来的组织形象不可避免地带上形象认知与评价主体的主观色彩。

2. 客观性

组织形象的建立具有客观的基础和内涵，并受到社会公众对组织总体评价和要求的客观制约，从而形象又具备客观性。所谓客观性，从组织方面来说，组织形象的构成要素是客观实在的，组织形象是公众舆论对具体的组织形象要素的反映，因此组织形象的客观实在是第一性的，组织形象实在是公众认知和评价的客观对象。组织形象策划必须以组织形象实在为基础，必须从建构组织形象实在入手，绝对不能脱离组织的客观实际制造空中楼阁。从公众方面来说，虽然个别公众对组织的看法是主观的，但整体公众对组织的总体评价和要求则在客观上形成一种社会规范和社会制约，这种社会规范和社会制约作为一种社会存在，它不依某个组织的主观意志为转移，组织的形象设计客观上受到公众的总体评价和要求的制约。

把握主观性和客观性的统一，是围绕组织形象主题进行策划的第一个思维原则。

（二）统一性和差异性的结合

1. 统一性

组织形象应该是统一的，讲究整体效果和系列组合，并需要适应公众整体的共同要求。从组织方面来说，组织形象要讲究整体效果，因此组织形象的设计要有统一的原则、统一的主题、统一的格调、统一的规范、统一的传播策划，做到各个形象要素相互协调、各种传播资源相互整合，多种媒体一个声音，在多元化的时代追求形象的一体化。从公众方面来说，要求组织的总体形象要适应整体环境，适应各类公众对组织的共同要求；并要求一个高信誉度的组织在不同的时间、不同的地点、对不同的公众对象能够保持高度的一致性，包括政策的一致性、产品质量的一致性、服务承诺的一致性等。

2. 差异性

组织形象自身必须有个性特征，对目标公众要有鲜明的针对性。从组织方面来说，要强调组织形象必须充分反映组织自身的个性，有独特的风格，这是组织形象的魅力所在。不仅相对其他组织而言要有独特的个性，而且相对组织下属不同的部分、不同的产品、不同的人员、不同的环境、不同的宣传媒介、不同场合的公共关系活动等，都需要显示一定的差异性。形象的个性和差异性是形象竞争力的源泉。从公众方面来说，组织形象要有较鲜明的针对性，即突出该组织在主要目标公众心目中的特殊形象；要适应不同公众的不同需求和不同视角，使组织形象具有特殊的指向性。

追求统一性和差异性的结合,是围绕组织形象主题进行策划的第二个思维原则。

(三)恒定性和变通性的统一

1. 恒定性

组织形象应该是相对稳定的,对公众具有长期、稳定的影响效果。从组织方面来说,组织的人员、产品、政策、行为等要有相对的稳定性、连贯性;而且组织形象的树立要经过长期不懈的传播努力,各个不同时期的公共关系设计都需要有承前启后的稳定性、连贯性,追求形象效果的累积性和延续性。从公众方面来说,一个组织的形象要经过长期的传播和反复的刺激才可能逐步形成;而一个组织的形象一旦形成便会在公众心目中形成认知惯性和心理定势,具有稳定的、长期的影响效果。

2. 变通性

组织形象不会一成不变,会随着主客体和环境的变化而变化。从组织方面来说,组织的产品、人员、政策、行为的变化,特别是突发事件、危机事件的发生,必定会引起组织形象的相应变化。在组织发展的不同时期,知名度和美誉度也会有不同的变化,因此不同时期的组织形象管理活动要适应这种变化,注意根据知名度和美誉度的不同结构来调整形象策划的思路。从公众方面来说,公众环境也处在变动的过程中,公众的变化,特别是重要公众的变化,必然会对组织形成不同的评价和印象,从而促使组织实际形象的改变。

把握恒定性和变通性的统一,是围绕组织形象主题进行策划的第三个思维原则。

三、如何建立有效的组织形象

一个组织的形象构思与策划成功与否,取决于三个方面的协调与平衡。

(一)组织利益与公众利益的协调与平衡

组织形象管理是组织求发展的一种策略,组织形象管理的目标是为了促进组织的发展。而组织形象管理学认为,组织的任何发展都应该和自己的公众环境的发展相协调。任何损害公众利益的发展,只不过是为将来设置陷阱。因此,组织形象管理的目标中,既要反映组织发展的要求,也要反映公众对象对本组织的要求。

(二)总体形象与特定形象的协调与平衡

组织形象的好坏是相对于公众的要求而言的,形象设计的目的是设法赢得公众的好感和支持。然而,组织所面对的公众非常复杂,对组织的要求千差万别。组织的组织形象管理目标,一方面要照顾各类公众对象的一般要求,避免"厚此薄彼";另一方面又要特别突出本组织在首要公众对象心目中的特定形象,以形成特殊的形象风格。

(三)知名度与美誉度的协调与平衡

知名度和美誉度都是组织形象管理追求的目标,不应偏颇任何一项。一方面,既在主要公众中获得足够分量的好评,也在一般公众心目中赢得普遍的好感;另一方面,既有足够的美誉度,也有相应的知名度。

第四节 CIS 的设计、开发与管理

CIS 的设计、开发与管理,实际上是在操作层面上对组织形象战略的具体贯彻与落实。

一、CIS 开发的作业程序

CI 计划开发的作业程序大体上可以分为三个阶段：① 组织实态调查阶段；② 设计开发阶段；③ 实施管理阶段。以下就这三个阶段的进程作一个简要介绍，然后介绍 CIS 手册的基本内容。

（一）组织实态调查阶段

进行 CI 计划的开发作业之前，应先从组织内部与外部两个方面对组织现存的实态进行调查工作，以获取必要的客观资料。

（二）设计开发阶段

这一阶段的任务是将第一阶段所设定的识别理念，转换成系统化的视觉传达形式，以具体表现组织精神。其中可分为三个步骤：

(1) 将识别性的抽象概念，转化成象征性的视觉要素。
(2) 开发基本设计要素，以奠定整理传播系统的基础。
(3) 以基本设计要素为基础，展开应用设计要素的开发作业。

（三）实施管理阶段

设计系统开发完成后，即全面导入实施 CI 的阶段。需由最高经营阶层至基层的员工来全面贯彻，内部统一后，方能对外进行传播。

CI 导入之初，规模较大的组织应在组织内部设立 CI 委员会，负责规划、执行、管理 CI 的运作，并定期实施 CI 进度、品质、成本的核对与检查。并继续聘用担负识别计划开发的设计顾问为组织顾问，从事日常执行情况的处理，协助组织全面推行 CI 并监督长期实施的效果。

（四）组织 CI 应用手册

CI 手册是一本阐述组织 CI 战略基本观点与具体作业规范的指导书，是 CI 整体内容的导向，能确保 CI 运行作业的水准，组织可以参照手册中的规则来检查自己的管理体系，可以说 CI 手册是组织极重要的智慧资产。

制定 CI 手册的目的在于统一整体的组织形象，贯彻设计表现的精神，将组织情报传达的每个设计要素，以简明正确的图解来说明 CI 计划的意图与概念，以及整体设计的传播体系，作为所有设计的最高规则。

CI 手册的编制根据具体组织情况的不同，内容有所差异，但至少应该有以下五方面的内容：

1. 总论部分
- 组织领导如董事长、总经理的致词。
- 组织经营的理念与发展规划展望。
- 导入 CI 的目的。
- CI 手册使用方法的概论。

2. 基本要素
- 标志、标准字、标准色。
- 标志、标准字、标准色的变体设计。
- 标志、标准字、标准色的制图法与标准色的标示法。
- 附属基本要素。

3. 基本要素组合系统
- 基本要素组合规范。
- 基本要素组合系统的变体设计。
- 禁止组合的范例。
4. 应用要素
- 办公系统(信封、信笺、文件夹等)。
- 环境系统(建筑物外观、营业环境等)。
- 标识系统(路标指示、招牌等)。
- 服饰系统(员工服装及饰物等)。
- 运输系统(业务用车、手推车等)。
- 包装系统(产品外观、大小包装等)。
- 广告系统(各种广告媒体设计)。
5. 标志、标准字印刷样本及标准色色样
- 标志、标准字印刷样本。
- 标准色色样。

二、VIS 的设计与开发

VIS 是一个严密而完整的视觉符号系统。它的特征在于展示清晰的"视觉力"结构,从而准确地传达独特的组织形象,通过差异性面貌的展现、从而达成公众对组织的认知与识别的目的。

作为同时兼顾艺术品与识别图形之双重性的特定符号,VIS 具有美学的与社会的规则,这种双重内涵的聚合构成使它具有丰富的表现力,因而在传达信息、达成识别的作用方面往往较之以往单一标志符号具有更大的优越性与冲击力。因此可以说 VIS 符号系统是人类传播符号发展中一个标志性产物,它在人类社会生活中占有重要的地位。

VIS 中包括标志、标准字、标准色、象征图案、组织造型、版面编排模式等基本要素,下面逐个加以论述。

(一)标志

在 VIS 中,标志是应用最广泛、出现频率最多的要素,它启动所有视觉设计要素的主导力量,是统合所有视觉设计要素的核心。更重要的是,在消费者心目中标志与特定组织、特定品牌是同一个事物。

标志在 VIS 中具有如下的特性:

(1)识别性。这是组织标志在视觉传达中的基本功能,在 VIS 设计开发中通过整体性的规划与精心设计所产生的造型符号,具有个性独特的风貌和强烈的视觉冲击力,因此在组织传达中是最具认知识别机能的设计要素。

(2)领导性。标志作为组织视觉传达要素的核心和主导力量,在视觉识别计划的各个要素展开设计中居于重要的地位,而且是不可少的构成要素,扮演着决定性、领导性的角色,统领着视觉传达的其他要素。

(3)同一性。组织标志是组织经营抽象精神之具体表征,代表着组织的经营理念、经营内容、产品的特质。因此,消费大众对组织标志的认同就等于对组织的认同,形成固定的印象模式,所以标志一经确定为某种标准样式,就不能任意更改或破坏,否则会影响消费大众对组织的信心,更会产生对组织不利的负面印象。即使因为某种特殊原因需要变更组织标志,也应采取慎重的态度,不能草率从事。

(4)时代性。标志是组织同一化的表征,在组织VIS中居于核心和领导的地位,在当今消费意识与审美情趣急剧变化的时代,人们追求流行时尚的心理趋势,使标志面临着时代意识的要求,要吻合时代潮流。为表明组织求新求变,勇于创造,消除落后于时代的陈旧老化的印象,必须在一定时期对原有的组织标志加以检讨改进,增加新颖的造型要素,确定清新明确的表现形式,设计出兼顾新旧特质的标志,以满足时代的需求。

(5)延伸性。标志在运用中要出现在不同的场合,涉及不同的传播媒体,因此它必须有一定的适合度,即具有相对的规范性的弹性变化。为了适应这种需要,标志在VIS的设计展开中必须具有延伸性,即除了有一标准的设计形态外,还需要有一定的变体设计,产生具有适合度的效果与表现。

(6)系统性。作为VIS中的标志的设计,必须考虑到它与其他视觉传达要素的组合运用,因此必须具备系统化、规格化、标准化的要求,作出必要的应用组合规范,以避免非系统性的分散混乱的负面效果。在集团组织之间关系上,可以采用不同的图案编排组合方式,来强化关系组织系统化的精神。

(二)标准字

从设计层面上来看,标准字是泛指将某种事物、团体的形象或全称整理、组合成一个群体性的特殊字体。

标准字是VIS中基本设计要素之一,因种类繁多,运用广泛,几乎涵盖了视觉识别符号系统中各种应用设计要素,因而其重要性不亚于标志。标准字能将组织的经营理念、规模性质等,通过文字的可读性、说明性等明确化的特性,创造个性独特的字体,从而达到组织识别的目的,塑造独特的组织形象。

由于文字具有明确的说明性,可以直接传达组织的名称与性质,通过视觉、听觉的同步运动,可以强化组织形象,补充说明图形标志内涵,正因为这样,字体标志应运而生,并得到很快的发展,日益受到人们的重视。

与一般文字相比较,标准字在字体上的最大差别在于除造型外观不同之外,还具有特定的配置关系,一般文字的设计出发点着重于字体的均衡组合,可依据需要进行上下左右的任意组合。标准字则不相同,它是根据组织品牌名称、活动的主题与内容,在字体之间的宽幅、策划的配置、线条的粗细、统一的造型要素等方面均进行过周密的规划而精心设计的。与一般文字特别不同的是在文字的配置关系上,经过视觉调整的修正,达到了空间的均衡与结构的和谐,具有独特的美感和造型效果。这是一般文字所不能比拟的。

(三)标准色

标准色是指组织为塑造独特的组织形象而确定的某一特定的色彩或一组色彩系统,运用在所有的视觉传达设计的媒体上,通过色彩特有的知觉刺激与心理反应,以表达组织的经营理念和产品服务的特质。

标准色由于具有强烈的识别效应,因而已成为经营策略的有力工具,日益受到人们的重视,在视觉传达中扮演着举足轻重的角色。色彩除了自身具有知觉刺激,引发生理反应外,更由于人类的生活习惯、宗教信仰、自然景观等的影响,使得人们看到色彩就会产生一定的联想或抽象的感情。如可口可乐的红色洋溢着热情、欢快和健康的气息;柯达胶片的黄色充分表达了色彩饱满、璀璨辉煌的产品特质;美能达相机的蓝色给人以高科技光学技术结晶的联想;七喜汽水的绿色给人以生命活力的感受等,都是借助色彩的力量来确立组织、品牌形象的成功范例。

（四）组织造型

为了塑造组织识别的造型符号,给人以强烈的视觉印象,选择特定的人物、动物、植物作成具象化的造型,以其风格夸张、亲切可爱、幽默滑稽的形态捕捉消费大众的视线,以强化组织性格,表达产品或服务的特质,更贴近消费者。所以组织造型又有一个人们非常熟悉的名称叫组织的"吉祥物"。

组织造型或"吉祥物"的设计题材大致有如下几类：

（1）人物类。如麦当劳快餐的"麦当劳叔叔",肯德基快餐的"山德士老先生",桂格燕麦片的"桂格老人",星辰表的"星辰宝宝",歌林电器的"歌林服务员"等。

（2）动物类。如彪马运动鞋的"飞豹",鳄鱼服装的"鳄鱼",大荣百货的"猩猩",韩国国民银行的"喜鹊",三菱汽车的"野狼",太平洋房屋组织的"袋鼠"等。

（3）植物类。如日本劝业银行的"玫瑰"等。

（4）产品类。法国米其林组织的"米其林轮胎人",台湾台塑组织的"普拉士弟",瓦特涅斯的"酿酒桶"等。

组织造型的基本形态设定后,可依照组织经营内容、宣传媒体、促销活动进行各种变体设计、并赋予以不同的动态、姿势、表情,以加强组织造型的说明性与亲切感,使其在视觉传达中发挥更好的影响力和表现力。

（五）组织象征图案

在视觉识别系统中,象征图案是作为一种附属与辅助性的要素出现的,配合标志、标准字、标准色、组织造型等基本要素而被广泛灵活地运用,起着不可忽略的功能作用。

象征图案与视觉传达设计系统中的基本要素是一种主从与宾主的关系,以配合设计的展开运用。作为带有一种线或面的视觉特征的设计要素,往往能与具有点的特征的标志、标准字、组织造型等基本要素在画面上形成主次、强弱、大小等对比呼应关系,丰富与强化画面的视觉传达效果,增强了视觉传达的力度与感召力。

（六）组织广告及宣传版面编排模式

组织广告及宣传版面编排模式是指在平面设计的版面上塑造统一性的设计形式,是一种具有差别化、风格化的编排模式。它不仅是创造引人注目的吸引力,而且对组织形象有强烈的识别性,因此逐渐成为设计家重视的设计要素。

在 VIS 中规划一套同一性、系统化并富有延伸性的编排模式,已成为当今有名大组织规划视觉识别计划的重点之一。

第十章 公共关系危机管理

第一节 公共关系危机管理概念

一、公共关系危机的定义

(一)危机的定义

关于危机的定义,至今学界还没有一个统一的概念。研究学者分别从不同的角度提出了各自的观点。从词源上考察,"危机"(crisis)一词来源于希腊语,它是用来形容人濒临死亡的一个医学术语。在英文韦氏词典中,"危机"被定义为"有可能变好或变坏的转折点或关键时刻"。① 研究危机的先驱 C. F. 赫尔曼(Hermann)认为:危机是威胁到决策集团优先目标的一种形势,在这种形势中,决策集团做出反应的时间非常有限,且形势常常向令决策集团惊奇的方向发展。② 荷兰莱登大学危机研究专家乌里尔·罗森塔尔(Rosenthal)在赫尔曼定义的基础上进行了修改,他认为:危机就是对一个社会系统的基本价值和行为准则架构产生严重威胁,并且在时间压力和不确定性极高的情况下,必须对其做出关键决策的事件。③ 学者巴顿(Barton)认为,危机是"一个会引起潜在负面影响的具有不确定性的大事件,这种事件及其后果可能对组织及其人员、产品、服务、资产和声誉造成巨大的损害。"④

上述定义中,赫尔曼、罗森塔尔和巴顿的定义较为有代表性。赫尔曼对危机的定义着重是从决策的角度分析的。他认为危机本身就是一个决策过程,这种决策过程不同于常态,它强调的是决策者对"形势"的判断与迅速反应。但显然这个定义过于狭窄,危机的内涵不仅仅包括决策。罗森塔尔的定义是针对赫尔曼的局限性修改的,他更强调危机的本质:是对一个社会系统的基本价值和行为准则架构产生严重威胁。巴顿的定义则是将危机的表现形态展现出来,诸如"对组织及其人员、产品、服务、资产和声誉造成巨大的损害。"他的概念还注意到了传播沟通以及形象和声誉在危机中的重要性,从这个意义而言它涉及了公共关系的基本要素。

按照罗森塔尔的定义,危机可以是自然灾害,也可以是人为因素引起的冲突、战争等;危机既可以发生在企业,也可以发生在政府等组织中。而危机就如同"纳税和死亡一样不可逃避"。

---

① 薛澜,张强,钟开斌:《危机管理——转型期中国面临的挑战》,清华大学出版社,2003年版,第25页。
② C. F. Hermann, International Crises: Insights From Behavioral Research(New York, Free Press, 1972). P. 13. 转引自中国现代国际关系研究所危机管理与对策研究中心:《国际危机管理概论》,时事出版社,2003年版,第5页。
③ Rosenthal Uriel, Charles Michael T. ed. Coping with Crises: The Management of Disasters, Riots and Terrorism. Springfield: Charles C. Thomas, 1989 转自薛澜,张强,钟开斌:《危机管理——转型期中国面临的挑战》,清华大学出版社,2003年版,第25页。
④ [澳]罗伯特·希斯:《危机管理》,王成、宋炳辉、金瑛译,中信出版社,2001年版,第18~19页。

（二）危机管理的定义

危机管理（crisis management）在西方研究中又被称为紧急事件管理（emergency management），紧急事件的风险管理（emergency risk management）和灾难风险管理（disaster risk management）。"危机研究和管理的目的就是要最大限度地降低人类社会悲剧的发生"。①

在危机日益频繁爆发的今天，人们身边的危机事件越来越多。但会发现同是危机事件，其结果却不尽相同。例如人们熟知的"三株口服液"因"人命官司"而一蹶不振（见案例1）；而美国的强生"泰莱诺尔"药片却在"中毒死亡"事故中获得了新生，赢得了更高的美誉度（见案例2）。这两个案例说明危机发生后，采取不同的危机管理会获得不同的结果。这种危机管理的过程就是危机管理，它能够在危机发生后，将危机转化为潜在的生机。"危机研究和管理的目的就是要最大限度地降低人类社会悲剧的发生"。②

在危机中，组织采取不同的危机管理就会有不同的结果。"任何组织形态在经历危机状态的过程中，都可能面临着三种截然不同的结局。"③一种是由于组织采取了果断有利的危机管理而使组织的危机损失尽量减少到了最少，组织从危机中获得了生机；另一种是组织在面临危机时，由于未能采取正确、及时的危机管理措施而使组织在危机中丧失机遇，遭遇失败；最后一种是组织采用的危机管理措施虽然使组织避免了暂时的危难，但从长远发展看却未能使组织真正恢复生机。

由此可见危机管理的重要作用。那么如何进行危机管理呢？学者观点不尽相同。格林（Green）注意到危机管理的一个特征是"事态已发展到无法控制的程度"。一旦发生危机，时间因素非常关键，减少损失将是主要的任务。危机管理的任务是尽可能控制事态，在危机事件中把损失控制在一定的范围内，在事态失控后要争取重新控制住。④

米特罗夫（Mitroff）和佩尔森（Pearson）认为，收集、分析和传播信息是危机管理者的直接任务。危机发生的最初几小时（或危机持续时间很长时的最初几天），管理者应同步采取一系列关键的行动。这些行动是"甄别事实，深度分析，控制损失，加强沟通。"⑤

罗伯特·希斯（Robert Heath）对于危机管理的理解是通过图形表现出来的，通过图10-1可以看出，在整个危机管理过程中包括了两个阶段：一是危机初期的反应阶段；二是危机后期的恢复阶段。它强调了危机中的"公众认知"因素，即公众在初期受到的多为事件产生的"物理影响"，在后期则多为"精神影响"。这揭示了危机管理中应当重视组织与公

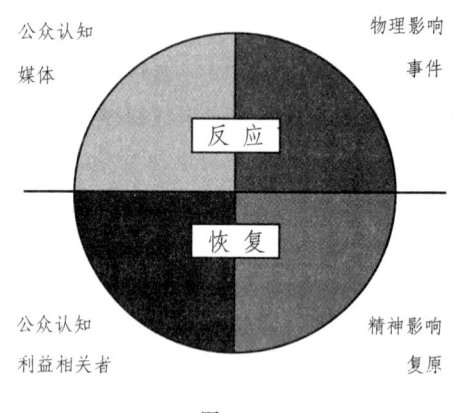

图 10-1

---

① ② R. T. Curr, ed. Handbook of Political Conflict: Theories and Research. Collier & Macmillan Publisher Co. 1981. 胡宁生：《中国政府形象战略》，中共中央党校出版社，1999年版，第159页。
③ 薛澜，张强，钟开斌：《危机管理——转型期中国面临的挑战》，清华大学出版社，2003年版，第42页。
④ 薛澜，张强，钟开斌：《危机管理——转型期中国面临的挑战》，清华大学出版社，2003年版，第43页。
⑤ ［澳］罗伯特·希斯：《危机管理》，王成、宋炳辉、金瑛译，中信出版社，2001年版，第19页。

众的沟通,应针对公众在危机事件不同发展阶段的反应及时进行危机传播与管理。在这种与公众的沟通中重新恢复组织的信誉,重塑组织的形象,实现危机管理的最终目标:最大限度地减少组织的一切损失,包括形象、声誉等。

上述学者对危机管理的定义可以归纳为两个方面:其一,危机管理就是要尽可能控制事态,减少损失。为了达到这个目标组织需要针对危机的特点分阶段进行危机管理,危机管理实质上可以划分为事前、事中和事后三个阶段的管理。既强调危机前的预防,更强调危机消除。其二,危机管理的过程就是危机信息传播与沟通的过程。只有最大限度地及时掌握信息,才能够为危机管理做出可靠、可行的决策,才能够进行"公众认知",最终恢复组织信誉与形象。

案例1 三株口服液"人命官司"[①]

三株公司是一个靠30万元起家的民营企业,主产品为掌门人吴炳新创造的三株口服液。正是这个三株口服液,创造出中国保健品发展史上的"三株神话"——1994年销售额达1.25亿元;1995年销售额达23亿元;1996年销售额达80亿元;1997年销售额为70亿元。

1996年6月,身患冠心病、肺部感染、心衰竭、肥大脊柱炎、低钾血症等多种疾病(二审法院已查明)的77岁老人陈伯顺,经医生推荐服用三株口服液。后来陈伯顺皮肤出现病状,当年9月在一家诊所治疗无效后病故。1996年12月,陈伯顺之子陈然之向常德市中级人民法院起诉三株集团。1998年3月31日,湖南省常德市中级人民法院做出一审判决:消费者陈伯顺喝了三株口服液后导致死亡,由三株公司向死者家属赔偿29.8万元,并没收三株公司非法所得1 000万元。

三株公司的"人命官司"震惊全国,各种媒体纷纷予以报道,"8瓶三株喝死一老汉"、谁来终结"三株?""三株红旗还能打多久?"等爆炸性"新闻",不时出现在200多家报纸、杂志上。对这一突发性意外事件缺乏预防的三株公司,1998年4月份(即审判后的第二个月)的三株口服液销售额就从上年的月销售额2亿元下降至几百万元,15万人的营销大军,被迫削减为不足2万人,生产经营陷入空前灾难之中,总裁吴炳新也被重重击倒。据三株公司介绍,官司给公司造成的直接经济损失达40多亿元,国家税收损失了6亿元。时隔一年,1999年3月25日湖南省高级人民法院作出二审判决,常德陈然之诉讼案,三株公司胜诉。陈伯顺老人的死亡与三株口服液没有关系,三株口服液是有益于人体健康的合格保健品。湖南省高级人民法院判定,原审判决认定事实、适用法律错误,应予改判。并依照《中华人民共和国民事诉讼法》判决如下:一、撤消常德市中级人民法院(1996)常民初字第39号民事判决;二、驳回陈然之、贺桃春、陈元英的诉讼请求。

由于本判决为终审判决,"常德事件"至此画上了句号。但就三株公司来说,虽在这场官司中最终胜诉,但却成为事实上的失败者。

案例2 强生"泰莱诺尔"中毒事件[②]

1982年9月29日和30日,在芝加哥地区发生了有人因服用含氰化物的"泰莱诺尔"药片而中毒死亡的事故。在此之前,该药控制了美国35%的成人止痛药市场,年销售额达4亿5千万美元,占强生公司总利润的15%。起先,仅3人因服用该药片而中毒死亡。可随着消息的扩散,据称美国全国各地有250人因服用该药而得病和死亡。一下子成了全国性的事件。

[①] 韦桂华:《三株为何枯萎——由三株官司看品牌的危机管理》,中国乡镇企业,1999(08)。
[②] [英]迈克尔·里杰斯特:《危机公关》,陈向阳、陈宁译,复旦大学出版社,1995年版,第3~5页。

强生公司经过对800万片药剂的检验,发现所有这些受污染的药片只源于一批药,总共不超过75片。最终的死亡人数只有7人,且全在芝加哥地区。为向社会负责,该公司还是将预警消息通过媒介发向全国,随后的调查表明,全国94%的消费者知道了有关情况。

强生公司后来重新向市场投放了这种产品,并有了抗污染的包装。由于强生公司成功处理了这一危机,它获得了美国公共关系协会当年颁发的银钻奖。事故发生后的5个月内,该公司就夺回了该药原所占市场的70%。为维护其信誉,据说强生公司在很短的时间内就回收了数百万瓶这种药,同时花了50万美元来向那些有可能与此有关的内科医生、医院和经销商发出警报。那时,美国政府和芝加哥地方政府以及其他地方政府正在制定新的药品安全法,强生公司看到了这个营销的好机会,并且果断采取了行动,结果在价值12亿美元的止痛片市场上挤走了竞争对手。他是医药行业对政府要求采取"防污染包装"以及美国食品和医药管理局制定的新规定作出积极反应的第一家企业。

(三) 危机管理与危机传播

危机传播(crisis communication)概念的引入常常与危机管理紧密相连。由此,危机管理与危机传播成为一对易为混淆的概念。危机传播的定义目前学界还存在争论。对于危机传播的研究主要集中于三个学科:传播学、管理学及公共关系学。

在深具传播学知识背景的学者看来,危机传播不过是人类传播过程中的一种特殊形式,因此对它的理解和研究均可运用传播学研究方法,重点研究危机传播过程中的传播效果、媒介、受众等变量。这一学派的代表人物是美国学者Kathleen Feam-Banks,他将危机传播定义为"在危机事件发生之前、之中以及之后,介于组织和其公众之间的传播。"[①]他认为一个有效的传播不仅能减轻危机,还能给组织带来比危机发生之前更为正面的声誉。而低劣的危机管理则会损伤组织的可信度、公众的信心和组织多年来建立起来的信任。

国内一些传播学者的观点与其相类似,例如喻国明等认为"危机传播可以通俗地理解为危机状态下的传播现象与传播行为。"危机传播方法的一般定义是指企业、组织或政府面对危机事件所采取的旨在减少危机损坏程度的沟通信息、树立形象的策略。[②]

还有学者认为,所谓危机传播是指针对社会危机的现象时,如何采取大众传播媒介及其他手段对社会加以有效控制的信息传播活动。它的目的在于,按照社会传播和新闻传播的规律,对危机管理过程进行干预和影响,促使危机向好的方向转化。[③]

这些观点表明,危机传播是危机管理的次一级研究领域,危机管理中的信息搜集、分析、处理以及沟通传播等管理内容都属于危机传播的管理范畴。

管理学者及有管理学背景的学者一般将危机传播视作一种特殊的管理活动来经营,将危机传播策略作为管理策略中的一种来运用。

西方尤其是美国学者大都认为危机传播(crisis communication)实质上就是危机管理(crisis management)。其代表人物是库姆斯(Coombs),他认为危机传播的研究都是强调危机应对策略的选择,即组织(organization)在危机后"说什么"和"做什么",而这种策略选择本身就是管理的

---

① W. Timothy Coombs. Teaching the crisis management/communication course. Public Relations Review 27, 2001:89–101.
② 喻国明等:《突发公共危机背景下的传播路径、效果与策略研究——以SARS疫情的传播研究为例:公共危机启示录——对SARS的多维审视》,第107—147页。
③ 张任明:《迅速开放传播通道——公共危机中政府传播对策》,传媒观察(http://www.chuanmei.net)。

过程。

西方学者不少是从公共关系(public relations)的角度来解释危机传播的。公共关系中有一项非常重要的内容就是危机公共关系。危机公共关系是指在危机管理的过程中借用公共关系手段来处理,如信息监测与传播、媒体关系管理等。因此,危机公共关系与危机传播的基本策略是非常相似的。美国学者 Jonathan Bernstein 就认为,从更专业的角度看危机公共关系可以称为危机管理或危机传播。① 公共关系的作用就是通过与公众(内部和外部)进行及时、诚恳的交流与沟通去传达信息和策略,进而稳定、协调和融洽环境。公共关系在调查阶段尤其重要,因为可以由此拥有更多的机会去影响公众对媒体的看法。通过公共关系来研究危机传播的学者还包括美国马里兰大学(University of Maryland)的格鲁尼格(James E. Grunig)教授,他认为良好的危机传播始于危机爆发之前,在决策之前于公众沟通是解决问题和危机的最有效的方法。如果一个公共关系人员不能在危机爆发前与公众沟通,那么解决冲突的机会则非常之小。②

由此可见,危机传播只是一个研究领域,不同的学科可以从不同的角度进行描述、分析和研究,这完全符合危机传播的综合性、实践性和跨学科性的特点,有助于丰富危机传播的研究视角、方法和手段,从而促进学科的健康发展。尽管这三个学派的研究侧重点不一,但都共同关注和强调信息在处理危机事件中的核心地位与作用。不管是危机前的信息预警,还是危机爆发后的新闻发布和公众沟通,抑或是危机后期的形象修复等,无一不需要调动一切信息传播手段来进行处理。因此,英国学者迈克尔·里杰斯特一针见血地指出,"只有进行有效的传播管理,才能进行有效的危机管理"③,这的确是对危机传播本质特征的精准把握。

在整个涉及危机的研究中,危机管理(crisis management)、危机传播(crisis communication)风险管理(risk management)和风险传播(risk communication)都是紧密相连的概念。通过对上述危机管理与危机传播概念的梳理,不难看出:危机管理旨在如何管理危机并最大限度地避免之;危机传播重在最大限度地向内外公众以及媒体告知事件的信息;风险管理是识别危险并预测相关的危机公众的风险;风险传播则是在危机发生的各个阶段如何与公众进行沟通。实质上,风险传播就是危机传播。④ 综上,危机管理与危机传播等相关概念的研究大多来自西方理论界对企业的观察所得,危机管理的运用也最为企业所熟悉。但随着全球化与信息化的迅猛发展,危机无论对于企业还是政府而言都是一种不可回避的"常态"。

(四)危机管理的阶段分析模型

危机管理的目的在于使人们能够认识危机,降低和减少危机带来的破坏或损失。针对危机管理的过程进行分析,可以更加清楚地运用危机管理。

危机管理的阶段划分主要有四阶段说、五阶段说和三阶段说。其中四阶段说中比较有代表性的有 PPRR 说,即预防(Prevention)、准备(Preparation)、反应(Response)、恢复(Recovery);MPRR 说,即减缓(Mitigation)、预防(Prevention)、反应(Response)、恢复(Recovery);罗伯特·希斯(Robert Heath)提出的 4R 说:减少(Reduction)、预备(Readiness)、反应(Readiness)、恢复(Re-

---

① Jonathan Bernstein. The biggest mistakes in crisis communication. http://www.bernsteincrisismanagement.com/articles.html
② James E. Grunig how to measure your results in a crisis. Rev(21). 2002-5-3.
③ [英]迈克尔·里杰斯特:《危机公关》,陈向阳、陈宁译,复旦大学出版社,1995 年版,第 30 页。
④ Rene Henry: You'd better have a hose if you want to put out the fire: the complete guide to crisis and risk communications: Professionnal tios, tactics, dos, d on'ts and case histories Windsor, CA: Gollywobbler productions, 2000.

covery)。①

斯蒂文·芬克(Steven Fink)在1986年提出了四段论,较为完整地概括了上述阶段说的内容。第一个阶段是危机潜在期(prodromal)。危机处于萌芽阶段,最容易控制但却最难被察觉。所以这个阶段最重要的工作就是预防。第二个阶段是危机突发期(breakout or acute)。危机事件爆发,呈现出急剧性与严峻性。社会价值系统等受到急速冲击,危机表现出极强的破坏力。危机突发期有四个典型的特征:① 在强度上事态逐渐升级,由不为人所知达到引起公众广泛注意;② 事态引起越来越多媒体的注意;③ 烦扰之事不断干扰正常的活动;④ 事态影响了组织的正面形象和团队声誉。第三个阶段叫做危机蔓延期(chronic)。这是危机过程中时间最长的一个阶段,而危机蔓延的时间取决于危机管理的有效性。良好有效的危机管理可以缩短危机蔓延期,反之则会延长危机的时间。因此这个阶段决策者能否进行有效的危机管理是至关重要的。第四个阶段叫做危机恢复期(resolution),也可以称为危机解决阶段。但这个时期组织更需要保持警惕,及时总结经验,进行有效的预警,防止危机的复发。

米特罗夫(Mitroff)将危机管理分成五个阶段:信号侦测——识别新的危机发生的警示信号并采取预防措施;探测和预防——组织成员搜寻已知的危机风险因素并尽力减少潜在损害;控制损害——危机发生阶段,组织成员努力使其不影响组织运作的其他部分或外部环境;恢复阶段——尽可能快地让组织运转正常;学习阶段——组织成员回顾和审视所采取的危机管理措施,并整理使之成为今后的运作基础。②

三阶段主要是将危机过程分为危机前的事前管理,危机发生时的事中管理,危机恢复即危机后的事后管理。事前管理需要注重对危机管理意识的培养;危机管理体制的建立;危机管理资源的保障和危机管理技能的培训。事中管理包括危机信息的获取与传递,危机机构的建立和危机计划的制定与实施。事后管理就是危机的恢复管理,不仅需要对结果进行评估,还需要制定恢复管理的计划等。③

(五)公共关系危机的定义

1. 公共关系危机与危机公共关系辨析

危机发生的领域众多,类型各异,诸如企业危机、政府危机,品牌危机、形象危机等。公共关系作为"组织与公众之间的传播管理"也同样会面临危机状态。公共关系危机强调组织在遭遇危机事件后,组织内部的管理出现混乱,组织与公众之间的传播管理遭到破坏,进而使组织形象受损。而危机公共关系则是指在危机管理的过程中,借用公共关系手段进行危机管理。其内容包括一系列的公共关系活动,如信息监测与传播、媒体关系管理等。例如中美天津史克制药有限公司(简称中美史克)在2000年11月因PPA事件使康泰克和康得两种产品受到巨大影响,国内媒体纷纷予以报道,公司正常的公共关系状态受到了损害,这表明其出现了公共关系危机。而之后中美史克迅速委托中国环球公共关系公司为其进行危机管理。中国环球公共关系公司在充分调研的基础上提出了媒体关系管理策略,即通过召开媒介恳谈会等公共关系活动,有效传播并强化中美史克的消费者健康至上的理念。通过一系列良好的公共关系活动尤其是媒体关系管理,

---

① 薛澜,张强,钟开斌:《危机管理——转型期中国面临的挑战》,清华大学出版社,2003年版,第45页。
② 薛澜,张强,钟开斌:《危机管理——转型期中国面临的挑战》,清华大学出版社,2003年版,第46页。
③ 刘晓波:《"企业危机"管理》,东方企业家。

中美史克"PPA危机"转变成了生机,无PPA的新康泰克成功上市。中国环球公共关系公司所进行的就是危机公共关系,它通过运用公共关系手段参与危机的处理与解决(见案例3)。

公共关系危机是危机的一种表现形态,即组织的传播沟通管理等活动处于危机状态;危机公共关系则是危机的一种处理手段,即将公共关系手段运用于危机管理过程中。因此,二者不能相互替代使用。

案例3 中美史克PPA事件①

中美天津史克制药有限公司是一家现代化合资制药企业,自1987年10月投资建厂以来,年生产能力23亿片(粒、支)。其代表产品康泰克、芬必得、康得等在中国已家喻户晓。其中康泰克为支柱性产品,年销售额在6亿人民币左右。

2000年11月6日,美国食品与药物监督管理局(FDA)发出公共健康公告,要求美国生产厂商主动停止销售含PPA(苯丙醇胺)的产品。中国国家医药监督管理局(SDA)于2000年11月16日发布了《关于暂停使用和销售含苯丙醇胺药品制剂的通知》,以红头文件的形式发至中国各大媒体。在15种被暂停使用和销售的含PPA的药品当中,包含了中美史克天津制药有限公司生产的康泰克和康得两种产品。

中国SDA通告一出,顿时引起社会的极大关注。媒体争相报道,经销商纷纷来电,康泰克多年来在消费者心目中的优秀品牌地位陷入危机之中。

中美天津史克制药有限公司迅速委托中国环球公共关系公司,启动危机管理工作系统。中国环球公共关系公司迅速对该公司面临的状况做了全面而周密的调查研究。经过调研,他们认为中国政府主管部门和中国各大媒体均已直接或间接介入此次事件。危机管理是否有效取决于对舆论的引导。据此他们制定了策略:通过中国媒体有效传播并强化中美史克在PPA事件处理过程中的坚定态度——坚决支持中国政府主管部门的决定;公司视消费者利益为上,视中国人民健康为上。2000年11月20日,在北京国际俱乐部饭店召开媒介恳谈会。56家媒体参加了会议,其中文字媒介共47家(中央级媒介29家、地方媒介18家;北京当地媒介14家、外埠媒介7家)、电子媒介共7家(包括CCTV东方时空等8个栏目)。新闻发言人由中美天津史克制药有限公司总经理杨伟强先生担任,他在中国工作了近20年,非常了解中国国情,具有出色的沟通能力,并讲一口流利的普通话。恳谈会后,继续开通咨询热线,集中处理与本次危机事件有关的后续新闻采访,在与媒体积极的沟通过程中,向其传递积极合作的态度,广交朋友。

事隔289天之后,他们又充分利用PPA事件危机管理期间赢得的良好媒体关系,在中国媒体间进一步表明中美史克为消费者利益和为中国人民健康着想的态度。同时把不含PPA的新康泰克推出。2001年9月3日,同样在北京国际俱乐部饭店,中美史克召开了"新康泰克上市北京新闻发布会",会议共邀请了69家媒介。之后,又在上海、广州和成都召开了记者招待会。自2001年9月3日,新康泰克陆续出现在全国各大药店,并取得了难得的销售业绩。有效的媒体管理帮助中美史克走出PPA阴影,不仅保护了康泰克的品牌,更为新康泰克重新赢得昔日"老大"的地位。

2. 公共关系危机的定义

随着市场经济的深入发展,形象与声誉对于任何组织而言都是一笔宝贵的无形资产。借助

---

① 郭惠民主编:《中国最佳公共关系案例选评》(之五),复旦大学出版社,2003年版,第23~36页。

公共关系来塑造、维护、提升组织形象,传播组织文化理念成为各类组织不可忽略的管理要素。"一个企业具备的公共关系能力包括:沟通能力、强烈的品牌意识和科学的危机管理手段。"①这一说法可以推而广之到各种组织中。危机已经越来越成为组织发展的"常态",由此如何认识公共关系危机就愈加重要。

"公共关系危机的本质是形象危机、信誉危机。其典型的表现形态是舆论危机:即社会传媒和社会公众对组织的负面态度和负面意见的公开报道、流传和表达。"②这一概括是从公共关系的传播概念上延伸出来的,它着重强调的是公共关系进行传播管理的功能。但作为危机的一种类型,公共关系危机还应涉及到组织的决策等方面。

按照上文罗森塔尔对危机的界定,可以把公共关系危机定义为:对组织的公共关系管理系统及组织与公众的传播与沟通活动造成威胁,使组织的声誉和形象受损,在时间和不确定性极高的情况下迅速做出决策的事件。

(六)公共关系危机管理的定义

危机管理的目的是最大限度地减少危机带来的损失和伤害。公共关系危机管理同样遵从这一原则,它旨在最大限度地化解公众对组织的信任危机,减少组织的美誉度损失,重塑组织的良好形象。

正如米特罗夫和佩尔森所认为的:收集、分析和传播信息是危机管理者的直接任务。对于公共关系危机管理而言,这一任务就更为重要。公共关系的常规状态就是建立在组织内部及组织与公众之间的双向信息交流之上的,传播与沟通是公共关系最为重要的管理要素。当公共关系呈现非正常状态即危机状态时,信息的传播与沟通不是少了而是更多了;不是可有可无,而是必不可少了。因此公共关系危机管理的过程就是危机信息传播管理的过程。在公共关系危机潜在期,组织需要及时收集、监测、分析信息,进行危机预警;在爆发期,组织需要迅速掌握第一手材料,在最短时间内向公众告知,与公众沟通,满足公众的知晓权;在蔓延期则需要做耐心的解释、宣传等工作,稳定公众的情绪;在恢复期需要继续不间断地与公众保持信息沟通与交流,吸纳民意,总结危机经验与教训。

因此,公共关系危机管理就是危机传播管理。它通过对危机信息的传播与沟通,获得公众的理解与支持,最大限度地减少危机带来的形象损失和信誉损失。

二、公共关系危机的特征

公共关系危机既具有一般危机的特征,如突发性、不确定性;还具有其自身的特征,如舆论关注性、"连锁"破坏性和"溢出效应"性等。

(一)突发性

突发性是公共关系危机最为明显的特征。"在逻辑上就可以说,危机必定是突发事件,然而突发事件未必就形成危机。"③公共关系危机的突发性表现在两个方面:一是时间短。公共关系危机一旦爆发,就会在短时间内对组织声誉、形象产生强烈冲击。由于突然发生,决策者需要进

---

① 《企业家的公共关系化生存——首届中国企业家与公共关系高峰论坛》,化工管理,2003(08)。
② 郭惠民主编:《中国最佳公共关系案例选评》(之五),复旦大学出版社,2003年版,第36页。
③ 薛澜,张强,钟开斌:《危机管理——转型期中国面临的挑战》,清华大学出版社,2003年版,第27页。

行决策的时间亦极为有限。二是决策者面临巨大的心理压力。这种心理压力一方面由于决策时间紧迫,另一方面在于公共关系危机爆发后会引发舆论危机,即对组织的不良信息会通过各种渠道传播,尤其在互联网、手机短信息等传播工具日益发达的今天,危机事件会通过舆论迅速扩散,决策者的心理压力增大。

(二) 不确定性

公共关系危机具有不确定性,包含两个方面的内容。其一,公共关系危机呈现的状态不确定。公共关系危机可以表现为品牌危机、信任(誉)危机、经营危机、服务危机等方面。在具体的案例中,公共关系危机会表现为其中一种或几种兼有的状态,但这是组织在危机预防之后仍无法确知的内容。针对不同的公共关系危机形态,组织采取的危机管理策略也会有所不同。例如日本三菱汽车公司在中国境内的帕杰罗 V31、V33 越野车在 2000 年出现质量问题后,消费者对三菱公司的产品产生信任危机,三菱公司迅速在中国设立质量检修活动。(见案例4)。其二,不确定决策。就决策科学而言,决策分为常规性(确定性)决策和非常规性(不确定性)决策两种。公共关系危机是组织的公共关系管理呈现的非常态,因此其决策本质上是一种不确定性决策。

案例 4 三菱帕杰罗 V31、V33 越野车事件

2000 年 9 月 15 日,宁夏司机黄国庆在驾驶日本三菱帕杰罗越野车过程中,突然发现刹车失灵,险些造成重大交通事故。经专家分析和实验室鉴定后认定:日本三菱帕杰罗越野车在设计上存在严重问题,该款车在车内坐人并行驶于颠簸的道路上时,时间一长,就会造成后轴制动油管严重磨损直至出现漏洞,使制动液流出,造成刹车失灵。这是涉及行车安全的严重质量问题。

三菱帕杰罗 V31、V33 越野车是日本主要为出口中国而设计的车型,这两款车型分别于 1994 年、1996 年开始向我国出口,如今已经不再生产,国内正在使用的这两种型号车共有 7.2 万辆。深圳在初步检测三菱帕杰罗汽车时发现,有超过 4 成以上的车存在刹车油管严重磨损并出现漏油等隐患问题;云南省已发现近 300 辆三菱帕杰罗 V31、V33 越野车存在后制动油管被磨损的质量问题,其中后制动油管被磨损穿孔的就有 20 多辆。

2001 年 2 月 9 日,国家检验检疫局发布公告,吊销日本三菱帕杰罗 V31、V33 越野车的进口商品安全质量许可证书,禁止其进口。为确保安全,所有三菱帕杰罗 V31、V33 应尽快去三菱汽车特约维修站检修并更换后制动油管,凡未经检修并未更换改进设计的制动油管的日本三菱帕杰罗 V31、V33 越野车暂停使用。2 月 10 日,客户开始到特约维修站进行检修,部分车辆更换制动油管。

2 月 12 日,三菱公司宣布,召回检修旧款帕杰罗(V31、V33 于 1991 年 7 月开始生产,1999 年 12 月终止生产),并已将有关事宜通知了三菱汽车在中国的 4 家地区总代理及 44 家特约维修服务中心,只为有磨损的车更换设备。

2 月 15 日,三菱公司宣布将收回全球 150 万辆有潜在问题的汽车,其中包括日本国内市场的 40 多万辆和去年召回的 23.7 万辆。但我国境内的 7.2 万辆帕杰罗 V31 和 V33 越野车却不在此列,只召回中国境内 55 辆戈蓝车。

2 月 18 日,三菱公司就旧款帕杰罗召回一事在中国媒体上刊出整版广告,这是国内第一例汽车召回广告。2 月 21 日,三菱公司致函国家出入境检验检疫局,对中国帕杰罗 V31、V33 型越野车的用户表示歉意,表示对全部帕杰罗 V31、V33 的后制动油管进行无偿检修、更换。

2 月 23 日,日本三菱汽车公司终于改变以往的回避态度,表示将依据中国的法规,对中国用户提出的报告尽快进行彻底调查;对证明确为该公司产品的技术问题为起因的事故,将按照中国的法律给予补偿。在中国的"帕杰罗事件",给三菱这一世界级品牌蒙上一层阴影,给三菱品牌形象造成负面影响,同时也给其他企业一个警示:品牌形象实实在在地是由产品质量支撑起来的。

(三)舆论关注性

公共关系强调的是组织与公众之间的双向交流与传播,而这种传播的媒介往往是大众媒体。当公共关系危机发生后,媒体的传播功能非但不会减弱,反而呈现出高度的关注性。媒体对危机事件的集中报道会引发公众的高度关注,即媒体能够充分发挥议题设置功能。

危机状态下的组织对这种舆论关注性通常会有两类反应。一种是能够积极配合媒体,将组织及时处理危机事件的态度、勇于承担责任的组织形象通过媒体传播给公众,利用舆论关注转危为安。相反,另一种则表现为无视媒体的这种传播效应,拒绝与媒体合作,不提供信息或向媒体提供不真实的信息。在这种态度下,媒体的关注就会使组织的危机更加恶化。1999年6月,比利时和法国发生了可口可乐中毒事件。整个事件都由设在美国亚特兰大的可口可乐公司总部负责新闻发布。在近一个星期里,公司总部只是在公司网站上粘贴了一份专业调查报道,没有通过媒体向其消费者表示任何对此次事件的关切和其他信息。这种态度导致比利时和法国政府强烈要求可口可乐公司收回所有产品,很多消费者拒绝购买可口可乐产品。(见案例5)

案例5　可口可乐中毒事件①

1999年6月9日比利时和法国发生了可口可乐中毒事件,可口可乐公司遭遇了历史上罕见的重大危机。公司立即着手调查中毒原因、中毒人数,同时部分收回某些品牌的可口可乐产品,一周后中毒原因基本查清。

但从一开始,这一事件是由设在美国亚特兰大的可口可乐公司总部来负责对外沟通,这给公司的信息沟通带来很多的麻烦。近一个星期,亚特兰大公司总部得到的消息都是因为气味不好而引起的呕吐及其他不良反应,公司认为这对公众健康没有任何危险,因而并没有启动危机管理方案,只是在公司网站粘贴了一份相关报道,报道中充斥着没人看得懂的专业词汇,也没有任何一个公司高层管理人员出面表示对此事及中毒者的关切,导致消费者不再购买可口可乐软饮料,而且比利时和法国政府还坚持要求可口可乐公司收回所有产品。

在此次中毒事件中,可口可乐公司最大的失误是没有使比利时和法国的分公司管理层充分参与该事件的沟通并且及时作出反应。

(四)"连锁"破坏性

心理学上有一个概念,叫做"晕轮效应"。它主要说明对人或事情的看法会因一点而扩散开来。对于危机而言,其产生的后果如果处理不好,也会产生类似效果。米特罗夫和佩尔森将其称为危机管理中的"连锁反应"。②

公共关系危机会产生一种"连锁"破坏性,它具体表现为一系列的过程。当组织的公共关系管理呈现危机状态时,组织如果不能及时发布有效的信息,公众就会因获取不了足够的信息而产生不满情绪,甚至会通过口传等形式散布流言、谣言,造成舆论危机——这是破坏之一;在强烈的

---

① 薛澜,张强,钟开斌:《危机管理——转型期中国面临的挑战》,清华大学出版社,2003年版,第78页。
② [澳]罗伯特·希斯:《危机管理》,王成、宋炳辉、金瑛译,中信出版社,2001年版,第13页。

舆论压力下,组织的危机状态将会更加恶劣,而公众的不满情绪也会随之转化为对产品或组织的不信任,造成信任危机——这是破坏之二;公众对组织产生不信任意味着其交流沟通的基础就不存在了,依照这样的发展,组织最终会面临形象危机或者声誉危机,丧失组织最为宝贵的无形资产——这是破坏之三。

三株口服液的"人命官司"危机就呈现出了典型的"连锁"破坏性。

(五)"溢出效应"

"危机具有"溢出效应"(spillover effect)"[1]。公共关系危机的"溢出效应"表明危机不是封闭性地传播,而是发散式地传播。随着全球化的推进,信息的传播与流动将会更加突破地界与国界。在这种流动式的传播过程中,危机将越来越多地表现为全球性危机,其影响将不仅仅局限于危机爆发地。

对于企业而言,跨国企业面临的公共关系危机将不可避免,如可口可乐中毒事件、瓦尔迪兹号油轮漏油事件等;对于政府而言,全球性危机事件也同样频繁发生,例如"疯牛病"事件、"非典型肺炎"事件。这些都说明危机发生后,信息不可能出现真空,各种媒体都会在第一时间"抢新闻"。在公共关系危机中否认"溢出效应"就是"鸵鸟心理"的反映,而这直接会破坏组织的国际形象与声誉,丧失国际竞争力。2002年爆发的"非典型肺炎",在几个月内蔓延到了世界32个国家和地区就充分表明了这种"溢出效应"。

三、公共关系危机的类型

公共关系危机的类型划分主要有如下几个方面:

(一)按渊源划分

从公共关系危机发生的渊源划分,可以有两种类型的危机:自然原因导致的和人为因素导致的。这也就是通常所说的"天灾"与"人祸"。

(二)按组织类别划分

公共关系危机按组织类别划分主要是指依据行业属性划分,可以分为企业公共关系危机、政府公共关系危机、非营利组织公共关系危机等。这种划分是按具体的组织类别来判断的,推而广之,任何类型的组织都会面临公共关系危机。

(三)按性质划分

按公共关系危机性质划分,可以分为产品危机、服务危机、信任(誉)危机、舆论(媒体关系)危机、形象危机、品牌危机等。针对不同的公共关系危机类型,组织所采用的危机管理策略也应有所不同。

第二节 公共关系危机管理实务

一、公共关系危机管理的原则

迈克尔·里杰斯特强调"对危机持一种正确积极的态度"。这种态度体现在危机管理过程

---

[1] 胡鞍钢主编:《透视SARS:健康与发展》,清华大学出版社,2003年版,第10页。

中就是一系列原则：及时、主动、真实、公开、战略（全面）和公众至上。

（一）及时性原则

危机事件的显著特征就是突发性。对于组织、公众和媒体而言，应对突发性的关键就是迅速、及时的快捷反应。公共关系危机会引发组织与公众之间的传播沟通危机，形象、声誉危机，因此，在第一时间作出反应，采取应对策略就显得尤其重要。加拿大道氏化学公司的唐纳德·斯蒂芬森认为："危机发生的第一个24小时至关重要，如果你未能很快地行动起来并已准备好把事态告知公众，你就可能被认为有罪，直到你能证明自己是清白的为止。"①

及时有效的反应可以缩短危机的蔓延期（chronic），为组织争取解决危机的主动权，减少进一步的损失。日本雪印乳业公司是业界声誉卓著、信用可靠的一家公司。2000年6月27日，它生产的低脂牛奶发生饮用者食物中毒现象。事隔两天之后，雪印公司才公开承认有此事实，事情过了快一个月，雪印公司才在报纸以整版广告的形式向公众致歉，并且由于对发生问题的原因说明颠三倒四，导致公众认为其缺乏诚意。结果造成直接经济损失110亿日元，而间接损失是雪印品牌受损程度严重，据专家之言，要恢复原有信誉需10年之久。②

从这个案例可以看出，及时有效的危机管理能够迅速降低组织的损失，而相反的做法只能"贻误时机"，损失更大。

（二）主动性原则

主动是组织理念的反映。在危机管理过程中，组织的主动姿态能够表明组织承担责任的勇气和决心，而组织在危机管理中主动行为的前提是及时有效的第一反应。与其被动地做"鸵鸟"，遭受公众质疑与批评，不如主动制定策略，公开信息。

1984年12月3日午夜，在印度博帕尔美国联合碳化物公司印度分公司的一家工厂的地下储藏罐泄露有毒气体。第二天凌晨时已有1 200人死亡、20 000人中毒。当位于美国康涅狄格州的公司总部得到消息时，它立即向全世界各地的分公司发出指令，停止该种气体生产和运输，并且派出一个由一名医生、四名技术人员组成的小组赴印度调查事故原因。第二天，公司董事会长沃伦·安德森冒着被逮捕的危险飞到了印度博帕尔做第一手调查。危机当天，公司总部还在康涅狄格州的一家饭店举行了新闻发布会，解答了记者的提问，告诉记者公司已经采取的上述行动。③

美国联合碳化物公司总部在危机发生后所做的一切都充分反映了他们积极主动的处理原则。在第一时间调查事件过程，向媒体发布信息，表现了公司主动的态度和立场，受到了公众和媒体的理解与支持。

（三）真实性原则

公共关系危机管理的过程就是危机传播的过程。组织面对公众、媒体的信息必须真实、可靠。只有真实的信息才能安抚公众情绪，避免谣言与恐慌。虚假的信息只会起到事与愿违的作用，加剧公众猜疑与不满，恶化危机。

广西南丹"透水事件"就是违背真实性原则的典型案例。2001年7月17日凌晨3时许，南

---

① 韦桂华：《三株为何枯萎——由三株官司看品牌的危机管理》，中国乡镇企业，1999(8)。
② http://www.21emr.com/emr/jzwj.html
③ [英]迈克尔·里杰斯特：《危机公关》，陈向阳、陈宁译，复旦大学出版社，1995年版，第6~8页。

丹龙泉矿冶总厂拉甲坡矿发生特大透水事故,致使在拉甲坡矿、龙山矿和田角锌矿井下作业的81名矿工遇难。拉甲坡矿矿长黎家西、龙泉矿冶总厂总经理黎东明、分管南丹矿业的县委副书记莫壮龙、南丹县的党政干部万瑞忠与唐毓盛等人相互勾结在事故发生后掩盖真相,销毁罪证。后经媒体突破重重危险与困难得以报道出来,中央由于媒体的报道而高度重视,进行追查,最终使真相水落石出。

(四) 公开性原则

信息公开是公共关系危机管理中重要的原则。当今社会,信息化速度加剧,各种媒介技术日益发达,不可能存在"信息真空"。"没有你的信息,就是别人的信息;没有你的正面信息就可能是你的负面信息。"①信息不公开只会增加组织危机管理的成本。一味地"掩、盖、捂",信奉"沉默是金",都会使组织受损的声誉和形象更加恶化与丑化。

2003年2月8日起,广州出现了抢购板蓝根、醋恐慌。造成抢购恐慌的一个重要原因就是写有"广州发生致命流感,春节以来在几家医院有数位患者死亡"的手机短信息在民间广泛流传。2月12日,广州公共关系府召开新闻发布会,公开辟谣,澄清事实后,民众恐慌得到了很大程度的缓解。这表明信息公开是防止危机发生期间谣言传播、流言肆虐的最为有效的方式。

(五) 战略性原则

公共关系危机需要制定统一的战略计划,冷静、果断、统一地进行指挥协调和劝服解释。组织需要着眼发展的全局,将危机转化为生机,借危机转化为契机。

前文提到的"康诺"胶囊危机就有利地证明了战略性原则的重要性。当强生公司对回收的800万粒胶囊做完实验后发现芝加哥地区的一批胶囊中仅有75粒受氰化物的污染,但以强生公司的董事长伯克为首的7人委员会还是做出了在5天之内收回全部胶囊的决定。强生公司不是只看到眼前利益的损失(1亿美元),而是放眼长远,关注企业形象的持久生命力。

(六) 公众至上原则

公众的权益高于一切。对企业而言,公众是消费者;对政府而言,公众是公民。但无论角色如何,组织的生存与发展来源于公众的认可与信任。因此,公共关系危机强调危机中组织与公众的沟通交流,以确保公众的"知情权"得到满足,使公众获得尊重,赢得公众对处于危机中的组织的同情、理解与支持,最终维护组织形象。

在2004年的禽流感危机中,肯德基的危机公共关系就是非常成功的案例(见案例6)。抓住危机逼近的机遇,中国肯德基启动了危机管理机制,展开了一系列危机公共关系活动。借助"危机公共关系"这把杀手锏显示了国际知名企业成熟的管理文化。他们将上述的6项原则充分体现在危机管理过程之中,可圈可点。

案例6 肯德基应对"禽流感"

2004年伊始,"禽流感"在亚洲爆发并迅速传播蔓延。越南、泰国等国家的疫情尤为严重。继我国广西发现首例病例后,湖北、湖南、广东等省份也陆续发现疫情。由于这种病毒是通过禽鸟传播的,因此鸡、鸭等家禽饲养业损失惨重。而以家禽为主要原材料的饮食业也随之深受影响。

世界著名快餐连锁企业肯德基就是这众多受害者之一。越南由于疫情相对严重,肯德基曾

---

① 梁庆寅主编:《非典:反思与对策》,中山大学出版社,2003年版,第254页。

一度关闭在越南境内的所有分店,重新开张后也不再经营炸鸡等招牌产品,转而经营鱼肉汉堡、上校鱼块等食品。类似的情况也发生在泰国。①

这场传染性强的公共危机把肯德基推向了企业生死抉择的关头。拥有1 000多家肯德基餐厅的中国内地市场是否也会遭遇这次危机的重创？中国的消费者对于疫情的态度如何,是否也出现了闻"鸡"色变的状况？

针对这些问题,中国百胜餐饮集团(肯德基母公司)大中国区做了基本的调查了解,结果发现"肯德基目前在中国的1 000多家餐厅营业正常,但是随着疫情的扩大,在某些地区及商圈,顾客有所减少。"而此前不久,大年初七这一天,肯德基中国餐厅营业额猛增了15%。②无疑,"禽流感"危机正步步紧逼着中国肯德基市场。

第一,以我为主,真实第一。

首先,答疑辟谣。百胜餐饮肯德基广东市场经理崔先生在面见记者时说,"越南肯德基用鱼来代替鸡肉是因为那里根本没有可以杀的鸡了,原料供应出现了问题,并不是肯德基所用的鸡肉没有安全保障。"③中国消费者通过各种媒体报道早已了解到越南肯德基产品中的"鸡"变为"鱼",而且一些餐厅关闭的消息。这些消息对于中国公众的心理到底有多大程度的影响？对于越南餐厅的情况是否应当通过企业告知公众？这种自揭伤疤式的做法能否起到适得其反的效果？诸如此类的问题都可以成为肯德基是否发布真实信息的理由。肯德基高层管理人员在记者发布会上的发言表明,肯德基作为世界知名企业具备娴熟的危机公共关系能力,他们能够将真实地发布信息作为最高准则,从而避免了因真实信息的缺乏而造成公众疑惑进而发生恐慌。

其次,追根溯源。肯德基危机公共关系始终遵循真实性原则还体现在其公布"鸡肉源头"的追根溯源上。百胜集团(肯德基母公司)一方面强调,目前中国肯德基1 000家餐厅所需要的大量鸡肉产品100%都产自中国本地,这些供应商都是中国最有信誉和最具规模的,都已经通过了ISO9001认证和HACCP(危害分析和关键控制点)认证,所有产品均获得中华人民共和国国家出入境检疫局颁发的《检疫卫生注册证书》。另一方面肯德基供应商的每一批供货都要求出具由当地动物检疫部门签发的《出县境动物产品检疫合格证明》和《动物及动物产品运载工具消毒证明》,并证明所有的供货"来自非疫区,无禽流感"。④

对于消费者而言,最为重要的就是"鸡"是否来自疫区。为了消除消费者的恐慌心理,肯德基在危机公共关系的过程中把对"鸡肉"的源头把关做了真实、细致的信息公布。安全可靠、值得信赖的企业形象在"追根溯源"的过程中悄然树立起来,而危机公共关系的精髓所在也就显现出来了。

第二,应对及时,阻止恶化。

危机发生时具有突发性和不确定性。为了防止事态恶化,减少损失,危机管理就必须讲究时效性。加拿大道氏化学公司的唐纳德·斯蒂芬森认为:危机发生的第一个24小时至关重要,如果你未能很快地行动起来并已准备好把事态告知公众,你就可能被认为有罪,直到你能证明自己是清白的为止。⑤

---

①② http://news.sina.com.cn/w/2004－02－10/13502820778.shtml
③ http://www.ycwb.com/gb/content/2004－02/06/content_635578.htm
④ http://news.sina.com.cn/w/2004－02－10/13502820778.shtml
⑤ 韦桂华:《三株为何枯萎——由三株官司看品牌的危机管弹》,中国乡镇企业,1999(8)。

危机公共关系要求在危机管理的过程中,及时迅速地将各种有关危机事件的消息告知公众。延误、迟缓信息发布都会使危机加剧,危机公共关系实施的难度也将加大。

肯德基在"禽流感"爆发之后,并没有在越南等亚洲国家及时进行危机公共关系。他们采取的变"鸡"为"鱼"的策略也并没有取得良好的效果。可以说在一定程度上说明危机公共关系并不成功。在2004年2月初开始的大中国区的危机公共关系则可谓赶上了转危为安的末班车。虽然大中国区采取的一系列危机公共关系活动反映良好,但缺乏时效性却是最大的遗憾。

第三,全部告知,真诚流露。

将你所知道的全部告知公众,这是危机公共关系重要的传播策略。全部的、没有任何隐瞒的信息发布足以表明企业勇于面对危机的诚恳和坦诚。而诚恳对于危机中的企业而言不可小视。诚恳的态度能够获取公众的理解与宽容,减少危机公共关系的阻力。

肯德基在这次应对"禽流感"危机中,主动采取全部告知信息的策略,赢得了公众理解。他们在公布"鸡肉"源头等信息之后,又于2月5日首次公开了该品牌食品的基本制作工艺。① 自报"身家"秘诀,可谓诚恳之至。这种全面地、不打半点折扣的策略为其成功的危机公共关系增色不少。

二、公共关系危机管理的操作程序

按照前文中提及的危机管理的三阶段说:危机前、危机、危机后,我们将公共关系危机管理的操作程序分为危机预防(事前管理)、危机管理(事中管理)和危机恢复(事后管理)三个部分。

(一) 公共关系危机预防

"危机管理的关键是危机预防。"②公共关系危机预防包括两个方面的含义:一是预防危机发生的最好办法是平时注重组织的良好管理,塑造良好形象;二是针对公共关系危机建立专门的预警机制。

其一,公共关系危机预防在于平时的良好管理与形象塑造。任何一个组织的声誉和形象都需要经过较长时间的传播沟通,才能逐步建立起来。危机发生后,组织的形象会受损,公共关系危机管理的目的就是最大限度地减少组织形象的受损程度,那么良好的危机预防措施无疑就应该是组织平时的良好管理与运作。它所建立的形象资产就是防止危机、预防危机最有效的方法。

其二,组织常态下的良好管理固然重要,但随着各种危机爆发的频繁度越来越高,组织发生危机不可避免。诱发危机的原因很多,除了自身内部因素外,还有更多的原因来自外力的破坏。因此,公共关系危机预防需要建立一套完善、有效的危机预警机制。危机预警机制包括如下四个方面:

第一,建立信息监测(预警)系统。危机状态下的信息具有不确定性、稀缺性,因此,信息成为危机管理的关键。信息监测系统的建立旨在对危机信息的收集、分析、整理、预测等。① 信息收集。收集的信息不仅应包括潜在危机的征兆、信号,还应包括整个组织的机构运营状况,人员配备、物资储备等基本情况;不仅应包括组织内部的各种信息,还应包括组织外部的社会信息、媒体信息、公众意见等。② 信息分析。对上述收集到的信息应做具体分析,一类是分析潜在危机

---

① http://news.sina.com.cn/c/2004-02-07/18222796480.shtml
② [英]迈克尔·里杰斯特:《危机公关》,陈向阳、陈宁译,复旦大学出版社,1995年版,第130页。

的可能性;一类是分析潜在危机的破坏性;同时还应分析潜在危机的种类、诱发原因,以方便危机发生后的迅速处理。③ 提供预测。根据分析结果,该系统应及时进行预测,使组织进入危机准备状态。

第二,组建危机管理小组。组织的危机管理小组可以是专设机构,也可以是由各部门人员兼职组成的临时机构。危机管理小组必须获得授权,以使其在危机爆发后,能拥有危机管理的最高决策权力,调动所需资源。为此,危机管理小组的成员必须包括组织的最高决策者。同时危机管理小组的成员还应包括专业性的公共关系人员、组织管理人员、法律人员、财务人员等。危机管理小组还应承担起危机传播机构的职能,即在组织内部确保危机传播渠道以及反馈渠道的顺畅。

第三,充足的资源保障。资源保障包括两个方面:人力资源和物力资源。人力资源的保障重在对组织内部的员工进行危机意识的培养,同时要对公共关系危机管理的专业人员进行培训,以确保危机管理有一批训练有素的专职人员。物力资源则应注重组织机构的硬件建设,提供危机管理所需要的各种物资保障。例如,2003年"非典型肺炎"期间,广州出现抢购板蓝根恐慌,导致板蓝根脱销,物价上涨。这表明充足的物资保障是十分必要的。

第四,仿真"演习"。任何组织的危机预防都要落实到具体的实战演习中。确保危机意识的培养,预防方案问题的发现与改进。

(二)公共关系危机管理——事中管理

公共关系危机管理是组织危机管理的核心阶段,包括以下几个方面。

第一,调查了解、获取第一手材料。危机爆发后,组织的决策者首先要进行危机事件的调查、了解并获取第一手材料,掌握事件发生的原因、事件的类别和性质、事件造成的影响等情况,据此初步评估形势,做出决策。

第二,制定暂时的对外传播时间表。危机的爆发意味着危机传播的开始。任何延滞的、虚假的甚至缄默式的对外信息传播都会加剧危机的恶化,因此,制定一个暂时的传播时间表尤为重要。这个时间表可以是12小时的、24小时的或更长时间的。时间长短主要视危机的程度和发展而定,但其基本的做法都是一致的:迅速掌握第一发布权,告知公众和媒体发生了什么危机等;成立发布信息的机构,如新闻小组或办公室、新闻中心等;设立媒体询问电话,24小时不间断服务;确定对外新闻发言人;统一新闻稿等。

第三,启动危机管理小组,制定危机管理计划。危机爆发后,组织应迅速启动危机管理小组,根据已掌握的信息制定危机管理计划。如果是涉及专业领域的公共关系危机,例如化学制品爆炸等,则应在制定危机管理计划时咨询专业人士共同参与决策,确保危机计划的可实施性。危机管理计划必须明确危机解决方案、目标和策略等内容。

第四,危机管理。危机管理小组按照危机管理计划,实施管理。由于公共关系危机使组织与公众和媒体之间的传播处于非常态中,因此危机管理小组在实施具体行动时,必须明确目标公众、目标媒体,了解并重视组织的公众,依靠媒体进行危机的处理,尽可能将媒体"议程设置"的正常功能发挥出来,避免陷入媒体危机。

第五,总结经验。危机管理的传播并不代表组织已经度过了"危机"。针对危机所进行的经验总结更加必要。经验总结一方面要总结"不足"。在危机管理过程中,组织的缺陷会暴露出来。例如组织机构设置不合理;缺乏专业的公共关系危机管理人员;缺乏危机预防意识等。另一方面要总结"长处"。任何危机事件都是组织理念得以展现的机会,在危机中,组织会形成强烈的凝聚力、向心力,新的社会关系、媒体关系等。这些都是值得宣扬的组织经验。

三、公共关系危机后的形象、声誉恢复——事后管理

公共关系危机后的形象、声誉恢复主要是针对总结的经验进行改进。既包括组织的"硬件"改进,也可能包括组织的"软件"提升。

公共关系危机可能引发组织一系列的信任危机、声誉危机、形象危机。在总结经验的基础上,组织还应进行形象恢复、声誉恢复。公共关系常态管理就可以发挥积极作用:加强组织与公众的了解、沟通,增进理解;投放公益广告,策划公共关系活动,逐步恢复企业形象或塑造新形象。

正如迈克尔·里杰斯特所言:"危机经常成为组织的一个转折点。它为组织建立富有竞争力的声誉、树立组织的形象和处理组织的重大问题创造了机会。"①

第三节 公共关系危机传播管理

"只有进行有效的传播管理,才能进行有效的危机管理。"②这句话指出了公共关系危机管理的本质是公共关系危机传播管理。

一、危机传播模型

危机传播领域的理论模式目前有:斯蒂文·芬克(Steven Fink)的阶段分析理论;威廉·班尼特(William Benoit)为代表的战略分析理论(形象改变理论);托马斯·伯克兰(Thomas Birkland)的焦点事件理论等。③

(一) 斯蒂文·芬克的阶段分析理论

这一理论是对危机管理理论的借鉴与应用,以斯蒂文·芬克的四段论最为著名。斯蒂文·芬克把危机过程划分为危机潜在期、危机突发期、危机蔓延期、危机解决期四个阶段,该理论的优点是提供了一个综合性的、循环往复的危机全过程。美国学者Sturges提出的四阶段危机传播论则更加具体,他认为有效的危机传播需要使所传播的内容满足公众在危机的不同过程中的需求。因此,在危机爆发前或者在危机发生的较早阶段,消息的制作应关注"内化性信息"(internalizing),这些信息要告知公众的是"组织在危机中处在何种位置",并发布一系列关于组织正面的观点,以此稳住人心、获取支持。当危机迅速蔓延、进入爆发阶段时,信息内容将转变为"指导性信息"(instructing),组织应向公众传播"如何应对危机"的信息。当危机减退时,此时的传播则应转为"调整性信息"(adjusting),帮助公众从心理上恢复正常。最后在危机平息阶段,"内化性信息"将再次被强调,这将有利于树立组织的正面形象。这一理论还强调,即使每一个阶段都应该有一种传播内容占据主导,但与其他阶段相关的传播内容仍然可以视情使用。

(二) 班尼特的战略分析理论(形象修复理论)

班尼特的形象修复理论超出了企业辩护理论这种狭隘的人际传播范围,将危机传播的领域扩展到更大的空间。他的理论既适用于组织,也适用于个人。形象修复理论建立在"个人或组

---

①② [英]迈克尔·里杰斯特:《危机公关》,陈向阳、陈宁译,复旦大学出版社,1995年版,第30页。
③ 高世屹:《美国危机传播研究初探》,http://ruanzixiao.myrice.com/mgwjcbjjct.htm

织最重要的资产是它的声誉"的假设之上,认为就像其他有价值的资产一样,声誉或公众形象应该从战略高度去维护。据此,他提出了恢复形象的五大战略方法:否认(denial);逃避责任(evasion of responsibility);各个方面减少错误行为传播的范围和程度(reduce offensiveness);亡羊补牢(corrective actions);自责(mortification)。此外还有其他14种战略战术等。班尼特和他的同事们将这一理论广泛用于各种危机管理中,如 AT&T 电话公司危机、英国女王伊丽莎白形象危机等。这一理论扩展了危机应对策略的全部技能,但仍忽视了企业环境(situation)的限制。换言之,功能性威胁被忽视了。

（三）伯克兰的焦点事件理论

托马斯·伯克兰(Birkland,T.A.)在1997年提出了另外一种危机传播事件的视角,其理论基础建立在议程设置功能和对危机传播事件的公共政策运用上,认为那些"突然发生的、不可预知的事件(焦点事件)"在促进公共政策讨论方面起着重要作用。一个焦点事件有极大的冲击力,能够唤起公众的注意力,并且在制定公共政策方面更容易被人接受。焦点事件在设置公众议题方面具有扮演主要角色的能力,因为媒体对焦点事件的采访能够引起公众的广泛关注并促使其采取相关的改善行为。伯克兰所指的焦点事件具有两种主要类型:一种是"常规性"的焦点事件,比如自然灾害等;另一种是"新型焦点事件",即以前从未发生过或者发生时间很久已被人们淡忘的事件,例如恐怖袭击等。这种新型焦点事件往往违反常规,产生不确定性和不可预知性,带来巨大冲击,并由此会对公共政策产生影响。如果全社会都一致认为事件是因为不可抗力产生的,那么人们的注意力往往就会集中在"我们能够帮助受害者做些什么"这样的焦点上。但在新型焦点事件上,人们更关心的是事故的责任人。

（四）卓越理论

这一理论主要是在公共关系学视角下发展形成的,建立在格鲁尼格(James E. Grunig)和(Hunt)1984年提出的公共关系卓越理论之上,后经 J. Grunig 和 L. Grunig 扩展与完善,其理论建构主要依赖于公共关系的四个模型。模型一:新闻代理模型。在该模型中,公共关系人员旨在使其组织和产品为人所知,但其信息的真实程度不高。这是一种组织与公众之间的单向传播方式,不需要任何调查,因此也没有反馈。随着公共关系人员专业知识与技能的增长,这种模型越来越少被使用。模型二:公共信息模型。其典型特征是通过报纸杂志等进行信息公布。该模型与第一种模型的最大区别在于把信息的真实性视作首要原则,目前大多数政府公共关系机构都采用这种模型。不过,这种模型依然是一种单向传播,也不需要任何调查。模型三:双向非对称模型。这个模型又被称为科学劝说模型。公共关系人员运用社会科学理论和调查方法,例如问卷等去帮助组织劝说公众信服组织的观点。因此,这种模型存在一定的反馈,但组织不因传播的结果而发生任何改变。模型四:双向对称模型。这一模型又被称为相互理解模型。公共关系人员设法与公众进行对话,担当组织与公众之间的中介和桥梁角色。在相互沟通之后,组织与公众都会根据沟通结果而进行相应的改变。

二、公共关系危机传播计划

公共关系危机传播过程涉及三个变量因素:传者——危机新闻中心(新闻发言人)、媒介、受传者——公众。公共关系危机传播计划就是围绕这三者展开的。

（一）把好"传者"关

作为危机传播的信息发布者，危机新闻中心担当着重要的"传者"角色。"传者"的表现直接影响到组织的危机管理战略。围绕新闻中心的建立，危机传播计划还应考虑到相关的配套建设问题。

第一，建立完善的危机新闻中心。危机爆发后，组织内外的一切信息都需要进行系统地调查、归纳与总结。良好的信息管理机构的建立就成为必需，该机构充当着危机传播中信息的收集、发布、传播、反馈的功能。完善的危机新闻中心就是这样一种专门的信息管理机构。它将组织内部的信息收集起来，掌握第一手的材料，从而建立一个动态的信息库，随时更换新近变化的信息。同时新闻中心又作为组织专职的对外信息发布机构，向媒体、公众发布危机事件的具体情况、组织文化的基本内容等。新闻中心的具体工作还应包括设立专线电话提供24小时服务，不间断地满足组织外部公众、媒体的咨询需求。负责接听电话的人员必须经过专业技术培训，具备公共关系素质，能够展现组织的文化与形象。新闻中心还担当着组织新闻发布会等工作，它能将掌握的信息资料随时提供给新闻发布会的媒体。

第二，设立新闻发言人——"谁来说"。新闻发言人是公共关系危机传播中非常重要的因素之一。新闻发言人代表着组织，他的一言一行都事关组织的形象。从众多危机案例中，可以发现新闻发言人担当着重要职能。

（1）新闻发言人的选择。新闻发言人必须具备沉着冷静的思考能力、适应突发事件的应变能力、善于言辞的口头表达能力、善于沟通的人际关系能力等，只有具备这些能力，新闻发言人才可能在面临危机时表现出镇定自若的气质，显示组织良好的形象。同时，新闻发言人还必须第一时间接触危机事件的详细内容，掌握组织内外的一切信息。

（2）新闻发言人的类型。新闻发言人一般有两种类型：高官发言人和专职发言人。高官发言人是指组织的最高决策者，例如企业的董事长、政府的领导等。这种类型的发言人的最大优点是其公布的信息具有权威性、可靠性，公众易于信服；同时能向公众传达组织高度重视危机事件、负责任的无形信息。专职发言人则是指组织的专业人员，例如公共关系人员、法律人员等。这些专业人员平时受过专门训练，掌握新闻发言的技巧和经验，他们长期从事专业工作，善于处理危机事件的信息传播，尤其是面对公众的新闻发布会等。这种类型的发言人的优点在于能够体现组织的专业特色，确保危机管理的规范性操作。

第三，"用一个声音说话。"——"说什么"。新闻发言人解决了"谁来说"的问题，接下来的工作就是"说什么"。公共关系危机传播过程中，"说什么"就是指组织掌握的信息的内容以何种形式对外发布？是组织的所有人员都有权说，还是只能授权新闻发言人一家言？是向不同的媒体提供不同的信息资源，还是应一视同仁？公共关系危机传播中有一句俗语"用一个声音说话"能够回答上述问题：组织进行信息传播时，必须指定新闻发言人作为组织的唯一"声音出口"；新闻发言人对外尤其是面对媒体的信息最好是组织内部撰写的统一的新闻稿，新闻稿的内容不能使用专业术语，避免公众难以理解。

第四，建立梯度信息发布机制——"怎么说"。公共关系危机传播过程中，新闻发言人根据统一的新闻稿对外发布信息时，还面临着"怎么说"的问题。当信息掌握比较充足时，是一次性全部对外公布还是像"挤牙膏式"的一点一点告诉公众？当信息掌握不充足时（如危机事件是比较新型的，暂时无法认识了解），是干脆无可奉告还是发布一些不真实的信息？"和盘托出"、"挤牙膏式"、"无可奉告"等这些"说"的方式在危机传播中都是有弊病的,是不可取的,其原因是都没有把握好危机传播中信息发布的"度"的原则。危机信息的发布不同于常态下的信息发布,它更强调对公众心理的认知。面对危机,尤其是面对关系到自己切身利益的危机,公众会出现焦虑、猜疑、恐慌甚至是恐惧。而解决公众心理问题的有效办法就是迅速发布危机事件的相关信息,减少组织与公众之间的信息不对称,减少公众的紧张、焦虑与恐惧。然而由于公众的这种心理是不可能在产生后通过一次性告知而迅速化解,因此危机信息发布就不可能采用"一次性告知"方式;相反"无可奉告"方式更不可取,它只会加剧公众恐慌心理,恶化危机;而"挤牙膏"式的告知方式则不能充分表明组织的诚意,也不可取。

梯度信息发布机制就是针对上述问题采取的一种较为合理的传播方式。它是指遵照危机状态下的公众心理需求,依照信息发布的"度"的原则,有计划地分步骤的进行信息发布。它不同于"挤牙膏",没有信息数量的限制,注重信息发布会对公众心理影响的程度来进行信息公布。

在非典型肺炎爆发期间,广州市所采取的新闻发布方式就缺乏梯度原则。在2003年2月12日召开广州市新闻发布会之前,公众没有获得任何有关"非典"的官方信息。从2月8日开始大部分公众陷于手机短信息传播的流言的恐慌中。公众表现出强烈的焦虑、猜疑、恐慌等心理。至2月12日官方信息发布后,虽然抢购板蓝根等物品的恐慌逐渐减少,但公众心理实则没有因此而恢复正常。尤其是2月12日之后,各大媒体全面开始报道"非典",铺天盖地的信息完全占据了公众的信息空间,使得公众心理难以平静,很多人甚至一看到报纸、网站上的"非典"新闻就会产生厌烦情绪。这种从"无"到"有"的信息发布方式不能满足危机传播过程中公众的传播需求。

(二)善用"媒介"

媒介在公共关系危机传播中,是"公众情绪的'风向标',更是公众情绪的'催化剂'、'导航员'"。[①] 善于利用媒介,发挥其积极的功能,将会有助于组织与公众的交流和危机的解决。

善用"媒介",首先要选择指定的媒体代表发布信息。危机发生后,组织与危机事件都将处于媒体的高度关注下,在这些众多的媒体中,组织要善于划分媒体类型,从中选择平日与组织关系密切的媒体,对外发布信息。如果不指定发布媒体,就会造成信息资源分散,带来不必要的浪费。指定不熟悉的媒体,就会产生合作不默契等问题,影响危机管理的及时与有效。因此,媒体代表的选择将会有助于组织信息发布能够保持连续性、高效性。

其次,对媒体应"一视同仁"。虽然组织选择了指定的媒体代表,但这并不意味着组织可以只关注于媒体代表,而置其他媒体于不顾。对于其他媒体,组织更要表现出热情,积极配合其工作。例如由新闻中心统一发放相关材料,认真记录媒体的名称、联系地址等。

第三,召开媒体恳谈会。公共关系危机管理中有一种重要的策略就是进行"媒介关系管理",而具体做法就是召开媒体恳谈会。这种恳谈会不同于一般的新闻发布会,它重在与媒体进行坦诚的对话与交流,听取媒体的意见和建议,表明组织的诚意。前文提及的中美天津史克制药有限公司在处理"PPA风波"时就采用了这种方式,取得了很好的效果。

(三)重视"公众"

危机发生后,组织的声誉与形象的维护都需要公众的支持。因此,在公共关系危机传播中,

---

① 高世屹:《媒体在政府危机管理中的作用》,http://ruanzixiao.myrice.com/mtzzfwjzdzy.htm

必须进行针对公众的计划安排。

其一,发布信息,表达"公众至上"的理念。危机爆发后,无论危机对公众的伤害有多严重,作为组织的信息传播都需要立即发布组织将要对公众的道歉、赔偿等。这样才能使公众在第一时间感受到组织的责任意识和公众理念,从而在心理上产生对组织的好感。

其二,动态沟通,信任公众。在公共关系危机传播中,组织对公众的沟通不仅要及时,而且要不间断地连续传播即所谓的"动态"沟通。在这种长期的沟通中,公众被传达了这样的信息:组织是信任我们的。由此,组织的危机程度就会相对减弱。

主要参考文献

[1] 王乐夫,廖为建,等.公共关系学.大连:辽宁人民出版社,1986.
[2] 廖为建,吴柏林,谭昆智,等.公共关系学.北京:高等教育出版社,2000.
[3] 廖为建,吴柏林.政府公共关系.北京:中国人民大学出版社,2010:
[4] 哈罗德·孔茨,西西尔·奥唐奈.管理学.上海:上海人民出版社,1990.
[5] 斯蒂芬·P·罗宾斯.管理学.北京:中国人民大学出版社,1997.
[6] 巴斯克,艾索思.日本的管理艺术.广西民族出版社,1984.
[7] 彼得·圣吉.第五项修炼.上海:上海三联书店,1994.
[8] 唐·赫尔雷格尔,等.组织行为学.北京:中国社会科学出版社,1988.
[9] 托马斯·J·彼得斯,等.追求卓越.北京:中国友谊出版公司,1986.
[10] 小詹姆斯·H·唐纳利,等.管理学基础.北京:中国人民大学出版社,1982.
[11] 加里·德斯勒.人力资源管理.北京:中国人民大学出版社,1999.
[12] Scottm Cutlip,等.公共关系教程:Effective Public Relations.明安香,译.8版.北京:华夏出版社,2001.
[13] 菲利普·科特勒,等.营销管理.梅清豪,译.12版.上海:上海人民出版社,2006.
[14] 甘布尔,等.有效传播.7版.北京:清华大学出版社,2005.
[15] 凯文·莱恩·凯勒.战略品牌管理.李乃和等,译.北京:中国人民大学出版社,2003.
[16] 吴柏林.广告学原理.北京:清华大学出版社,2009.
[17] 威廉·M·普赖德,等.营销观念与战略.梅清豪等,译.北京:中国人民大学出版社,2005.6
[18] 苏比哈什·C·贾殷.国际市场营销.6版.吕一林等,译.北京:中国人民大学出版社,2004.
[19] 迈克尔·R·所罗门,卢泰宏.消费者行为学.6版.中国版.北京:电子工业出版社,2006.
[20] 杰克·西瑟斯,罗杰·巴隆.广告媒体策划.6版.闻佳,邓瑞锁,译.北京:中国人民大学出版社,2006.
[21] Tom Duncan.整合营销传播.周洁如,译.北京:中国财政经济出版社,2004.
[22] 吴柏林.广告策划与策略.2版.广州:广东经济出版社,2009.
[23] Smith P.R.等.市场营销传播方法与技巧.3版.方海萍等,译.北京:电子工业出版社,2003.
[24] 吴柏林.广告策划——实务与案例.北京:机械工业出版社,2010.
[25] 廖为建,吴柏林,谭昆智,等.广东大亚湾核电站企业理念行为识别系统.深圳,广东核电合营有限公司,2003.
[26] 薛澜,张强,钟开斌.危机管理——转型期中国面临的挑战.北京:清华大学出版社,2003.
[27] 罗伯特·希斯.危机管理.北京:中信出版社,2001.
[28] 胡宁生.中国政府形象战略.北京:中共中央党校出版社,1999.
[29] 迈克尔·里杰斯特.危机公关.上海:复旦大学出版社,1995.
[30] 郭惠民.中国最佳公共关系案例选评(之五).上海:复旦大学出版社,2003.
[31] 梁庆寅.非典:反思与对策.广州:中山大学出版社,2003.
[32] 胡鞍钢.透视SARS:健康与发展.北京:清华大学出版社,2003.
[33] 国家职业资格工作委员会公共关系专业委员会.公共关系员职业培训与鉴定.上海:复旦大学出版社,1999.

[34] 吴柏林. 公司文化管理. 2 版. 广州:广东经济出版社,2007.

[35] THOMAS WHEELEN,J. HUNGER:Strategic Management & Business Policy. 8th ed.. Prenhall,2002.

[36] FRASER P SEITEL:The Practice of Public Relations. 9th ed. Prenhall,2002.

[37] WILLIAM D PERREAULT, E JEROME MCCARTHY, BASIC MARKETING : A Global Managerial Approach. 14th ed.. McGraw Hill,2002.

[38] MICHAEL R SOLOMON,ELNORA W STUART,MARKETING: Real People, Real Choices. 3rd ed.. Prentice Hall,2002.

后 记

《公共关系学》是全国高等教育自学考试指导委员会根据公共管理类专业考试计划组织编写的。

《公共关系学》的初稿由廖为建(中山大学教授)、吴柏林(中山大学副教授)、谭昆智(中山大学副教授)、聂静虹(中山大学副教授)编写,廖为建教授任主编,由吴柏林副教授修改定稿。

2010年9月,全国考委公共管理类专业委员会召开审稿会,对本教材进行审定。参加本教材审稿的专家有:钟育赣(广东外语外贸大学教授)、孙亚忠(南京大学教授)、张宁(中山大学副教授)。由钟育赣教授担任主审。

全国高等教育自学考试指导委员会
公共管理类专业委员会
2010年10月